U0895184

国家中等职业教育改革发展示范学校特色教材
（计算机应用专业）

计算机主板维修项目教程

杨　鹏　万　萍　主　编
杨　帆　熊　俊　副主编

中国财富出版社

图书在版编目（CIP）数据

计算机主板维修项目教程 / 杨鹏，万萍主编．—北京：中国财富出版社，2014.10
（国家中等职业教育改革发展示范学校特色教材．计算机应用专业）
ISBN 978-7-5047-5367-0

Ⅰ．①计…　Ⅱ．①杨…　②万…　Ⅲ．①计算机主板—维修—中等专业学校—教材
Ⅳ．①TP332.07

中国版本图书馆 CIP 数据核字（2014）第 227607 号

策划编辑　崔　旺　　　　责任印制　方朋远
责任编辑　王淑珍　　　　责任校对　杨小静

出版发行　中国财富出版社（原中国物资出版社）
社　　址　北京市丰台区南四环西路 188 号 5 区 20 楼　　邮政编码　100070
电　　话　010-52227568（发行部）　　010-52227588 转 307（总编室）
　　　　　010-68589540（读者服务部）　　010-52227588 转 305（质检部）
网　　址　http://www.cfpress.com.cn
经　　销　新华书店
印　　刷　北京京都六环印刷厂
书　　号　ISBN 978-7-5047-5367-0/TP·0084
开　　本　787mm×1092mm　1/16　　版　　次　2014 年 10 月第 1 版
印　　张　12.5　　印　　次　2014 年 10 月第 1 次印刷
字　　数　259 千字　　定　　价　27.00 元

前　言

随着社会的发展，以计算机为代表的智能化设备，早已成为人们学习、工作和生活的必备工具。能对计算机进行日常维护的人屡见不鲜，但大多数人对计算机的芯片级维修却无从下手，因此，芯片级维修历来就是一个高附加值的行业。全国职业技能竞赛创立“计算机硬件检测维修”中职组赛项，就是为了适应信息产业发展对维修人才的需求。

本教材的编写团队里由多年从事计算机硬件教学的教师和计算机维修工厂的专业工程师组成，他们精通计算机硬件维修技术，熟悉计算机芯片级维修市场，了解企业的需求和初学者的疑惑，具有丰富的教学和实践经验。教材结合维修实践和职业技能竞赛标准，共分 7 个项目，针对计算机主板维修涉及的电子元器件、维修工具、主要电路、故障检测流程、维修思路和各种常见故障的维修案例等进行了详细的讲解，内容深入浅出，易学实用，强调动手能力和实际操作技能的培养，无论是初学者，还是有一定维修基础的爱好者，本教材都有助于你快速成长为一名专业维修工程师。

本教材由杨鹏、万萍任主编，杨帆、熊俊任副主编，参与编写的有卢秋根、喻云峰、毛易生、付坊英、涂巍巍、张智辉等。由于时间较紧，编者水平有限，本教材不免有疏漏和不足之处，恳请广大读者批评指正。

编　者

2014 年 6 月

目 录

项目一　常用工具与元器件的识别检测

【项目目标】

1. 识别、检测常见元器件
2. 掌握常用工具的使用方法

【项目技能】

1. 使用万用表测量元器件
2. 使用恒温电烙铁焊接元器件

第一节　常用工具与使用技巧

维修是知识和技能的综合运用。我们在维修中运用知识分析来判断问题，利用技能来解决问题。使用技能解决问题，离不开工具的帮助。“工欲善其事，必先利其器”，作为一名合格的维修工程师，熟练地使用这些工具是必不可少的。

一、恒温电烙铁

（一）恒温电烙铁的工作原理

恒温电烙铁是维修过程中最常用的工具之一，对其使用的熟练程度直接影响着维修的效果，那么它又是如何工作的呢？它和普通电烙铁又有什么区别呢？电烙铁的工作原理是：220V 的电压通过电源线加到发热芯，发热芯将电能转化为热能通过热传递，使电烙铁头达到或超过焊锡熔化的温度。而恒温电烙铁在此基础上通过热电偶、集成电路等控制温度，因此，其焊接温度可调，且恒温精度高，它主要是由这些元器件构成的：二极管、电烙铁芯、发光二极管、热电偶、可调电阻、传感器，电解电容、电阻和稳压管等组成。这些元件都有各自的用处：可调电阻用来调节温度的，稳压管和金属膜电阻的所起的作用是保护电路，电解电容是用来滤波将交流转换为直流；热电偶是用来检测电烙铁芯的温度，当电烙铁芯的温度达到调节手柄的温度时是通过它来停止加热的。

（二）恒温电烙铁部件介绍

恒温电烙铁的各部件、面板，如图 1－1 所示。在使用恒温电烙铁前，把手柄连接头插入主机连接处并顺时针旋转一圈将手柄与主机连接好，检查线路无破损后通电再打开位于主机侧面的开关（为便于操作中使用，该开关通常都是位于主机的右侧面），通过调节温度旋钮获取所要的工作温度，在焊接中有铅焊接的温度是320℃ ±20%，无铅焊接温度控制在370℃ ±20%。加温指示灯通电后处于闪烁状态，说明电烙铁还没有达到设定的温度。如果在使用过程中发现实际达到的温度和设定温度有较大偏差时，可通过调节温度校准旋钮来进行温度校正（通常设备在出厂时，已进行温度校正，所以不要随意调动这个旋钮）。

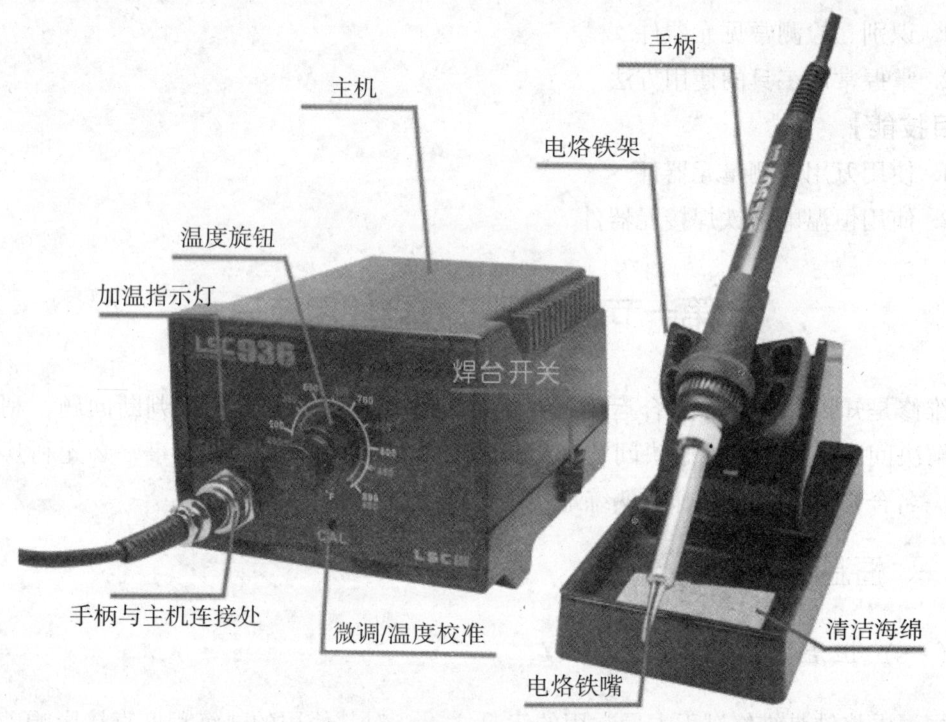

图1－1　恒温电烙铁的各部件

电烙铁架是用来搁放电烙铁手柄的，电烙铁在闲置不用时，应当把手柄放入电烙铁架上。恒温电烙铁的电烙铁头（也称为电烙铁嘴）是可以根据焊接要求的不同而进行更换的，图1－2是电烙铁的内部结构、常用的电烙铁头及使用条件。

清洁海绵是用来清除电烙铁头上的渣滓。电烙铁在高温工作过程中，焊锡和助焊剂会有部分烧焦后残留在焊嘴附近，从而影响焊接效果，因此，在电烙铁的使用过程中要经常使用清洁海绵清理电烙铁头表面。清洁海绵在使用前要先用水浸湿，再挤去多余的水分才能使用，切勿在太干或太湿的情况下使用。

（三）恒温电烙铁的使用方法及技巧

恒温电烙铁是一种重要的手工锡焊工具，主要用于电子产品的维修。锡焊是焊接

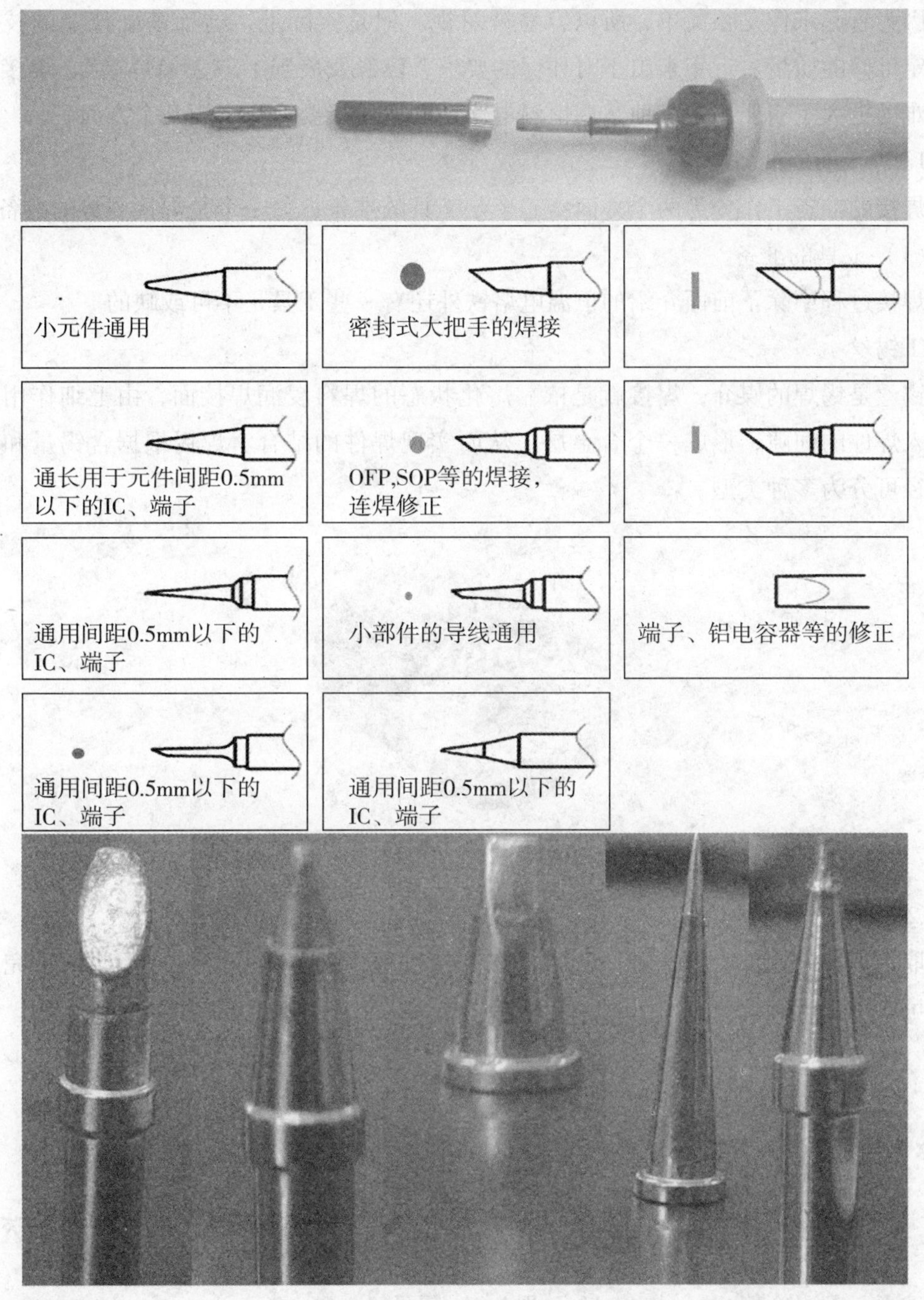

图 1－2 常用的电烙铁头

的一种，它是以焊锡丝为介质，把两个金属件加热到焊锡的熔化温度后，在待焊接部位注入适量焊锡，使焊锡渗透在两个金属的中间，使之连接在一起，金属与渗透在金属中间的焊锡，焊接的形成依靠熔化状态的焊料浸润焊接面，由毛细作用使焊料进入焊件的间隙，形成一个合金层，从而实现焊件的结合。锡焊是电子产品维修的基础技能，因为看起来像是很简单，所以容易被忽视。但是实际上，这项基础技能的技术水平决定维修的质量。近年来出于对环保的要求，已经发展到了“无铅焊锡”，焊接比以前的难度更大了。要想熟练地掌握恒温电烙铁的使用，要注意下面几个方面。

1. 焊接前的准备工作

焊接的准备工作分为两个方面：一个是工具的准备；另一个是焊接姿势的准备。

（1）工具的准备

焊接过程中除了前面介绍的恒温电烙铁外还有一些工具是不可或缺的。

①锡丝

锡丝是锡焊的媒介，焊接就是依靠熔化状态的焊料浸润焊接面，由毛细作用使焊料进入焊件的间隙，形成一个合金层，从而实现焊件的结合。焊锡根据含锡量和锡丝的直径可分为多种类型。

图 1－3　锡丝

②镊子

取走细小的元件、锡珠和杂物等。在焊接过程中温度较高，一些无法用手完成的工作可以用镊子实现。

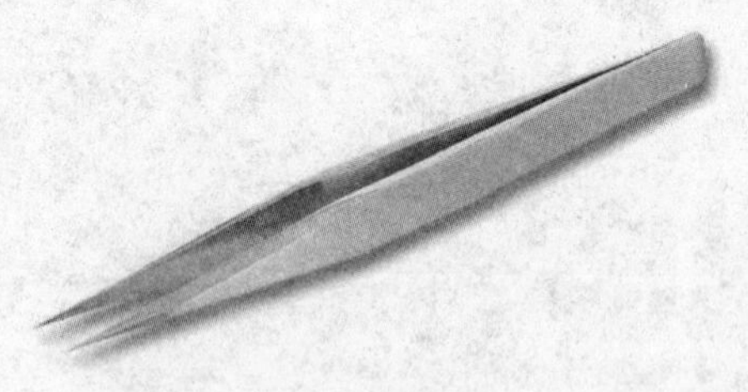

图 1－4　镊子

③斜口钳

剪除元件过长的引脚。在更换元件后，由于新元件的引脚过长，影响电路板的整齐，容易引起电路板的短路，因此在更换新元件后可用斜口钳进行剪脚，剪脚时斜口钳的钳口靠近焊点的顶端，与引脚成45°角。

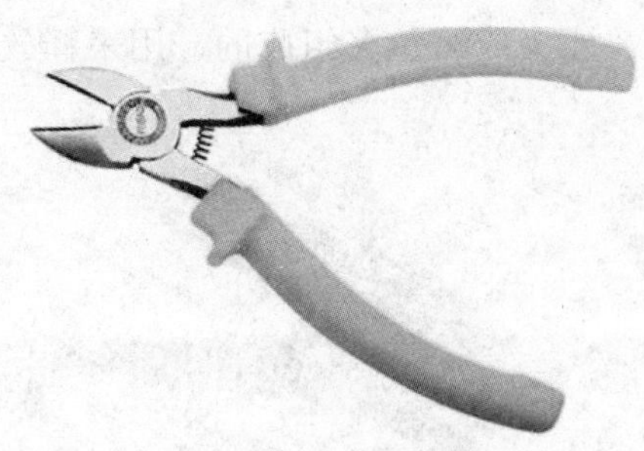

图 1-5　斜口钳

④吸锡器

收集拆卸焊盘电子元件时熔化的焊锡。分为电动和手动两大类，手动吸锡器的里面有一个弹簧，使用时，先把吸锡器末端的滑杆压入，直至听到“咔”声，表明吸锡器已被固定。再用电烙铁对接点进行加热，使接点上的焊锡熔化，同时将吸锡器靠近接点，按下吸锡器上面的按钮即可将焊锡吸上。若一次未吸干净，可重复上述步骤。

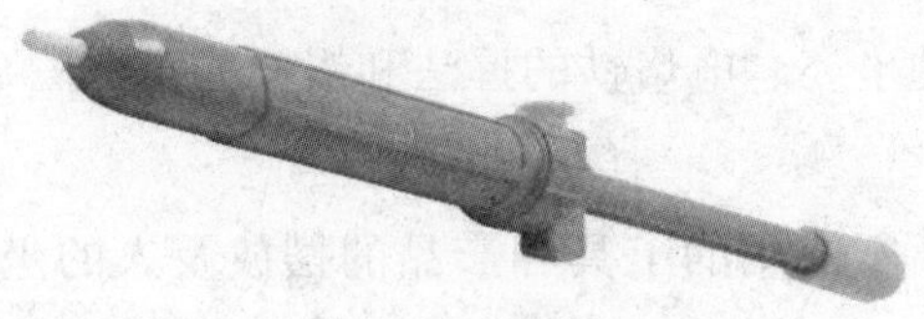

图 1-6　吸锡器

⑤助焊剂

助焊剂的主要作用是清除焊料和被焊母材表面的氧化物，使金属表面达到必要的清洁度，它防止焊接时表面的再次氧化，降低焊料表面张力，提高焊接性能。助焊剂性能的优劣，直接影响到电子产品的质量。

图 1-7　助焊剂

⑥防静电手环

静电对电子产品的危害很大，在焊接中有些元件对静电很敏感，很容易因静电而损坏，所以在焊接过程中要求佩戴防静电手环。防静电手环是由导电松紧带、活动按扣、弹簧 PU 线、保护电阻及插头或鳄鱼夹组成的，用来释放人体所存留的静电，以起到保护人体及设备的作用。

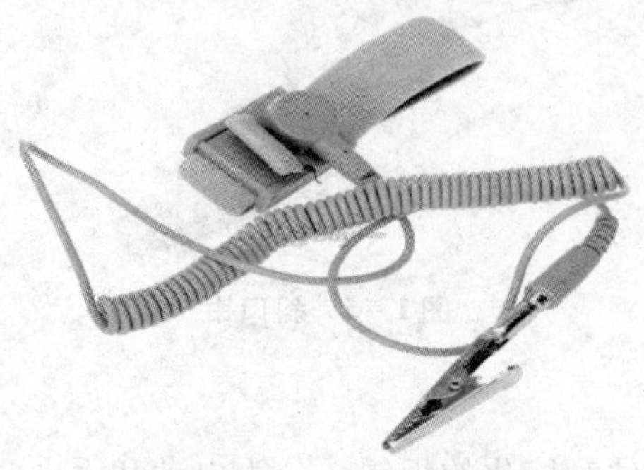

图 1－8 防静电手环

⑦无水酒精或三氯甲烷

在焊接后用于清洁焊点、主板。

（2）焊接姿势的准备

焊接姿势是指焊接的坐姿、电烙铁的握法和锡丝的拿法三个方面。

①焊接坐姿

焊接坐姿的要求包括所使用的工具和产品的摆放及人的坐姿。使用的工具和产品的摆放一定要整齐有序，且摆放时应考虑人体关节运动的惯性（通常所说的顺手）问题，便于拿取自如，提高效率。焊接操作时正确的坐姿不但可以提高生产效率，而且能够使人在工作后依然感觉轻松。焊接时一般要求是：左手拿锡线，右手握电烙铁；两手放台面上（即锡线头、电烙铁头和视线同时指在要修补的焊点上）。由于在焊接中会使用到助焊剂（大多数焊锡丝中都含有助焊剂），会产生大量的烟和焊锡飞溅的情况，因此焊接操作时人体头部与被焊接物的直线距离不应小于 30cm，如图 1－9 所示。

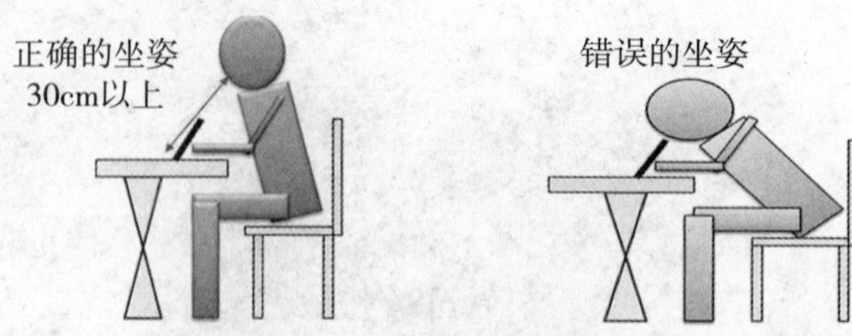

图 1－9 焊接的坐姿

②锡丝的拿法

焊锡丝一般有两种拿法。连续焊接拿法。焊接时，一般左手拿焊锡。进行连续焊接时采用图 1－10（a）的拿法，这种拿法可以连续向前送焊锡丝。少数点焊接拿法。图 1－10（b）所示的拿法在只焊接几个焊点或断续焊接时适用，不适合连续焊接。

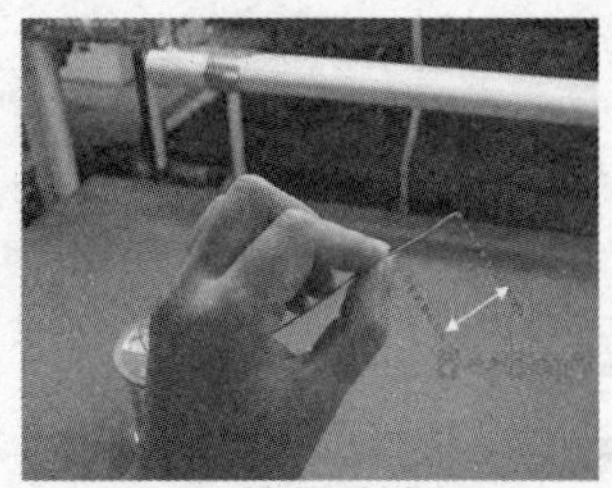
（a）连接焊接拿法

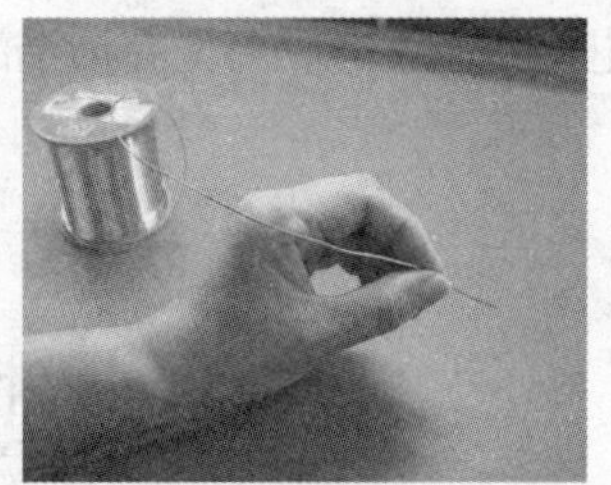
（b）少数点焊接拿法

图 1－10　焊锡丝的两种拿法

③电烙铁拿法

电烙铁的拿法有三种：反握法动作稳定，长时间操作不宜疲劳，适合于大功率电烙铁的操作，如图 1－11（a）所示。正握法适合于中等功率电烙铁或带弯头电烙铁的操作，如图 1－11（b）所示。一般在工作台上焊印制板等焊件时，多采用握笔法，如图 1－11（c）所示。

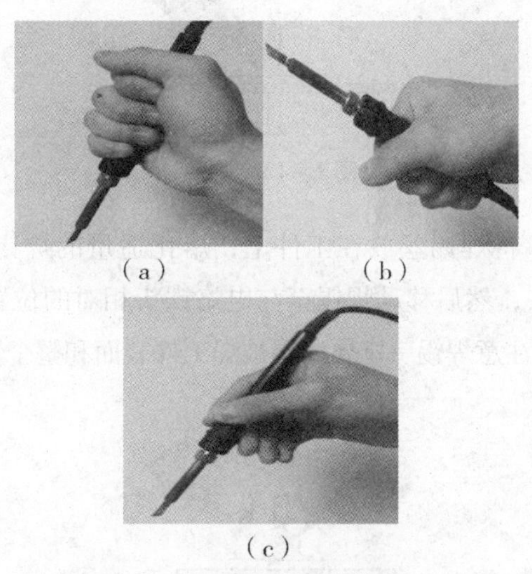
（a）（b）
（c）

图 1－11　电烙铁的三种握法

2. 焊接的方法和焊接的步骤

在开始焊接之前要先做好三步检查工作：第一步检查静电手套、手环是否戴好，这是为了防止从人体来的静电破坏产品以及零件；第二步检查电烙铁头的绝缘性，这是为了防止因为电烙铁头漏电而造成产品损坏；第三步检查电烙铁头的温度，确保在正常温度下作业，防止因温度造成元件损坏或焊接作业不良等。

根据元器件引脚大小和形状的不同，手工焊接的方法有多种，下面我们介绍最通用的五步焊接法。

第一步：准备施焊。电烙铁头和焊锡靠近被焊接部位并认准位置，处于随时可以焊接的状态，此时要保持电烙铁头干净，可先在清洁海绵上把包烙铁头清理干净。如图 1－12 所示。

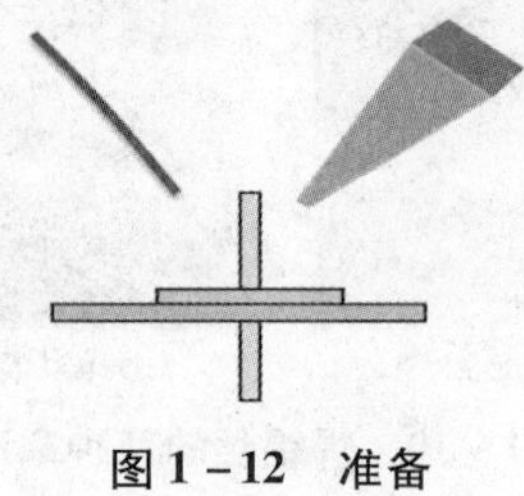

图 1－12　准备

第二步：加热焊件。将电烙铁头放在待焊部位上进行加热，锡焊是利用待焊部位的温度去熔化锡丝而不是用电烙铁直接去熔化焊锡丝，因此，电烙铁头必须同时碰到焊盘和管脚，需要注意的是电烙铁头与焊盘成 40 ±5 度角。如图 1－13 所示。

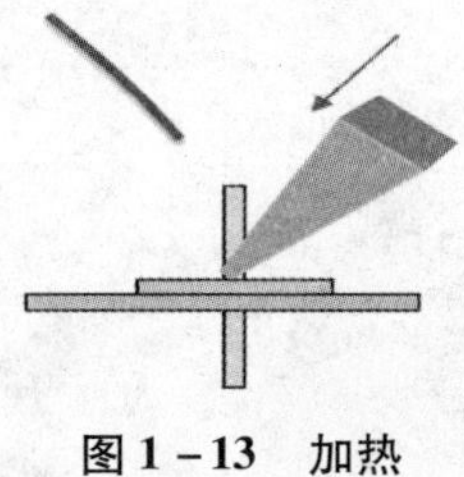

图 1－13　加热

第三步：熔化焊锡。将焊锡丝放在工件上，熔化适量的焊锡，在送焊锡过程中，可以先将焊锡接触电烙铁头，然后移动焊锡至与电烙铁头相对的位置，这样做有利于焊锡的熔化和热量的传导。此时注意焊锡一定要润湿被焊工件表面和整个焊盘。如图 1－14 所示。

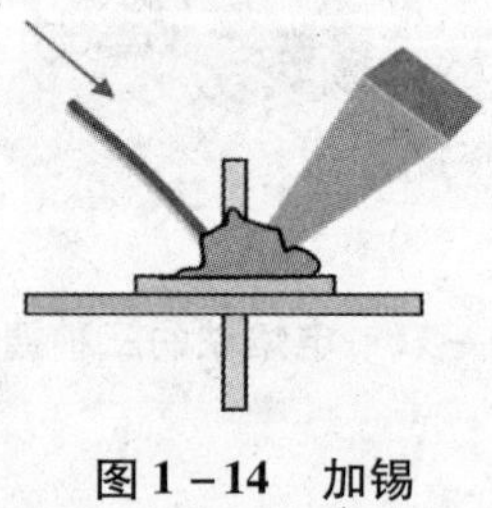

图 1－14　加锡

第四步：移开焊锡丝。待焊锡用量达到要求后，应立即将焊锡丝沿着元件引线的方向向上提起焊锡。如图 1－15 所示。

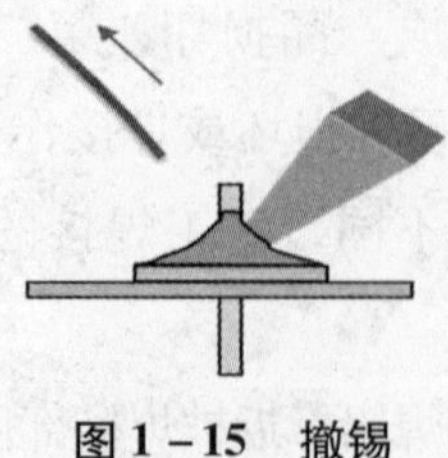

图 1－15　撤锡

第五步：移开电烙铁。焊锡的扩展范围达到要求后，拿开电烙铁，注意撤电烙铁的速度要快，撤离方向要沿着元件引线的方向向上提起。如图 1－16 所示。

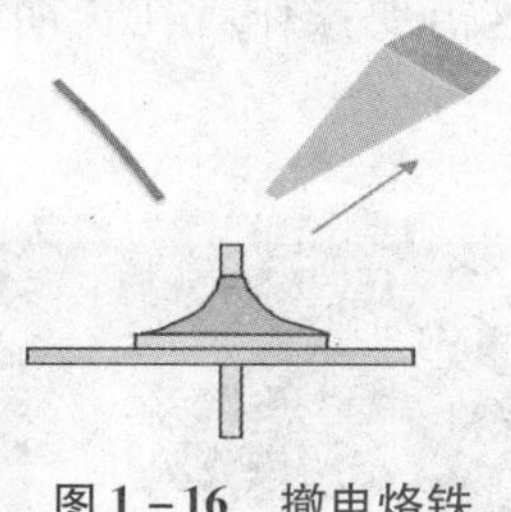

图 1－16　撤电烙铁

3. 合格焊点的判定

怎么样的焊点才是合格的焊点呢？图 1－17 中给出了两个合格的焊点，（a）图是模型，图中三个红圈标注的两个过渡，即焊点与引脚的过渡和焊点与焊盘的过渡，这种过渡要求要平滑；另一个红圈标注的是焊点的剖面两侧略微向内凹陷。具体对于我们的每一个焊点要从以下几个方面去检查。

（1）焊点有足够的机械强度，即管脚不会松动；一般可采用把被焊元器件的引线端子打弯后再焊接的方法。

（2）焊接可靠，保证具有良好的导电性，即焊点的电阻接近零。

（3）锡点轮廓凹陷呈半月形。

（4）锡连续过渡到焊盘边缘。

（5）有一定的外形，即形状为微凹呈缓坡状的半月形近似圆锥，锡点光滑，有金属光泽，与被焊接元件焊接良好。焊点表面整齐、美观：焊点的外观应光滑、清洁、均匀、对称、整齐、美观、充满整个焊盘并与焊盘大小比例合适。

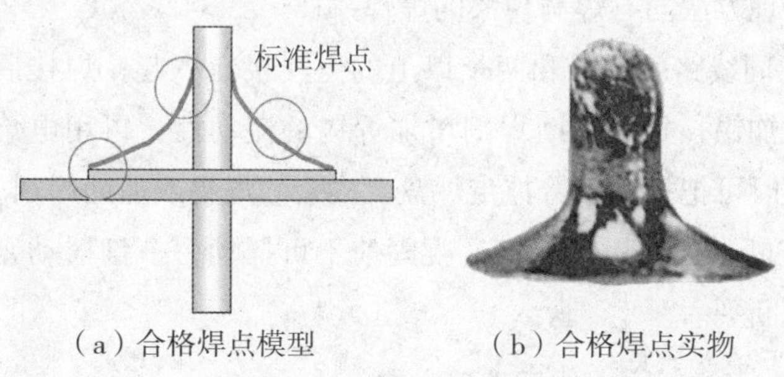

（a）合格焊点模型　　（b）合格焊点实物

图 1－17　合格的焊点

4. 常见不标准焊点及其形成原因

（1）焊锡量：可能是焊锡量过多或焊锡量过少。焊锡量过多（如图 1－18（a）所示）无法确认焊锡扩散的情况且焊点不美观，还有可能造成焊点之间的粘连，出现短路的故障；焊锡量过少（如图 1－18（b）所示）会造成焊接部位张力强度下降，元器件与焊点脱落的现象。所以在焊接过程中一定要注意把握焊锡的加入量，加入量的多少由锡丝的递给量来决定，通常焊点中心位置的高度是焊盘直径的三分之一，焊锡量的把握是焊接技术的难点之一，这需要操作者在长期的练习中不断的总结，才能焊出合格的焊点（如图 1－18（c）所示）。

（a）量多　　（b）量少　　（c）合适

图 1－18　焊锡给量与焊点外形

（2）形成锡球，锡不能散布到整个焊盘：电烙铁温度过低，或电烙铁头太小；焊盘氧化。

（3）拿开电烙铁时形成锡尖：电烙铁温度不够，助焊剂没熔化，不起作用。电烙铁头温度过高，助焊剂挥发掉，焊接时间太长。

（4）锡表面不光滑、起皱：电烙铁温度过高，焊接时间过长。

（5）虚焊：焊点处只有少量的锡焊住，造成接触不良，时通时断。虚焊与假焊都是指焊件表面没有充分镀上锡层，焊件之间没有被锡固定住，是由于焊件表面没有清除干净或焊剂用得太少所引起的。修补方法：加锡；必要时加助焊剂或用刀片清除表面氧化物后，再用电烙铁加锡焊接。注意事项：焊盘未完全上锡，有露铜或空洞现象，也认为是虚焊，修理方法同有焊洞现象的虚焊一样。

（6）短路：不同线路的两个和两个以上的点连接在一起；焊接后检查如发现这种情况要先给此焊点加锡，并提供助焊剂增加焊锡的流动性；再用电烙铁的侧面拖掉多余的焊锡；拖不掉时可把板倾斜着拖走焊盘上多余的焊锡或加助焊剂。

（7）焊接部位断裂：在焊锡冷却、凝固前不可摇动，一旦摇动则在焊点处很容易产生裂痕甚至出现断裂。

二、热风焊台

（一）热风枪原理

热风枪的工作原理，说的简单点它就像一个我们日常生活中使用的电吹风，当然热风枪中吹出的风的温度比电吹风的要高得多。在风枪口有一个热传感器，对吹出的热风的温度进行取样，取样后将热能转换成电信号和预设信号进行比对、干预来实现热风的恒温控制和温度显示。热风枪还有大小不等的风枪口的风嘴，可以根据使用的具体情况来选择风嘴的大小。

由热风枪的工作原理，我们可知热风枪控制电路的主体部分包括风控电路、温度信号放大电路、比较电路、可控硅控制电路、传感器。此外，为了提高设备的整体性能，还应设置一些辅助电路，如温度显示电路、关机延时电路和过零检测电路。

设置温度显示电路的目的是为了便于调温，温度显示电路显示的温度为电路的实际温度，我们在操作过程中可以根据显示屏上显示的温度来手动调节。加入关机延时电路主要作用是为了延长设备的使用寿命和提高设备的安全性。此电路是让发热芯被吹冷后电路再停止工作，这样就避免刚关断电源时枪芯过高的温度对人或物造成伤害。

在热风枪中加入过零电路是出于安全考虑，就是使电路中的可控硅在交流电过零处导通，避免可控硅在正半周或负半周高电平处导通产生过高的冲击脉冲波，对电源产生污染，并且对并联在电路中的其他用电设备产生影响。

（二）热风枪面板功能

热风枪面板功能如图 1－19 所示。

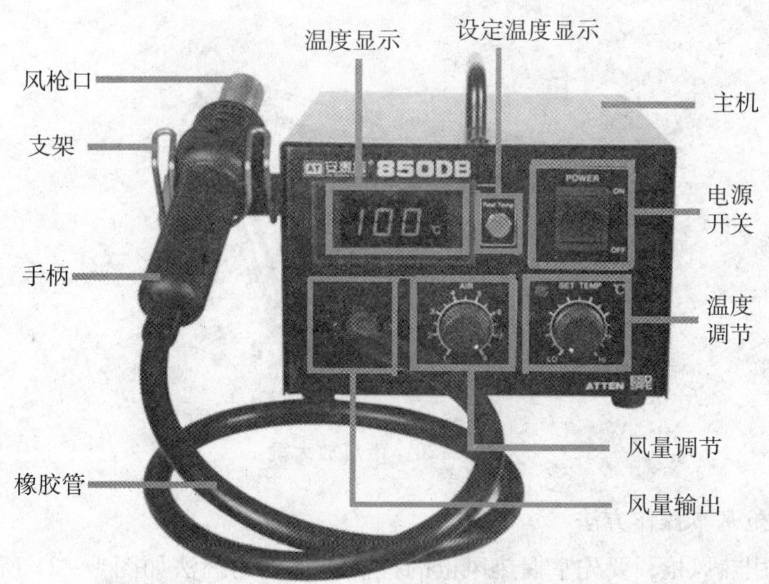

图 1－19 热风枪面板结构

左上角有一个显示屏，显示的是当前风枪口送出的实际温度，按下显示屏右侧的按钮后显示设定的温度；右上角是电源开关，初学者要注意的是，在关闭电源开关后，出于保护的目的，要过一段时间设备才会停机；面板下方有两个旋钮，其中左下侧有一个风量调节钮，顺时针旋转旋钮可使风枪口输出的风量逐渐大，反之则减小。风量的调节范围共有 1 ~ 8 个挡，在同一温度（指显示温度）下，风量越小，风枪口送出的实际温度就越高，反之越低；另一个旋钮式右侧下方设定温度调节钮，温度调节范围在 100℃ ~ 480℃，顺时针旋动温度调节钮，可以提高热风枪输出的温度。

（三）热风枪的使用操作方法

热风枪是一种贴片元件和贴片集成电路的拆卸、焊接工具，由于主板采用多层印制电路板，在焊接和拆卸时要特别注意通路孔，应避免印制电路与通路孔错开。更换元件时，应避免焊接温度过高。有些金属氧化物互补型半导体（CMOS）对静电或高压特别敏感而易受损，在拆卸这类元件时，必须放在接地的维修桌上做好有效防护措施，下面我们具体讲述热风枪的使用操作方法。

1. 焊接准备

在使用热风枪焊接之前，还要准备好辅助工具，这些辅助工具除了前一节恒温电烙铁中提到的工具外还要添加带灯放大镜（见图 1 – 20），因为使用热风枪处理的贴片元件很多体积很小，使用带灯放大镜便于观察元件的位置。

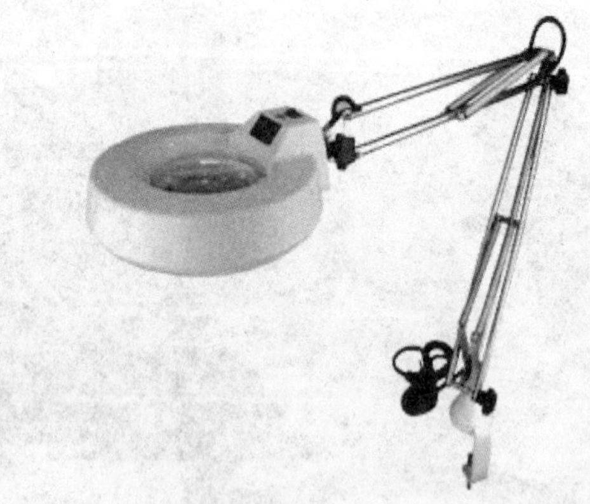

图 1 – 20　带灯放大镜

2. 热风枪基本操作方法

（1）使用热风枪，要先掌握热风枪的握法。正确的握法如图 1 – 21 所示。在使用热风枪时，待焊部位通常需要预热，所以热风枪的手柄要拿稳但不宜握得太紧，手腕要能够灵活旋转。

（2）检查线管有无破损或缠绕，然后将热风枪电源插头插入电源插座，打开热风枪电源开关。

（3）热风枪有多挡风速调节，每档风速具体有多大区别这需要操作者自己体会，在热风枪风嘴前 10cm 处放置一纸条，调节热风枪风量调节旋钮，当热风枪的风速在 1 ~ 8 挡变化时，观察热风枪的风力情况。

（4）用同样的方法体验热风枪的每档温度之间的区别，在热风枪风嘴前 10cm 处放置一纸条，调节热风枪的温度调节旋钮，当热风枪的温度在 1 ~ 8 挡变化时，观察热风枪的温度情况和纸条的变化，纸条有可能燃烧，此操作一定要注意安全。

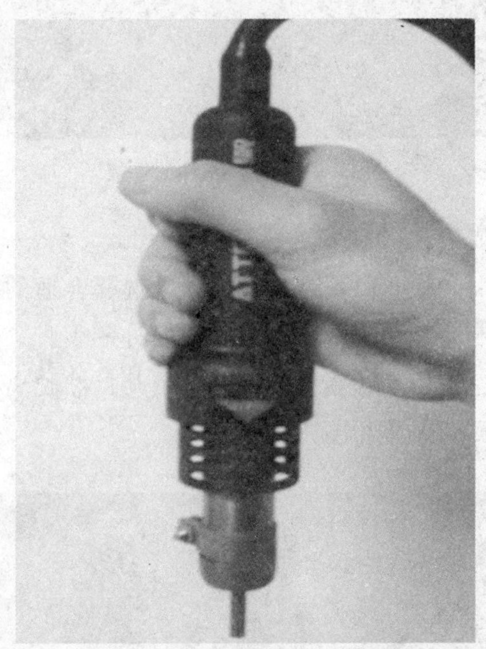

图 1 – 21　热风枪的握法

（5）使用完毕后，将热风枪电源开关关闭，此时热风枪将向外继续吹风，当吹风结束后才能将热风枪的电源插头拔下。

这些是热风枪的基本操作方法，熟悉掌握后可进行贴片元件的拆装练习。

3. 使用热风枪拆装元器件

（1）直插元件的拆卸

根据焊盘大小换上合适的风嘴，然后按前面讲述的方法，开启热风枪，根据不同的线路基板材料和不同的焊盘，选择合适的温度和风量。先用风嘴对焊点周围均匀预热，距离保持 5cm 左右，预热 15 秒后，用风嘴垂直对准焊点，距离保持 2 ~ 3cm 持续加热，待焊锡开始熔化后，从背面拔起元件。本方法适合多种单，双面板及各种大小不同的焊点。如图 1 – 22 所示。

图 1－22　穿孔元件的焊接

（2）贴片元件的拆装

根据不同的贴片元件的大小和线路基板材料，选择合适的温度及风量，先用风嘴在被焊接物周围进行预热，然后使风嘴对准贴片元件的引脚，反复均匀加热，待达到一定温度后，焊锡开始熔化后，用镊子稍加力量使其自然脱离主板。切忌温度不够强行用力拉扯元件，这样很容易损坏电路板。

图 1－23　贴片元件的拆焊

在已拆贴片元件的位置上涂上一层助焊剂，用热风把助焊剂吹匀，然后把焊盘整平，对准位置放好贴片元件，镊子稍许用力压在元件上进行固定，同样先对待焊接物及其周边进行预热，再用风嘴对准贴片元件的引脚，反复均匀加热，待达到一定温度焊锡熔化后，冷却几秒后移开镊子即可。

图 1-24 贴片元件的焊接

（3）小元件的拆卸和焊接

主板电路中的小元件主要包括电阻、电容、电感、晶体管等。由于电脑主板电路比较复杂，决定了这些元件必须采用贴片式安装（SMD）。贴片元件与传统的穿孔元器件相比，贴片元件安装密度高，减小了引线分布的影响，增强了抗电磁干扰和射频干扰能力。

小元件焊接，既可以用热风枪进行拆卸和焊接也可以用电烙铁，使用热风枪更好掌握，当然在拆卸和焊接时一定要掌握好风速和方向，如果操作不当，不但会将小元件吹跑，而且还会将周围的小元件也吹移动位置或吹跑。

打开带灯放大镜，仔细观察要拆卸的小元件的位置。用小刷子将小元件周围的杂质清理干净，往小元件上加少许助焊剂。安装好热风枪的细嘴风嘴，打开热风枪电源开关，调节热风枪温度开关在 2～3 挡（320℃～330℃，对于无铅芯片，风枪温度 340℃～350℃），风速开关在 1～2 挡。

一只手用镊子夹住小元件，另一只手拿稳热风枪手柄，先在要拆卸的小元件周围预热，再使风嘴离要拆卸的小元件保持垂直，距离为 2cm 左右，沿小元件上均匀加热，风嘴不可接触小元件。待小元件周围焊锡熔化后用镊子将小元件取下。如图 1-25 所示。

用镊子夹住要焊接的小元件放置到焊接的位置，注意要放正，不可偏离焊点。若焊点上焊锡不足，可用电烙铁在焊点上加少许焊锡。

图 1－25　小元件的拆卸

打开热风枪电源开关，调节热风枪温度开关在 2～3 挡（320℃～330℃，对于无铅芯片，风枪温度 340℃～350℃），风量调节钮在 1～2 挡。先在要拆卸的小元件周围预热，再使热风枪的风嘴离要焊接的小元件保持垂直，距离为 2cm 左右，沿小元件上均匀加热。待小元件周围焊锡熔化后移走热风枪风嘴。焊锡冷却后移走镊子。用无水酒精将小元件周围的助焊剂清理干净。如图 1－26 所示。

图 1－26　小元件焊接

（4）主板贴片集成电路的拆卸和焊接

QFP（Quad Flat Pockage）为四侧引脚扁平封装，是表面贴装型封装之一，引脚从四个侧面引出呈海鸥翼（L）型。基材有陶瓷、金属和塑料三种。这些贴片集成电路的拆卸和安装都必须使用热风枪才能将其拆下或焊接。和主板中的一些小元件相比，这些贴片集成电路由于相对较大，拆卸和焊接时可将热风枪的风速和温度调得高一些。

在用热风枪拆卸贴片集成电路之前，一定要将主板上的 CMOS 电池拆下，特别是 CMOS 电池离所拆集成电路较近时。先用带灯放大镜，仔细观察要拆卸集成电路的位置和方位，并做好记录，以便焊接时恢复。用小刷子将贴片集成电路周围的杂质清理干净，往贴片集成电路管脚周围加注少许助焊剂。调好热风枪的温度和风速。温度调节钮一般调至 3 ~5 挡（一般在 350℃，对于无铅芯片，风枪温度 370℃），风量调节钮调至 2 ~3 挡。

用单风嘴拆卸时，应注意使风嘴和所拆集成电路保持垂直，先对周围电路板进行预热，并沿集成电路周围引脚慢速旋转、均匀加热，风嘴不可触及集成电路及周围的外围元件，吹焊的位置要准确，且不可吹跑集成电路周围的外围小件。

待集成电路的引脚焊锡全部熔化后，用镊子将集成电路掀起或镊走，且不可用力，否则，极易损坏集成电路的铜箔，如图 1 – 27 所示。

图 1 – 27 QFP 封装元件的拆卸

将焊接点用平头电烙铁整理平整，必要时，对焊锡较少焊点应进行补锡，然后，用酒精将焊点周围的杂质清洁干净。将更换的集成电路和电路板上的焊接位置对好，用带灯放大镜进行反复调整，使之完全对正。先用电烙铁焊好集成电路的四脚，将集成电路固定，然后，再用热风枪吹焊四周。焊接完毕后应注意冷却，不可立即去动集成电路，以免其发生位移。如图 1 – 28 所示。

图 1-28　QFP 封装元件的安装

冷却后，用带灯放大镜检查集成电路的引脚有无虚焊，若有，应用尖头电烙铁进行补焊，直至全部正常为止。用无水酒精将集成电路周围的助焊剂清理干净。

（四）热风枪使用注意事项

（1）使用前，必须仔细阅读使用说明。

（2）使用前，必须接好地线，以备泄放静电。

（3）热风枪在初次使用前一定要将底部固定气泵的螺丝钉拆掉，否则会损坏气泵。

（4）禁止在热风枪前端网孔放入金属导体，会导致发热体损坏及人体触电。

（5）热风枪主机顶部及风枪口风嘴处不能放置任何物品，尤其是酒精等易燃物品，不可直接将热风对着人。

（6）热风枪使用完毕应及时关闭热风枪电源，以免手柄长期处于高温状态，缩短使用寿命。

（7）热风枪使用时或刚使用过后，不要去碰触喷嘴；热风枪的把手必须保持干燥、干净且远离油品或瓦斯。

（8）热风枪要完全冷却后才能存放。

三、万用表

万用表是电器维修中最常用的一种测量电路及元件电信号的工具之一。它通常可测量交直流电压和电流、电阻等多种参数，有些还可以测量晶体三极管的放大倍数及频率、电容值等，并以此作为元器件质量好坏、电路有无短路或开路的依据。

万用表的挡位表示：

（1）V～：表示的是测交流电压的挡位；

（2）V—：表示的是测直流电压挡位；

（3）A：表示的是测电流的挡位；

（4）Ω（R）：表示的是测量电阻的挡位；

（5）HFE：表示的是测量晶体管的挡位。

（一）万用表的分类

万用表根据工作原理主要分为指针万用表和数字万用表。

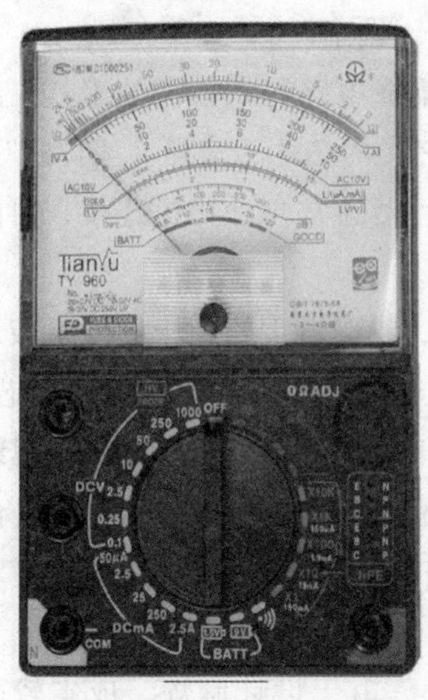

指针万用表

数字万用表

图 1－29 万用表

（二）万用表的使用

（1）蜂鸣器挡：用来测量电路的通断（电路通时，有“嘀嘀”的声音；电路断时，则无声）。在维修工作中，经常采用这个挡位来查线路（查看各元器之间的连接）。

（2）欧姆挡：这个挡位主要用来测量电阻的阻值以及各引脚的对地阻值。欧姆挡在使用时，应根据不同的需要设置不同的挡位，或者直接将其置于“AUTO”挡（自动档，有些型号的万用表没有这个挡位）。

（3）二极管挡：用来测量二极管、三极管、场效应管的质量及其引脚，有时候也用该挡位来检测输出端口对地的阻值（阻值—屏幕上显示的压降值为参考，实际上应该是测试点对地之间的压降）。

（4）电压挡：用来测量被测点的电压值，主板维修工作中，最常用的是20V直流挡或者直流“AUTO”挡。

（三）注意事项

（1）测量电流时应将表笔串接在被测电路中，测量电压时应将表笔并接在被测电路中。

（2）不能测量高于1000V的直流电压和高于700V的交流电压。

（3）测量高电压时要注意避免触电。

四、编程器

编程器又称烧录器，编程器是为可编程的集成电路写入数据的工具，编程器主要用于单片机（含嵌入式）/存储器（含BIOS）之类的芯片的编程（或称刷写）。

编程器主要修改只读存储器中的程序，编程器通常与计算机连接，再配合编程软件使用。

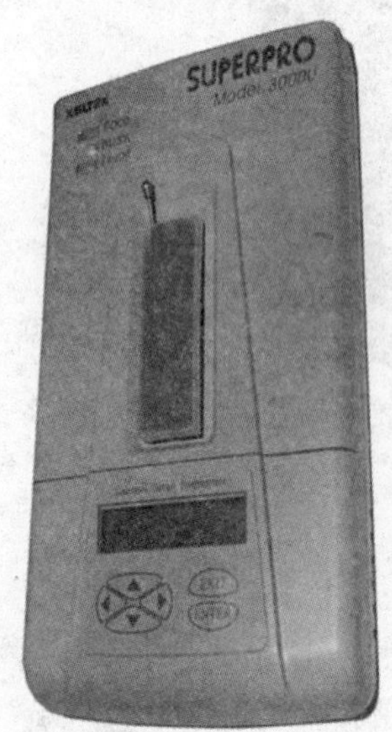

图1－30　编程器

在计算机维修中，编程器主要用于刷新主板BIOS芯片、显卡BIOS芯片、网卡启动芯片、EEPROM串行芯片等。

编程器在功能上可分为通用编程器和专用编程器。专用型编程器价格最低，适用芯片种类较少，适合某一种或者某一类专用芯片编程的需要，例如仅仅需要对PIC系列编程。全功能通用型一般能够涵盖几乎（不是全部）所有当前需要编程的芯片，由于设计麻烦，成本较高，限制了销量，最终售价极高，适合需要对很多种芯片进行编程的情况。

我们以希尔特SUPERPRO/3000U为例，简单介绍编程器的使用。插入光盘，自动弹出如图1－31所示界面，选中SUPERPRO/3000U，界面变为如图1－32所示安装界面。

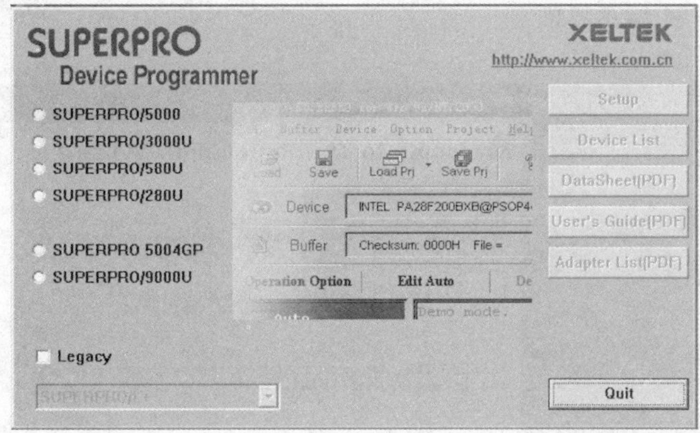

图 1－31　安装界面

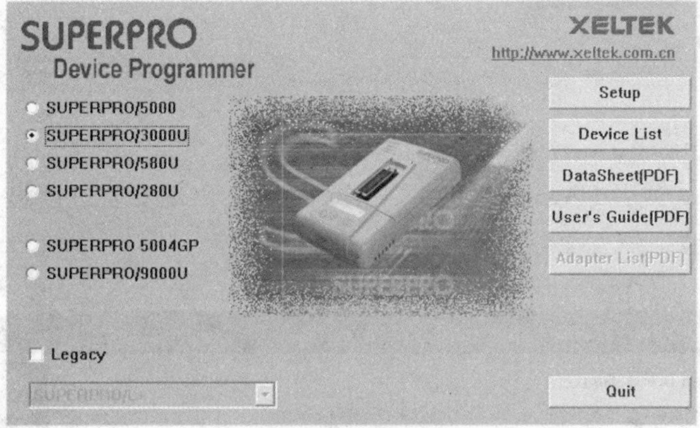

图 1－32　安装界面

单击 Setup ，会弹出如下所示对话框，选择 Chinese，点击 OK 继续。

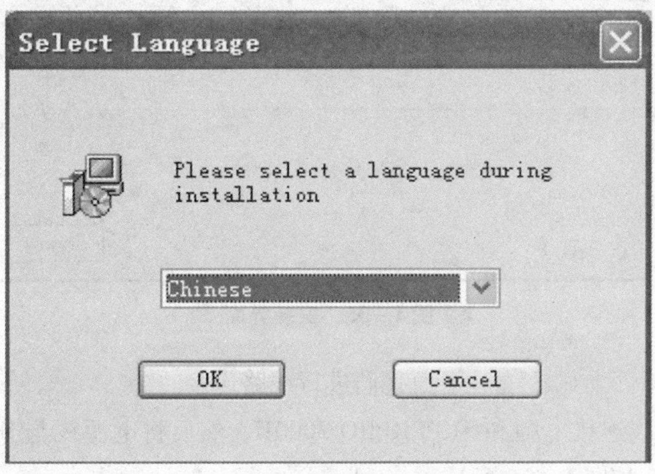

图 1－33　安装界面

弹出如图 1－34 所示界面。

图 1－34　安装界面

依次点击 Next 或者 I Agree，最后点击 Install，会出现安装进度显示如图 1－35 所示，等待安装完成。

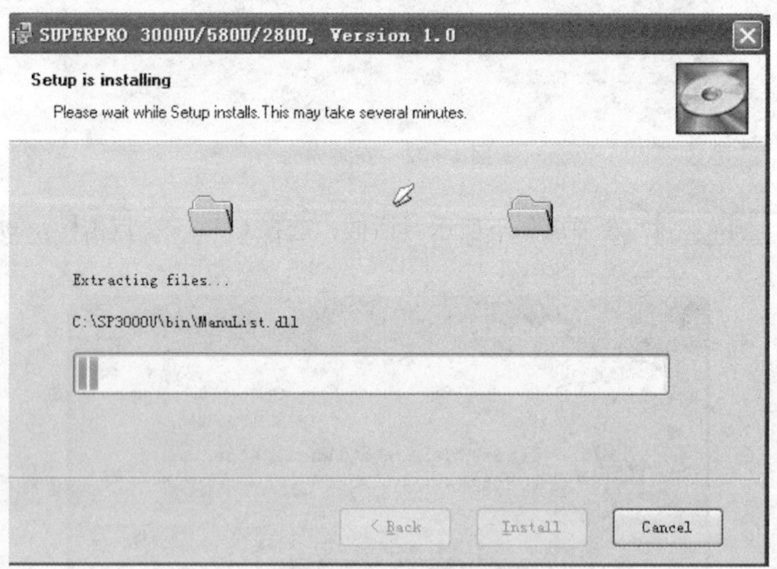

图 1－35　安装界面

安装完后，桌面上显示。下面我们进行线路连接。

首先用 USB 线连接电脑和 SUPERPRO 3000U，然后将电源线与 SPUERPRO 3000U 和电源插座连接。如图 1－36 所示。

图 1－36　USB 与电脑连接

向上拨动 SUPERPRO 3000U 上的锁紧座的摇杆，然后将转接座按照正确的方向插入，放开摇杆即可，实物图如图 1－37 所示，分别为正面图和侧面图。

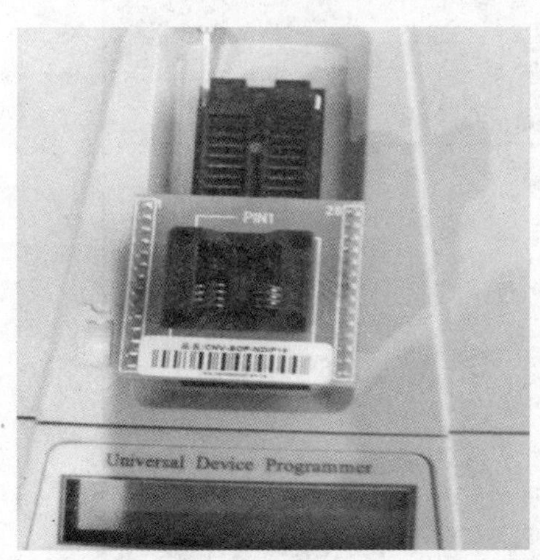

图 1－37　锁紧座

按下电源接口旁边的开关，烧写器灯亮，LCD 屏显示初始化，等待完成后显示版本信息，同时电脑上会显示自动安装驱动的信息，等待都完成后，即可打开之前安装的软件了。

双击，会显示如图 1－38 所示界面。

图 1 – 38　开始界面

等待启动完成后显示如图 1 – 39 所示界面。

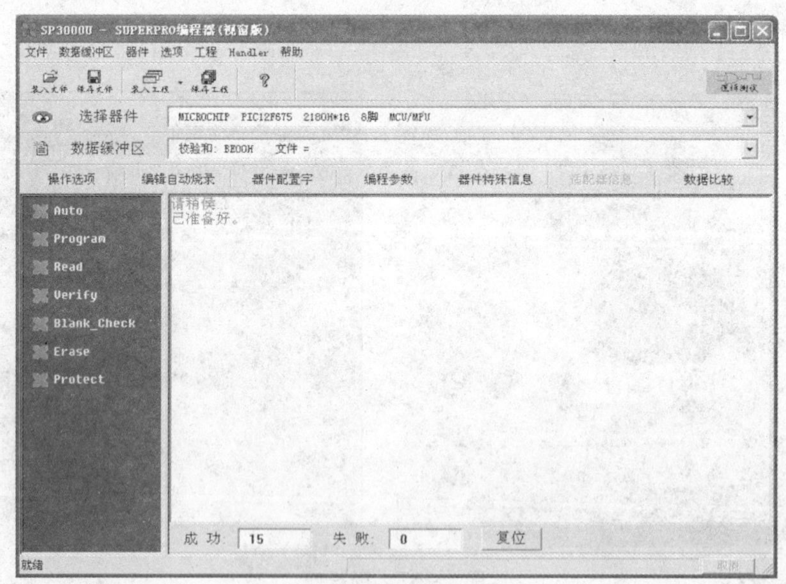

图 1 – 39　工作界面

在工具栏里点 选择器件 ，弹出如图 1 – 40 所示界面，在左边栏选择 MICROCHIP，在右边栏选择 PIC12F675。

点击 确定 ，选择器件结束，返回主界面后，显示如图 1 – 41 所示内容。

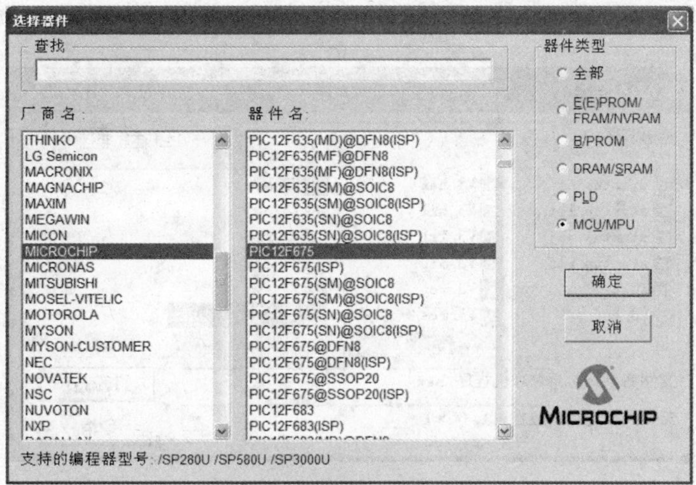

图 1－40　芯片选择界面

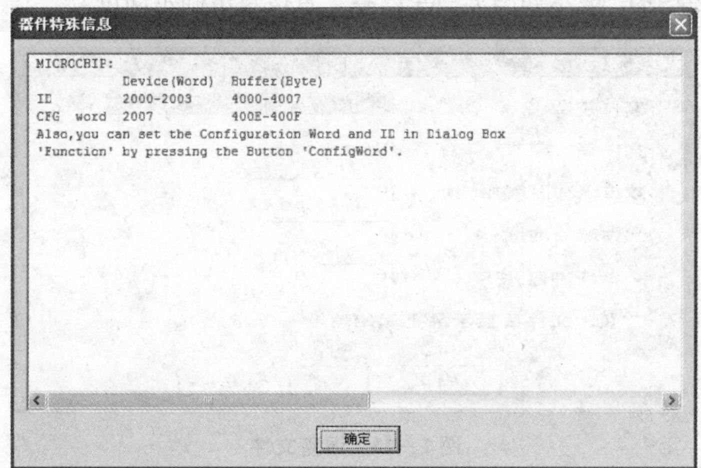

图 1－41　芯片信息

确定后显示如图 1－42 所示内容。

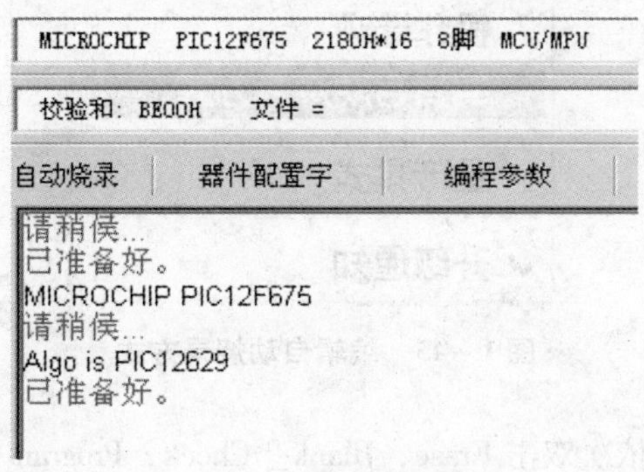

图 1－42　写入准备界面

点击工具栏的，在弹出来的对话框中选择单片机程序，如图 1－43 所示。

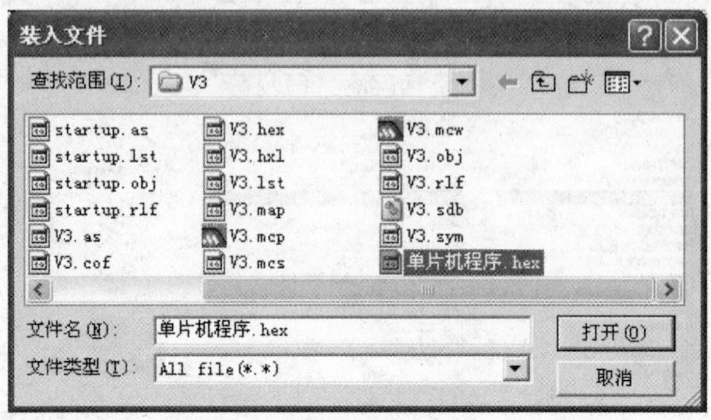

图 1－43　选择写入程序

然后点击 打开(O) ，显示如图 1－44 内容，直接点击确定即可。

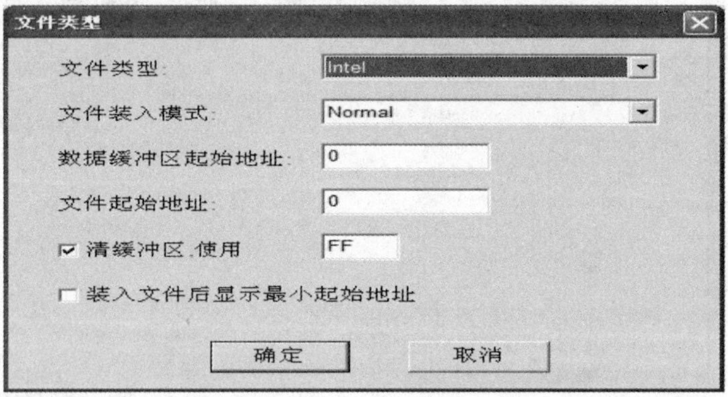

文件类型
文件类型: Intel
文件装入模式: Normal
数据缓冲区起始地址: 0
文件起始地址: 0
☑ 清缓冲区 使用 FF
☐ 装入文件后显示最小起始地址
确定　取消

图 1－44　调整文件

如图 1－45 所示，选择工具栏的选项编辑自动烧录方式。

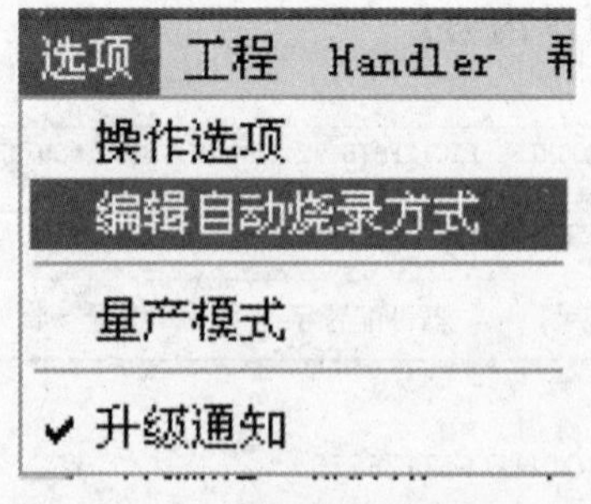

图 1－45　编辑自动烧录方式

在弹出来的对话框中依次双击 Erase，Blank_ Check，Program，Verify，最后如图 1－46 所示，点确定即可完成设置。

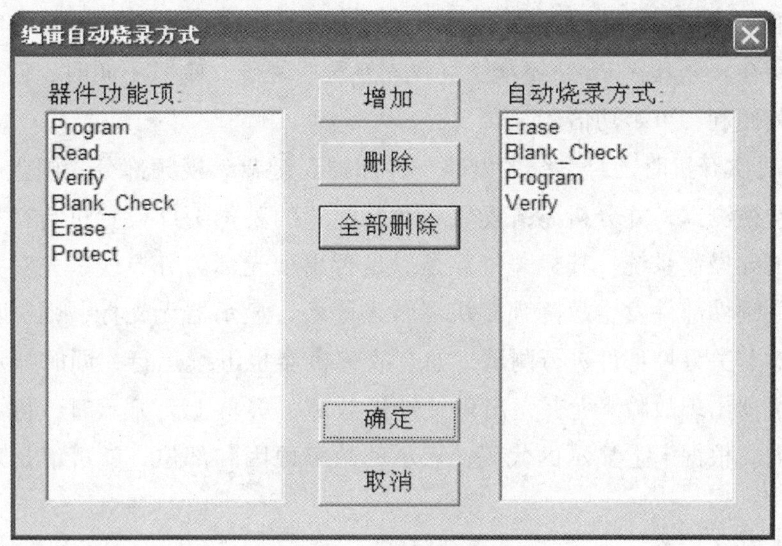

图 1－46　选择烧录方式

操作人员正对烧写器，将芯片的 1 脚与转接板上指示 PIN1 所示方向来放入 PIC12F675 芯片，如图 1－47 所示。

图 1－47　转接板

然后点击工具栏的 Auto ，看提示信息等待所有步骤完成即可取出芯片，放入另外一片，点击 Auto，等待烧写完成即可。

如果是同一芯片量产，则在烧写完后一片后，直接取出芯片，放入另外一片芯片，然后点击 Auto 烧写即可，不需要断电。

五、诊断卡

主板诊断卡也叫 POST 卡（Power On Self Test），其工作原理是利用主板中 BIOS 内部自检程序的检测结果，通过代码一一显示出来，结合代码含义速查表就能很快地知道电脑故障所在。尤其在 PC 机不能引导操作系统、黑屏、喇叭不叫时，使用主板诊断卡更能体现其便利，事半功倍。

BIOS 在每次开机时，对系统的电路、存储器、键盘、视频部分、硬盘、软驱等各个组件进行严格测试，并分析系统配置，对已配置的基本 I/O 设置进行初始化，一切正常后，再引导操作系统。其显著特点是以是否出现光标为分界线，先对关键性部件进行测试。关键性部件发生故障强制机器转入停机，显示器无光标，则屏幕无任何反应。然后，对非关键性部件进行测试，如有故障机器也继续运行，同时显示器显示出错信息，当机器出现故障，尤其是出现关键性故障，屏幕上无显示时，将主板诊断卡插入扩弃槽内。根据卡上显示的代码，表示的故障原因和部位，就可清楚地知道故障所在。

图 1－48　主板诊断卡

下面介绍主板诊断卡常见代码及解决方法：

（1）检测卡跑 00，CO，CF，FF 或 D1，可能造成的原因：CPU 插槽脏、针脚坏，接触不好；CPU，内存超频了；CPU 供电不良；硬件某部分资源不正常，在 CMOS 里把其关闭或更换该集成资源的芯片。

（2）C1，C2，C6，C7 或 E1：可能造成的原因是内存接触不良，可用镊子轻轻刮内存插槽。如不行再测内存工作电压（SDRAM 3.3V，DDR 2.5 和 1.6V。）接着测时钟，检查 CPU 旁排阻是否有损坏。测 CPU 地址线和数据线。如果以上检测都没问题，则判断为北桥坏。

（3）C1～05 循环跳变：可能造成的原因是 BIOS 损坏、I/O 坏或者南桥坏。

（4）C1，C3，C6：通过刷 BIOS、检查 BIOS 座、换电源、换 CPU、换转接卡有可能解决问题。

通过检测 PCB 板断线或板上是否沾有导电物、清洗内存和插槽、换内存条、换内存插槽、换 I/O，如果都不能排除故障则北桥虚焊或者北桥坏。

（5）循环显示 C1 ~ C3. 或者 C1 ~ C5 等。通过刷 BIOS，换 I/O 有时可解决问题。检查 PCB 板是否断线，板上是否粘有导电物，可考虑换电容、换 CPU、换内存，如果都无法解决则南桥坏。

（6）显 BO 代码：看内存电压，清 CMOS，北桥坏。

（7）显示 25 代码：北桥问题。

（8）跑 0D 后不亮：外频，倍频跳线。

（9）显 2B 代码后不亮：可以考虑刷 BIOS，清除 BIOS，时钟发生器不良，北桥供电不正常或者北桥坏。

（10）跑 50 代码：I/O 错，南北桥，BIOS 坏。

（11）跑 41 代码：BIOS 刷新，PCB 坏或者上面有导电物。

（12）跑 R6 代码：检测不到显卡，或者是内存没有过。

六、BGA 返修机器

更换 BGA 是维修板卡必不可少的工序，板卡在使用过程中出现 BGA 空焊或烧坏，引起板卡功能不良，如不更换 BGA 就只能报废处理，为了减少报废，降低成本，所以换 BGA。在更换 BGA 的过程中，主要由 BGA 返修机器来操作，BGA 返修机器主要部件如下。

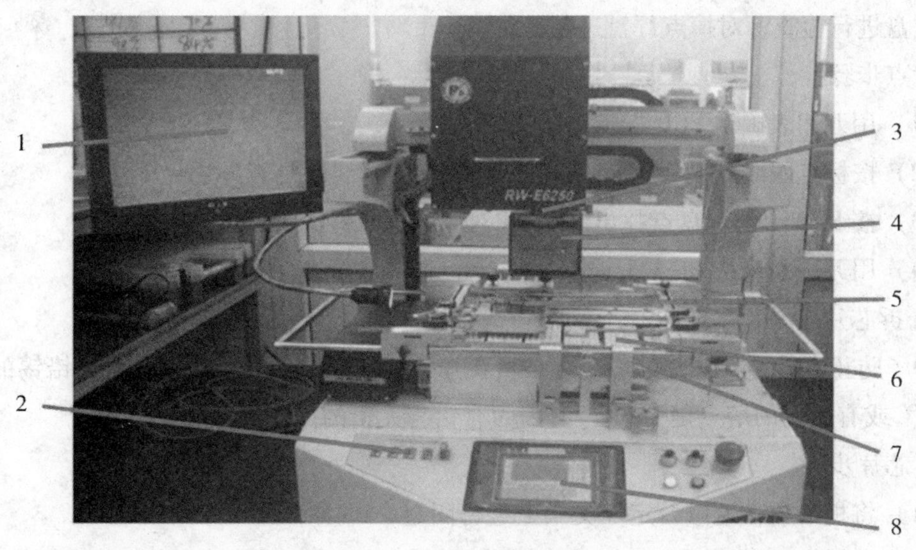

图 1－49　BGA 拆焊台

序号	部件名称	说明
1	显示器	对位图像显示
2	测温口	测温接入端口
3	上风头	上部热风加热区
4	光学对位系统	光学系统 BGA 与 PCB 焊盘对位
5	下风头	下部加热区
6	下加热器	底部红外加热及其控制开关
7	夹板装置	装夹及固定 PCB 板
8	触摸板	系统外部控制器件

（一）更换 BGA 的操作介绍

1. 烘烤

经过客户使用过的不良品，此种板卡在空气中裸露时间太长，这样 PCB 和 BGA 便会吸收空气中的水分，在拆、装 BGA 时温度需要达到 200℃以上，且时间短，在如此高温下，PCB 和 BGA 所含的水分很难在短时间内挥发出来，加热后容易在 PCB 和 BGA 里面形成气泡，造成 PCB 和 BGA 起泡，最终报废。为了减少 PCB 和 BGA 的损伤，降低维修成本，所以必须在拆装 BGA 前对板卡进行烘烤，把 PCB 与 BGA 所含水分烘干。烘烤温度一般在 80～90℃，烘烤时间必须在 24 小时以上。

2. 量点

对 BGA 不良板卡进行故障确认，根据确认的不良故障来判定 BGA 是否正常，并对 PCB 焊盘进行检查，对掉点焊盘进行修复。

量点步骤：

（1）用万用表确认 PCB 标点是否正常；

（2）按标点跟线到 PCB 焊盘对应点并检查 PCB 线路是否导通；

（3）按 PCB 上的焊盘点找出 BGA 相对应的焊点；

（4）用万用表确认 BGA 上焊点值是否正常。

3. 拆芯片

为了防止 BGA 损坏，拆 BGA 时必须要知道此板 BGA 是什么制程（无铅锡的熔点是 217℃或有铅锡的熔点是 183℃），因为有铅与无铅的操作温度不一致。

拆芯片步骤：

（1）将板卡放在返修台定位支架上进行固定；

（2）选择合适的热风嘴并把热风嘴移到被拆芯片正上方，向下移动至离芯片 1～

2mm 的高度，使被拆芯片完全罩在热风嘴里面；

（3）选择合适的温度曲线，启动机器进行加热，温度曲线执行结束后把风嘴提起，然后将芯片拆下，取下板卡平放在工作台上进行冷却。

拆芯片注意事项：

（1）当温度达到锡球熔点时，用镊子轻轻平移芯片，如芯片能动，再用镊子轻轻地把 BGA 夹起；

（2）当芯片能平移时就及时取下；

（3）在取芯片时要轻拿轻放，防止掉件。

4. 执锡

执锡在 BGA 返修过程中起着关键性的作用，执锡的质量直接影响到 BGA 焊接的效果，影响到板卡的稳定性。

执锡步骤：

（1）把拆卸完芯片的板卡平放在工作台上，取少量的松香膏均匀涂在 PCB 焊盘上；

（2）用电烙铁把焊盘上的残留锡拖干净，使焊盘不会有太多的锡渣；

（3）用电烙铁轻轻地压住吸锡铜线在焊盘上移动，使焊盘上多余的锡完全吸附在吸锡铜线上，达到焊盘平整；

（4）用洗板水把焊盘清洗干净并用手触摸感觉焊盘平整即可。

执锡注意事项：

（1）在执锡时注意电烙铁力度的把握；

（2）执锡后要认真检查焊盘是否完好。

松香膏通常是以聚合松香、有机酸化物、一般天然有机酸、高沸点有机溶剂为主要成分的混合物，松香膏的主要作用是清除焊料和被焊 PCB 焊盘表面的氧化物，使金属表面达到必要的清洁度，它防止焊接时表面的再次氧化，降低焊料表面张力，提高焊接性能，储存条件在 2～8℃空气环境下；吸锡铜线通常是以铜线为主要成分的编带物，它的主要作用是吸除 BGA 或 PCB 焊盘上多余的锡。

5. 植球

植球主要作用就是把已从 PCB 上取下的良品 BGA 植球后，重新再用，降低返修成本。

植球步骤：

（1）用吸锡线把 BGA 上的锡点拖平，并清洗干净，在 BGA 上涂上薄薄一层松香膏；

（2）把 BGA 放在对应规格的钢网上，然后把锡球倒入钢网中，使每一个孔中都有锡球；

（3）轻轻地取下钢网，把BGA小心地放到耐高温板上；

（4）用风筒加热让锡球和BGA焊盘进行有效焊接。

植球注意事项：

（1）要清楚BGA使用锡球的规格和制程；

（2）风筒加热时注意温度、风量及时间的把握；

（3）植好球后要认真检查，不能有多球、少球、连锡等现象。

钢网是在钢片上打孔形成的制具，不同型号的BGA需要不同的钢网；锡球通常是以锡为主要成分的混合物，分为有铅（成分：63Sn/37Pb，锡的熔点是183℃）和无铅（成分：锡银铜锡，熔点是217℃）两种，直径有0.76mm、0.6mm、0.5mm、0.4mm等。

6. 安装芯片

在板卡上安装良品BGA，并保证焊接的质量。

安装BGA步骤：

（1）拿出要安装的板卡，在板卡焊盘和BGA上都涂上一层锡膏；

（2）把板卡固定到返修台支架上；

（3）拉出对位系统进行对位，使芯片上的锡球与焊盘上的焊点完全重合；

（4）选择曲线，开始焊接；

（5）温度曲线执行结束，把板卡取下进行冷却。

安装芯片注意事项：

（1）装BGA时注意BGA的型号规格；

（2）板卡必须水平放置在固定架上；

（3）了解温度曲线的设定及相关工艺要求。

（二）BGA返修台的曲线设定

与正常生产的再流焊温度曲线相比，维修过程对温度控制的要求则要高得多。因为在常规的再流焊炉腔内，温度流失几乎为零。而对于维修而言，一般情况都是将PCB暴露在空气中对单个器件实施高温处理，在这种情况下，温度的流失相当严重，对此，决不能单靠升温来达到温度的补偿。这是因为一方面对于器件而言，过高的温度显然会损坏器件本身；另一方面，升温必然造成BG的受热不均匀引起弯曲变形等负面影响。因此，设定合适的温度曲线是BGA维护的关键。为了达到满意的效果，也就是对不同的PCB上的每一种器件设定一条专用的温度曲线。

要想调出适合的温度曲线要注意以下几点。

（1）将返修台放置于空气通畅无风无尘工作环境内；

（2）返修台放置在不易受到震动及平稳的工作台上；

（3）工作时不要用电扇或其他设备对返修台吹风，否则会导致加热异常升温，影响焊接质量；

（4）开机后，任何物体不能直接接触高温发热区，否则可能会引起火灾或爆炸，待安装板卡应放在支架上；

（5）板卡 PCB 的材质厚薄以及 PCB 的布线，会影响 PCB 的吸热温度，影响温度曲线；

（6）PCB 板的本身工艺（有铅或无铅），BGA 料件锡球大小及成分（有铅或无铅），BGA 本体的大小和锡球排列情况；

（7）PCB 板设计 BGA 的位置及板上离 BGA 近的元器件所吸收热量的多少；

（8）BGA 旁边的金属元器件（如铜柱、USB 接口等）它们都会影响温度曲线等。

要想调出适合特定板的温度曲线，就要在 PCB 反面钻孔，用测温线测出 PCB 的实际温度曲线，具体的温度曲线设置可以参照图 1－50 所示。

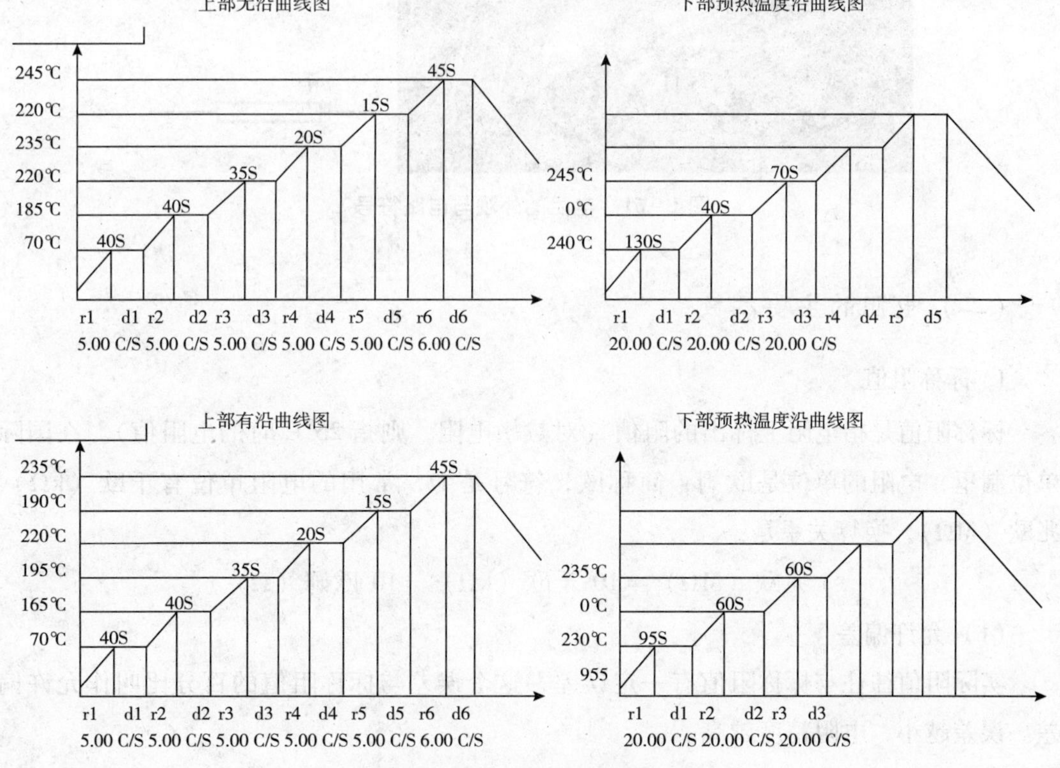

图 1－50　BGA 拆焊温度曲线

第二节 常用电子元器件

一、电阻

（一）电阻器的功能

物体对电流的阻碍作用称为电阻，利用这种阻碍作用制成的元件称为电阻器，简称电阻，其外观与电路符号如图 1－51 所示。电阻在电子电路中通常起限流、分流、降压、分压、负载等作用，还可以与电容配合做滤波器。电阻是电子电气设备中使用量最大、应用面最广的元器件。

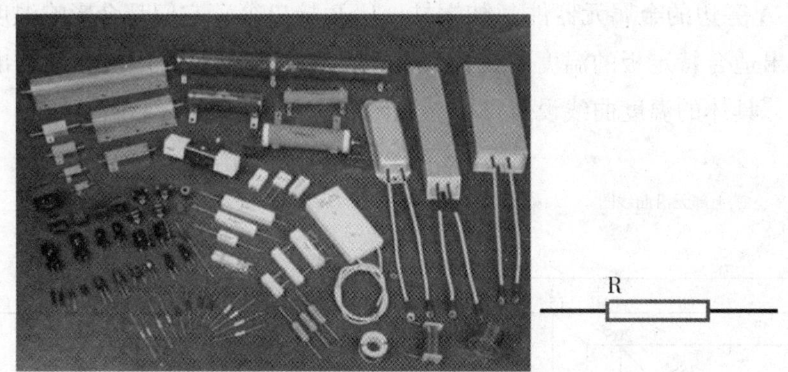

图 1－51 电阻的外观与电路符号

（二）电阻的主要参数

1. 标称阻值

标称阻值是指电阻上标出的阻值（对热敏电阻，则指 25°C 时的电阻值）。在国际单位制里，电阻的单位是欧姆，简称欧，符号是 Ω，常用的电阻单位有千欧（kΩ）、兆欧（MΩ），换算关系是：

1 兆欧（MΩ）＝10^3千欧（kΩ）＝10^6欧姆（Ω）

（1）允许偏差

实际阻值往往与标称阻值有一定误差，这个误差与标称阻值的百分比叫作允许偏差。误差越小，电阻精度越高。

（2）额定功率

额定功率是指电阻在直流或交流电路中，长时间连续工作所允许承受的最大功率。

通常有 1/8W、1/4W、1/2W、1W、2W、5W、10W 等，一般情况下，体积越大的电阻功率也越高。

（3）温度系数

电阻的温度系数表示电阻的稳定性随温度变化的特性。温度系数越大，其稳定性越差。

（4）电压系数

电压系数指外加电压每改变 1V 时电阻阻值相对的变化量。电压系数越大，电阻对电压的依赖性越强，即阻值较易随电压变化。

（5）最大工作电压

最大工作电压指电阻长期工作不发生过热或电击穿损坏等现象的电压。

2. 电阻的命名

电阻的标称。表示电阻的标称阻值和允许偏差的方法有直标法、色环法、文字符号法三种形式。

（1）直标法

在电阻表面，直接用数字和单位符号标出阻值和允许误差，通常用于体积较大（功率大）的电阻上。例如在电阻上印有 22kΩ ±5%，表示该电阻阻值为 22kΩ，允许偏差为 ±5%。

（2）色环法

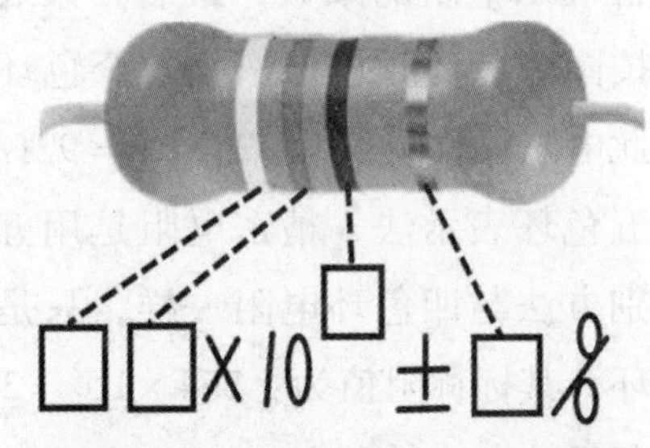

图 1－52 四环电阻的读取方法

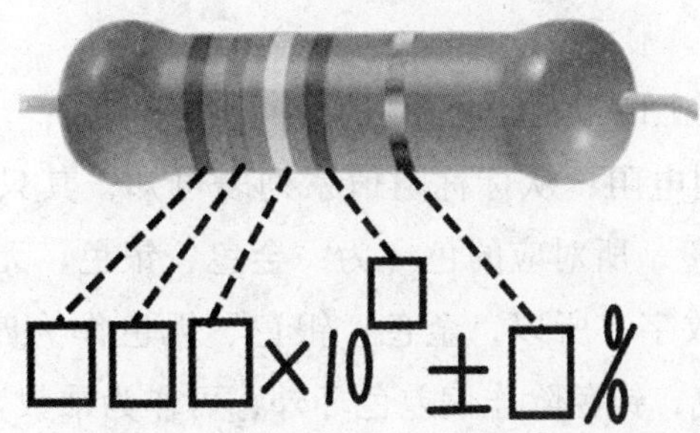

图 1－53 五环电阻的读取方法

表 1－1　　　　　　　　　　　　　　　色环与数值对照表

颜色	对应的数字	误差
	前三环（五环电阻中的第四环）	最后一环
黑	0	
棕	1	±1%
红	2	±2%
橙	3	
黄	4	
绿	5	±0.5%
蓝	6	±0.25%
紫	7	±0.1%
灰	8	±0.05%
白	9	
金		±5%
银		±10%

色环法是指用颜色的组合表示元件参数的方法。色环电阻中，根据色环的环数多少，分为四色环表示法和五色环表示法。电阻的标注示例如图 1－52 和 1－53 所示。

图 1－52 上方的电阻是用四色环表示标称阻值和允许偏差，其中，前两条色环表示此电阻的有效数字，第三位表示电阻的乘数，最后一条表示它的偏差。标称阻值为有效数字乘以乘数，例如，按图中色环颜色依次把每个色环对应的数字填到相应的方框中，就得到此电阻的值，此电阻标称阻值为 $92\times10^{0}=92\Omega\pm10\%$。

图 1－53 下方的电阻是五色环表示法，精密电阻是用五条色环表示标称阻值和允许偏差，通常五色环电阻识别方法与四色环电阻一样，只是比四色环电阻多一位有效数字。例如，图中电阻的色环，其标称阻值为：$254\times10^{2}=25400\Omega\pm5\%$。

判断色环电阻的第一条色环的方法如下：

对于未安装的电阻，可以用万用表测量一下电阻的阻值，再根据所读阻值看色环，读出标称阻值。

对于已装配在电路板上的电阻，可用以下方法进行判断：

四色环电阻为普通型电阻，从标称阻值系列表可知，其只有三种系列，允许偏差为 ±5%、±10%、±20%，所对应的色环为：金色、银色、无色。而金色、银色、无色这三种颜色没有有效数字，所以，金色、银色、无色作为四色环电阻的偏差色环，即为最后一条色环（金色，银色除作偏差色环外，可作为乘数）。

五色环电阻为精密型电阻，一般常用棕色或红色作为偏差色环。如出现头尾同为棕色或红色环时，则较为棘手，通常第一条色环比较靠近电阻一端引脚，而且表示电阻标称阻值的那四条环之间的间隔距离一般为等距离，而表示偏差的色环（即最后一条色环）一般与第四条色环的间隔比较大，以此判断哪一条为最后一条色环。

（3）文字表示法

这种方法常用于贴片电阻上。

用数字和文字符号按一定规律组合表示电阻的阻值，其形式为“数字 文字 符号 数字”，文字符号 R（欧）、K（千）、M（兆）、G（吉）表示电阻的单位级别，文字符号前面的数字表示阻值的整数部分，文字符号后面的数字表示阻值的小数部分。例如，2R2 表示 2.2Ω，9M1 表示 9.1MΩ，R1 表示 0.1Ω，R047 表示 0.047Ω。另有一种用一组数字表示电阻的阻值。常见的是三位数和四位数两种，贴常规是用三位数来表示，前面两位是有效数字，第三位表示有效数后有多少个零，基本单位是 Ω，例如在电阻上标示“512”，前两位是有效数，保持不动即“51”，第三个数“2”则表示在有效数后有两个“0”，这样就是 5100Ω；如果是用四位数来表示，则前三位是表示有效数字，第四位表示有效数后面有多少个零，例如 4531，是有效数“453”后面加“0”，也就是 4530Ω，也就等于 4.53kΩ

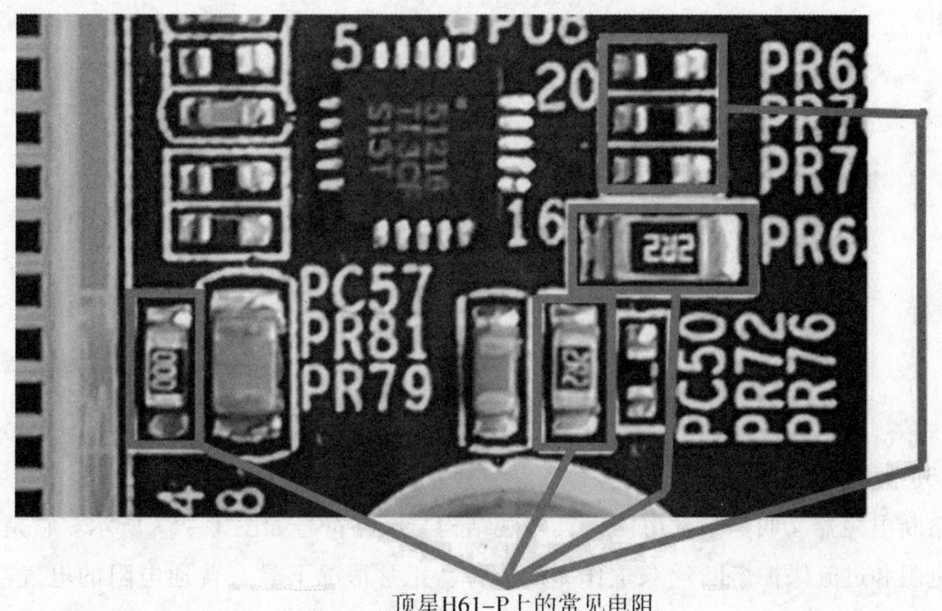

顶星H61-P上的常见电阻

图 1-54 电脑主板上的常见电阻

3. 常用电阻的功能与识别

（1）碳膜电阻

碳膜电阻就是将碳在真空高温的条件下分解的结晶碳蒸镀沉积在陶瓷骨架上制成

的，碳膜电阻的外形结构与电路符号如图 1－55 所示。碳膜电阻的阻值用色环法标志在电阻的表面。碳膜电阻的造价低，稳定性好，因此碳膜电阻是使用比较多的电阻。

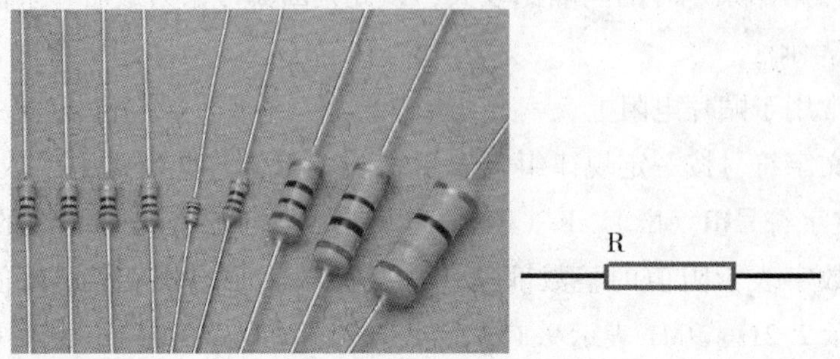

图 1－55　碳膜电阻

（2）金属氧化膜电阻

金属氧化膜电阻就是将锡和锑的金属盐溶液进行高温喷雾沉积在陶瓷骨架上制成的。因为是高温喷雾技术，所以它的膜质均匀，与陶瓷骨架结合得结实且牢固，它的外观结构与电路符号如图 1－56 所示。由于金属氧化膜电阻是金属盐溶液喷雾制成的，因此是有抗氧化、耐酸、抗高温等优点，不过它的阻值一般偏小，只能用来制作低阻值电阻。

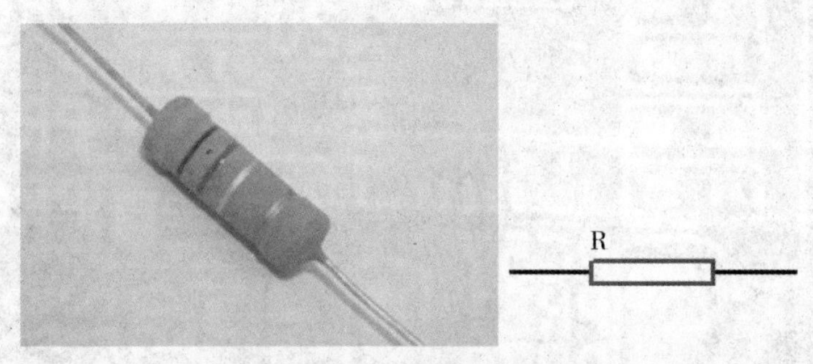

图 1－56　金属氧化膜电阻

（3）熔断电阻器

熔断电阻器又叫保险丝电阻，其外观结构与电路符号如图 1－57 所示。它是一种具有电阻和过流保护熔断丝双重作用的元件。正常情况下具有普通电阻的电气功能，在电流过大的情况下，自己熔化断裂截断电路，从而保护整个设备不再过载，通常阻值较小。在电子设备中常常采用熔断电阻器，用以保护其他元器件。

（4）水泥电阻

水泥电阻采用陶瓷、矿质材料包封，具有优良的绝缘性，散热好，功率大，具有优良的阻燃、防爆特性。内部电阻丝选用康铜、锰铜、镍镉等合金材料，有较好的稳

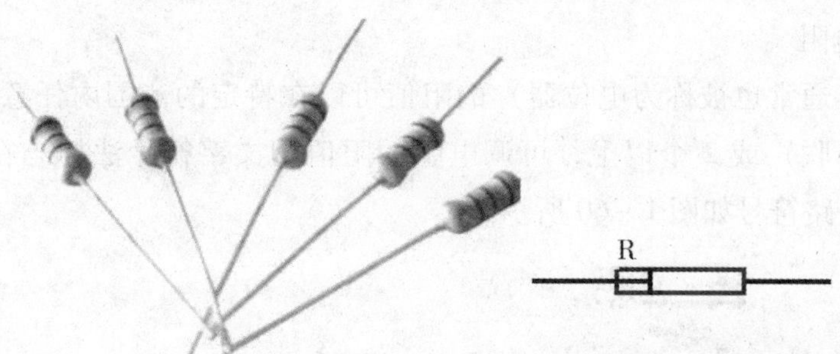

图 1－57 熔断电阻器

定性和过负载能力。电阻丝与焊脚引线之间采用压接方式，在负载短路的情况下，可迅速在压接处熔断，在电路中起限流保护作用，通常阻值较小。水泥电阻的外观结构与电路符号如图 1－58 所示。

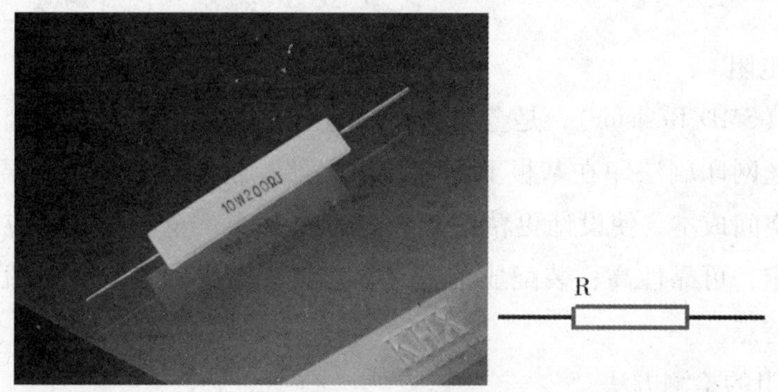

图 1－58 水泥电阻

（5）热敏电阻

热敏电阻大多是由单晶、多晶半导体材料制成的。它的阻值会随温度的变化而变化。热敏电阻可分为正温度系数电阻和负温度系数电阻，当温度升高时，阻值会明显增大，当温度降低时，阻值会明显减小，这类称为正温度系数电阻；反之，则为负温度系数电阻。热敏电阻的外观结构与电路符号如图 1－59 所示。

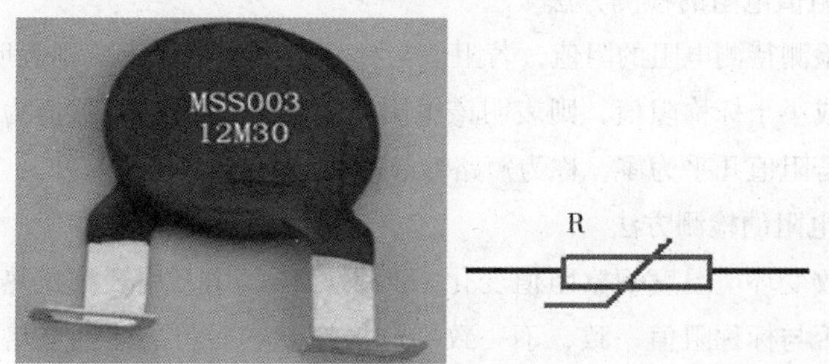

图 1－59 热敏电阻

（6）可调电阻

可调电阻（通常也被称为电位器）的阻值可以在特定的范围内任意改变，引脚数通常为2个（单联）或2个以上，可调电阻的阻值用文字符号法标志在电阻的表面，其外观结构与电路符号如图1－60所示。

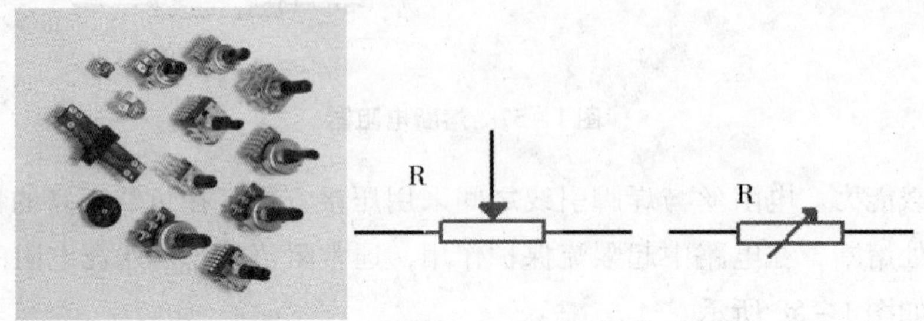

图1－60　可调电阻

（7）贴片电阻

贴片电阻（SMD Resistor），是金属玻璃铀电阻器中的一种。是将金属粉和玻璃铀粉混合，采用丝网印刷法印在基板上制成的电阻器。耐潮湿，高温，温度系数小。可大大节约电路空间成本，使设计更精细化。具有体积小，重量轻；适应再流焊与波峰焊；电性能稳定，可靠性高；装配成本低，并与自动装贴设备匹配；机械强度高、高频特性优越的特点。

4. 常用电阻的检测方法

检测时应尽可能将电阻脱开电路板，若在线测量，则这样所测的阻值称为分布电阻，为所测两点间所有元件的总电阻，其阻值将小于或远小于该电阻的实际阻值（原因请参照电阻并联的相关知识点），通常分布电阻可用于与同型电路中进行比较，寻找故障点。一般说来，当电阻发生故障时，该元件两端的分布电阻也会或多或少地发生数值变化，因此测量分布电阻也不失为检测电阻故障的一种方法。下述测量方法则均是在元件独立的条件下进行。

（1）固定阻值电阻的检测方法

用万用表检测待测电阻的阻值，若阻值与标称阻值相当接近，则表明该电阻正常。若阻值远大于或小于标称阻值，则表明该电阻已经损坏（通常若阻值为无穷大，称为开路性故障；若阻值几乎为零，称为短路性故障）。

（2）热敏电阻的检测方法

一般通过改变环境温度观察阻值变化来判别好坏。用万用表测量热敏电阻，观察其常温阻值是否与标称阻值一致，不一致则已损坏。然后将加热的电烙铁靠近电阻进行加温，观察万用表读数变化。若阻值明显变大（为正温度系数电阻）或变小（为负温度系数电阻)，则表明该热敏电阻正常。反之，若阻值没有变化则该热敏电阻已经损坏。

(3) 可调电阻的检测方法

用指针式万用表测量可调电阻动片和定片间的阻值，同时均匀转动可调旋钮。正常的可调电阻的阻值会随旋钮均匀变化，若指针不动、摆动不稳定或不均匀，则表明该可调电阻已经损坏。

5. 电阻的代换

普通固定电阻损坏后，可以用额定功率、额定阻值均相同的碳膜电阻或金属膜电阻代换。碳膜电阻损坏后，可以用额定功率及额定阻值相同的金属膜电阻代换。若手中没有同规格的电阻更换，也可以用电阻串联或并联的方法作应急处理。利用电阻串联公式将低阻值电阻变成所需的高阻值电阻，利用电阻并联公式将高阻值电阻变成所需的低阻值电阻。

熔断电阻的代换：熔断电阻损坏后，若无同型号熔断电阻更换，也可以用与其主要参数相同的其他型号熔断电阻代换或用电阻与熔断器串联后代用。对电阻值较小的熔断电阻，也可以用熔断器直接代用。

二、电容器

(一) 电容器的功能与特性

电容器（简称电容）是一种具有容纳电荷的本领的元器件，即可以储存和释放电能，符号为C。电容器在电路中通常起充放电、滤波、交流耦合、交流旁路（去耦）、与电阻或电感组成谐振电路等主要功能。电容器是电子电气设备中使用十分广泛，可以说是除电阻外电子电路中使用数量最多的元器件。

1. 电容器的结构和符号

电路理论中的电容元件是实际电容器的理想化模型。如图1－62所示，两个金属极板及其中间的不导电的介电材料就构成一个电容元件。在外电源的作用下，两个极板上能分别存储等量的异性电荷形成电场，储存电能。

2. 电容器的特性

在这里我们将用一个电路实例来说明电容特性的问题，电路如图1－63所示。

通过观察电路图可以发现，当开关（SW）打向A或B时，会构成两个十分近似但略微不同的回路。当我们用根据上图做一个实际电路的时候，会发现，无论开关打向A还是B的那一瞬间小灯泡都会立即发亮，随后逐渐变暗，直至彻底熄灭。

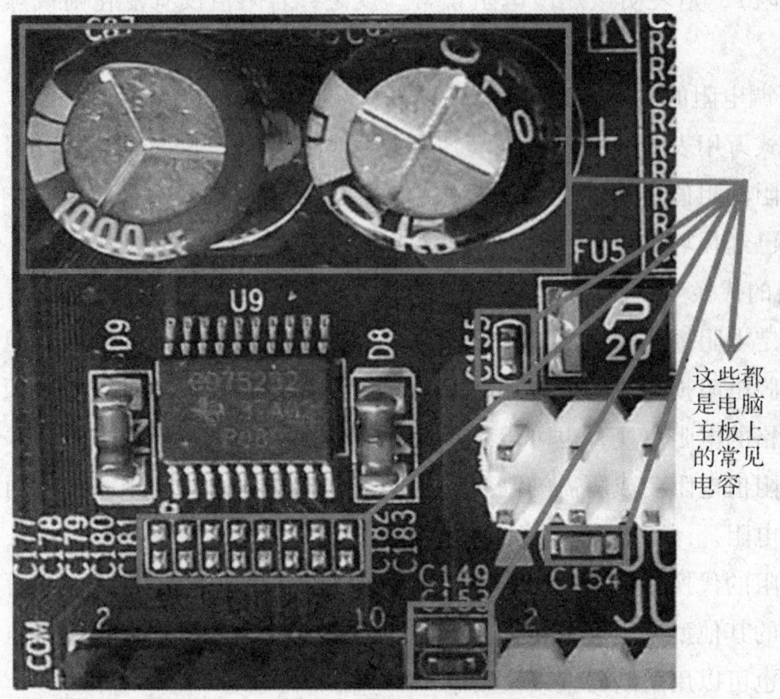

图 1－61　主板中常见的电容

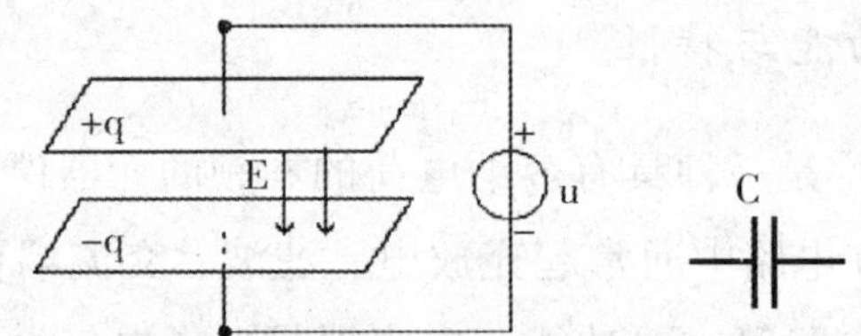

图 1－62　电容器的结构与电路符号

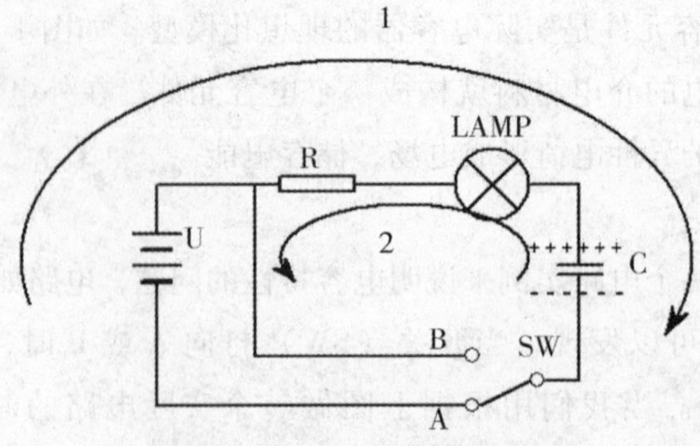

图 1－63　电容充放电电路

要分析上述现象，我们需要将问题一分为二：电容在做什么；通常小灯泡怎样才会亮？

我们先来看电容。当开关打向 A 时，回路中含有电源，此时构成充电回路，电源按照线路 1 对电容顺时针进行充电，此时电容所带电性为上正下负；当开关打向 B 时，回路中没有电源，此时构成电容放电回路，电容按照线路 2 对电阻和小灯泡逆时针进行放电，直至所有电量释放殆尽。

在电容进行充放电过程中电容两端的电压和充放电流的变化就如同吹气球中的气压和气流的问题一样，即无论是充气还是放气，刚开始容易，随后在压力的变化下越来越难，直至停止。电源对电容充电的过程中，充电电流 I_1 随着电容两端电压逐渐增大出现突然增大到变小直至零的变化，此时电容充电完成，整个电路相当于断路，电容两端电压与电源电压相等；电源对电容放电的过程中，放电电流 I_2 随着电容两端电压逐渐减小也会出现由突然增大到变小直至零的变化，此时电荷量完全消失，整个电路没有电能维持运转也相当于断路。由此可见，充电电压上升，放电电压下降，充放电电流都是先突然增大随后逐渐减小，而灯泡的亮暗与通过它的电流大小是成正比的，这就解释了为什么灯泡会发生这样的变化。

电容充放电的时间只与电阻和电容值的大小有关，与电源电压的大小无关。这个时间可以表示成 RC 的乘积，即 $T=5RC$ 时充放电基本结束。

对于恒定直流电来说，当电容充电一旦完成，电容就像一个断开的开关，表现为开路状态；而交流电的方向在不断变化，不停地在对电容进行充放电，维持了一个持续不断但方向却不断改变的电流，从而表现为流通的状态。另外，在交流电中电容也具有阻碍作用——容抗 $Xc=\frac{1}{2\pi fc}(\Omega)$，很明显当 f 越大 Xc 就越小，反之，越大。一句话总结电容的基本特性就是：隔直（流）通交（流），隔低（频）通高（频），电容器的一切功用都源自于此。

（二）电容器的主要参数

1. 标称电容量

标称电容量是电容产品标出的电容量值。在国际单位制里，电容的单位是法拉，简称法，符号是 F，常用的电容单位有毫法（mF）、微法（μF）、纳法（nF）和皮法（pF）（皮法又称微微法）等，换算关系是：

1 法拉（F）$=10^3$ 毫法（mF）$=10^6$ 微法（μF）$=10^9$ 纳法（nF）$=10^{12}$ 皮法（pF）

云母和陶瓷介质电容器的电容量较低（大约在 5000pF 以下）；纸、塑料和一些陶瓷介质形式的电容量居中（大约在 0.005μF ~ 10μF）；通常电解电容器的容量较大。

2. 类别温度范围

电容器设计所确定的能连续工作的环境温度范围，该范围取决于它相应类别的温度极限值，如上限类别温度、下限类别温度、额定温度（可以连续施加额定电压的最高环境温度）等。

3. 额定电压（U_R）

在下限类别温度和额定温度之间的任一温度下，可以连续施加在电容器上的最大直流电压或最大交流电压的有效值或脉冲电压的峰值。

4. 损耗角正切

在规定频率的正弦电压下，电容器的损耗功率除以电容器的无功功率。

5. 电容器的温度特性

通常是以20℃基准温度的电容量与有关温度的电容量的百分比表示。

（三）电容器的命名及规格

1. 命名

电容的识别方法与电阻的识别方法基本相同，分直标法、色标法和数标法 3 种。

（1）色标法

单位为 pF，方法与电阻色标法的识别方法完全一致，在这里不再复述。

（2）直标法

容量大的电容其容量值在电容上直接标明，如：10μF/16V，0.68μF/200V。某些瓷片电容也采用这种表示方法，但单位是 pF，如：47 表示 47pF，15 表示 15pF。

（3）字母表示法

一般用数字和字母一同表示容量大小，如：1m = 1mF = 1000μF，1p2 = 1.2pF，4n7 = 4.7nF = 4700μF。

（4）数字表示法

一般用三位数字表示容量大小，单位通常为 pF，前两位表示有效数字，第三位数字是倍率。如：102 表示 10×10^2pF = 1000pF，224 表示 22×10^4pF = 0.22μF

2. 常用电容的功能与识别

（1）瓷片电容

用陶瓷做介质，在陶瓷基体两面喷涂银层，然后烧成银质薄膜做极板制成。它的特点是体积小，耐热性好、损耗小、绝缘电阻高，但容量小，适宜用于高频电路。铁电陶瓷电容容量较大，但是损耗和温度系数较大，适宜用于低频电路。其外形及电路符号如图 1 – 64 所示。

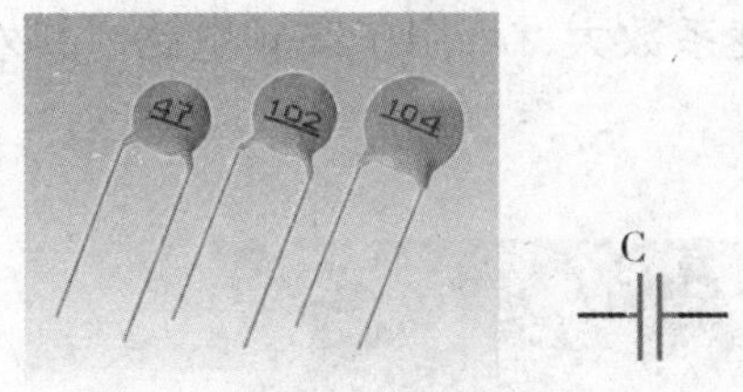

图 1－64 瓷片电容

（2）云母电容器

用金属箔或者在云母片上喷涂银层做电极板，极板和云母一层一层叠合后，再压铸在胶木粉或封固在环氧树脂中制成。它的特点是介质损耗小，绝缘电阻大、温度系数小，适宜用于高频电路。其外形及电路符号如图 1－65 所示。

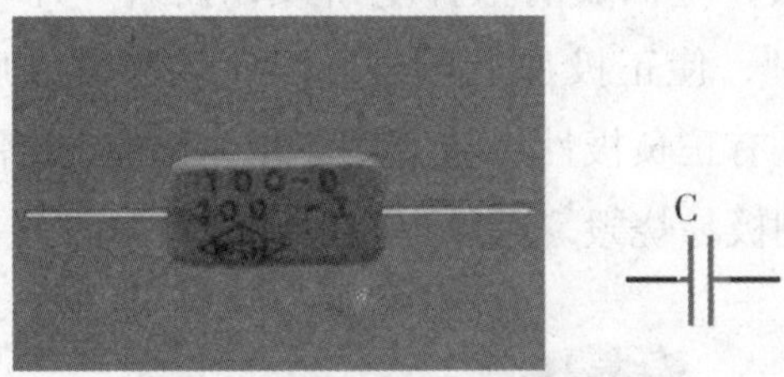

图 1－65 云母电容器

（3）纸质电容器

用两片金属箔做电极，夹在极薄的电容纸中，卷成圆柱形或者扁柱形芯子，然后密封在金属壳或者绝缘材料（如火漆、陶瓷、玻璃釉等）壳中制成。它的特点是体积较小，容量可以做得较大。但是固有电感和损耗都比较大，用于低频比较合适。其外形及电路符号如图 1－66 所示。

图 1－66 纸质电容器

（4）薄膜电容器

结构和纸介电容相同，介质是涤纶或者聚苯乙烯。涤纶薄膜电容，介电常数较高，体积小，容量大，稳定性较好，适宜做旁路电容。聚苯乙烯薄膜电容，介质损耗小，绝缘电阻高，但是温度系数大，可用于高频电路。其外形及电路符号如图 1－67 所示。

图 1－67　薄膜电容器

（5）铝电解电容器

它是由铝圆筒做负极，里面装有液体电解质，插入一片弯曲的铝带做正极制成。还需要经过直流电压处理，使正极片上形成一层氧化膜做介质。它的特点是容量大，但是漏电大，稳定性差，有正负极性，适宜用于电源滤波或者低频电路中。使用的时候正负极不能接反，否则极易烧毁。其外形及电路符号如图 1－68 所示。

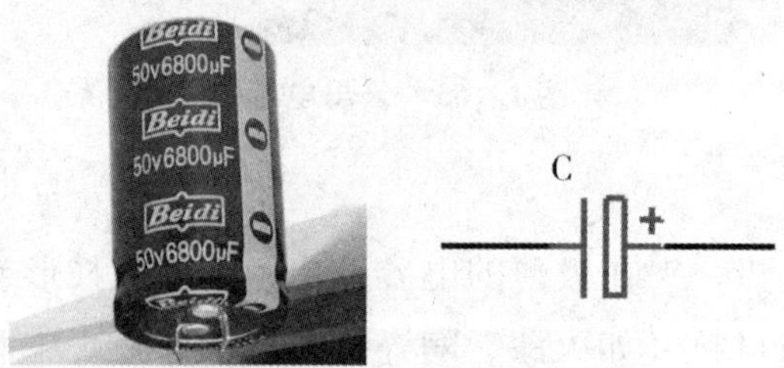

图 1－68　铝电解电容器

（6）钽、铌电解电容器

它用金属钽或者铌做正极，用稀硫酸等配液做负极，用钽或铌表面生成的氧化膜做介质制成。它的特点是体积小、容量大、性能稳定、寿命长、绝缘电阻大、温度特性好。用在要求较高的设备中。其外形及电路符号如图 1－69 所示。

图 1－69　钽、铌电解电容器

（7）微调电容器

微调电容器也称半可变电容器，它的电容量可在某一小范围内调整，并可在调整后固定于某个电容值。其外形及电路符号如图 1－70 所示。

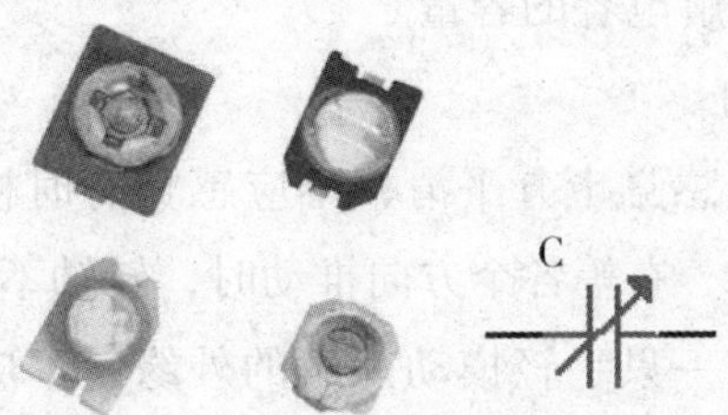

图 1－70　微调电容器

（四）电容器的检测及代换

1. 电容器的检测

（1）小容量电容器的检测

检测 0.01μF 以下的小电容因 0.01μF 以下的固定电容器容量太小，用万用表进行测量，只能定性的检查其是否有漏电，内部短路或击穿现象。测量时，可选用万用表 R×10k 挡，用两表笔分别任意接电容的两个引脚，阻值应为无穷大。若测出阻值（指针向右摆动）为零，则说明电容漏电损坏或内部击穿。

对于 0.01μF 以上的固定电容，可用万用表的 R×10k 挡直接测试电容器有无充电过程以及有无内部短路或漏电，并可根据指针向右摆动的幅度大小估计出电容器的容量。

（2）电解电容器的检测

因为电解电容的容量较一般固定电容大得多，所以，测量时，应针对不同容量选用合适的量程。根据经验，一般情况下，1～47μF 的电容，可用 R×1k 挡测量，大于 47μF 的电容可用 R×100 挡测量。

将万用表红表笔接负极，黑表笔接正极，在刚接触的瞬间，万用表指针即向右偏转较大偏度（对于同一电阻挡，容量越大，摆幅越大），接着逐渐向左回转，直到停在某一位置。此时的阻值便是电解电容的正向漏电阻，此值略大于反向漏电阻。实际使用经验表明，电解电容的漏电阻一般应在几百 kΩ 以上，否则，将不能正常工作。在测试中，若正向、反向均无充电的现象，即表针不动，则说明容量消失或内部断路；如果所测阻值很小或为零，说明电容漏电大或已击穿损坏，不能再使用。

对于正、负极标志不明的电解电容器，可利用上述测量漏电阻的方法加以判别。

即先任意测一下漏电阻，记住其大小，然后交换表笔再测出一个阻值。两次测量中阻值大的那一次便是正向接法，即黑表笔接的是正极，红表笔接的是负极。

使用万用表电阻挡，采用给电解电容进行正、反向充电的方法，根据指针向右摆动幅度的大小，可估测出电解电容的容量。

(3) 可变电容器的检测

用手轻轻旋动转轴，应感觉十分平滑，不应感觉有时松时紧甚至有卡滞现象。将载轴向前、后、上、下、左、右等各个方向推动时，转轴不应有松动的现象。

用一只手旋动转轴，另一只手轻摸动片组的外缘，不应感觉有任何松脱现象。转轴与动片之间接触不良的可变电容器，是不能再继续使用的。

将万用表置于 R×10k 挡，一只手将两个表笔分别接可变电容器的动片和定片的引出端，另一只手将转轴缓缓旋动几个来回，万用表指针都应在无穷大位置不动。在旋动转轴的过程中，如果指针有时指向零，说明动片和定片之间存在短路点；如果碰到某一角度，万用表读数不为无穷大而是出现一定阻值，说明可变电容器动片与定片之间存在漏电现象。

2. 电容器的代换

(1) 用于滤波电路的电解电容，一般来讲只要耐压、耐温相同，稍大容量的电容可代稍小的，但有些电路电容值相差不可太悬殊。比如交流市电整流滤波电容容量太大时会造成设备开机瞬间对整流桥堆等元件的冲击电流过大，造成元件损坏。

(2) 起定时作用的电容要尽量用原值代用。若容量小，就采用并联方法解决，容量大时，串联解决（电容量串并联计算与电阻正好相反：串联 $\frac{1}{C} = \frac{1}{C_1} + \frac{1}{C_2} + \cdots\cdots$；并联 $C = C_1 + C_2 + \cdots\cdots$）。

(3) 代用电容在耐压，温度系数方面不能低于原电容。

(4) 不能用有极性电解电容取代无极性电解电容。当无极性电解电容较小时，可用其他无极性电容代换。

三、电感器

（一）电感器的功能与特性

电感器与电阻器、电容器并称电路三大基本元件，在高频电路中，使用电感器较多，通常起着阻隔高频交流噪声、与电容构成谐振电路、充当高频信号的负载的作用。

1. 电感器的结构和符号

用导线绕制而成的线圈就是一个电感器（简称电感或线圈），当导线中通过电流时，其周围即会建立磁场，绕制的圈数越多磁场越强。常用的电感器有空心电感器、铁芯电感器和可调电感器等，其外观与电路符号如图 1 – 71 所示。

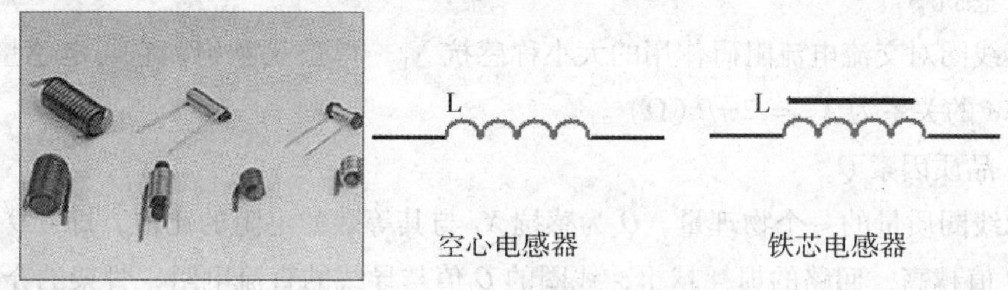

图 1 – 71 电感器的外观与电路符号

2. 电感器的特性

电感的基本作用与电容十分相似也可以充放电，但不同的是电感的充电过程是一个电磁转换的过程，即充电是将电能转换为磁能储存，放电是将储存的磁能重新转换为电能放出。

电感的基本特性与电容虽然十分相似，但却截然相反：阻交（流），通直（流），阻高（频），通低（频）。

通直流：指电感器对直流呈通路关态，如果不计电感线圈的电阻，那么直流电可以“畅通无阻”地通过电感器，对直流而言，线圈本身电阻对直流的阻碍作用很小，所以在电路分析中往往忽略不计。

阻交流：当交流电通过电感线圈时电感器对交流电存在着阻碍作用，阻碍交流电的是电感线圈的感抗 $X_L = 2\pi fL(\Omega)$ 。另外，从感抗公式中也很容易发现 f 越大则 X_L 越大，反之，X_L 越小，这就说明，电感在高频环境中所表现出来的阻抗要大于低频环境，即阻高通低。

除此以外，电感线圈还有阻碍交流电路中电流变化趋势的特性，即阻碍流经它的电流变大或变小。

（二）电感器的主要参数

1. 标称电感量

电感器上标注的电感量的大小表示线圈本身固有特性，主要取决于线圈的圈数、结构及绕制方法等，与电流大小无关，它反映电感线圈存储磁场能的能力，也反映电感器通过变化电流时产生感应电动势的能力。通常线圈圈数越多电感量越大，有铁芯的电感的电感量要大于空心电感。在国际单位制里，电感的单位是亨利，简称亨，符号是 H，常用的电感单位有毫亨（mH）、微亨（μH），换算关系是：

1 亨利（H）$=10^3$ 毫亨（mH）$=10^6$ 微亨（μH）

（1）允许误差

电感的实际电感量相对于标称值的最大允许偏差范围称为允许误差。

（2）感抗 X_L

电感线圈对交流电流阻碍作用的大小称感抗 X_L，单位是欧姆，它与电感量 L 和交流电频率 f 的关系为 $X_L = 2\pi fL(\Omega)$。

（3）品质因素 Q

表示线圈质量的一个物理量，Q 为感抗 X_L 与其等效的电阻的比值，即：$Q = X_L/R$，线圈的 Q 值越高，回路的损耗越小，线圈的 Q 值与导线的直流电阻，骨架的介质损耗，屏蔽罩或铁芯引起的损耗，高频趋肤效应的影响等因素有关，线圈的 Q 值通常为几十到几百。

（4）额定电流

额定电流是指能保证电路正常工作的工作电流。

（5）分布电容（寄生电容）

线圈的匝与匝间、线圈与屏蔽罩间、线圈与底版间存在的电容被称为分布电容。分布电容的存在使线圈的 Q 值减小，稳定性变差，因而线圈的分布电容是越小越好。

2. 电感器的命名

（1）直标法

在电感线圈的外壳上直接用数字和文字标出电感线圈的电感量，允许误差及最大工作电流等主要参数。电感元件的型号一般由下列三部分组成：

第一部分用字母“L”表示主称为电感线圈。

第二部分用字母与数字混合或数字来表示电感量。如：2R2 = 2.2μH，$100 = 10 \times 10^0$ μH = 10μH，$103 = 10 \times 10^3$ μH = 10mH。

第三部分用字母表示误差范围。字母“J”为 ±5%，字母“K”为 ±10%，字母“M”为 ±20%。

（2）色标法

单位为 μH，方法与电阻色标法的识别方法完全一致，在这里不再复述。

应指出的是，目前固定电感线圈的型号命名方法各生产厂有所不同，尚无统一的标准。

3. 电感器的检测及代换

（1）电感器的检测

将万用表打欧姆挡，把表笔放在两引脚上，看万用表的读数。对于电感此时的读数应十分接近零，若万用表读数偏大或为无穷大则表示电感损坏。对于电感线圈匝数较多，线径较细的线圈读数会达到几十到几百，通常情况下线圈的直流电阻只有几欧姆。损坏表现为发烫或电感磁环明显损坏，若电感线圈不是严重损坏，而又无法确定时，可用电感表测量其电感量或用替换法来判断。

（2）电感器的代换

选用电感器时，首先应考虑其性能参数（例如电感量、额定电流、品质因数等）及外形尺寸是否符合要求。

小型固定电感器与色码电感器、色环电感器之间，只要电感量、额定电流相同，外形尺寸相近，可以直接代换使用。

半导体收音机中的振荡线圈，虽然型号不同，但只要其电感量、品质因数及频率范围相同，也可以相互代换。

电视机中的行振荡线圈，应尽可能选用同型号、同规格的产品，否则会影响其安装及电路的工作状态。

电视机中的显像管偏转线圈一般与显像管及行、场扫描电路配套使用。但只要其规格、性能参数相近，即使型号不同，也可相互代换。

四、晶体管二极管

（一）半导体与 PN 结

自然界的各种物质就其导电性能来说，可以分为导体、绝缘体和半导体三大类。

导体具有良好的导电特性，常温下，其内部存在着大量的自由电子，它们在外电场的作用下做定向运动形成较大的电流。因而导体的电阻很小，金属一般为导体，如铜、铝、银等。绝缘体几乎不导电，如橡胶、陶瓷、塑料等。在这类材料中，几乎没有自由电子，即使受外电场作用也不会形成电流，所以绝缘体的电阻极大。半导体导电能力介于导体和绝缘体之间，如硅、锗、硒等，它的导电能力受掺杂、温度、光照和电压的影响十分显著。

本征半导体：非常纯净的单晶半导体称为本征半导体。常用的半导体材料是硅（Si）和锗（Ge）。

杂质半导体：本征半导体的导电能力很弱，热稳定性也很差，因此，不宜直接用它制造半导体器件。半导体器件多数是用含有一定数量的某种杂质的半导体制成。根据掺入杂质性质的不同，杂质半导体分为 P 型半导体和 N 型半导体两种。

在本征半导体硅（或锗）中，若掺入微量的 3 价元素（如硼），就形成 P 型半导体，本征半导体硅（或锗）中掺入微量的 5 价元素（如磷）就形成 N 型半导体。

在一块完整的硅片上，用不同的掺杂工艺使其一边形成 N 型半导体，另一边形成 P 型半导体，那么在两种半导体交界面附近就形成了 PN 结。

PN 结的单向导电性：PN 结在外加电压时，当电源正极接 P 区，负极接 N 区时，称为给 PN 结加正向电压或正向偏置（简称正偏），如图 1－72 所示。此时电路中会形成较大的正向电流，形成导通状态，而且随着正向电压的增大而增大。

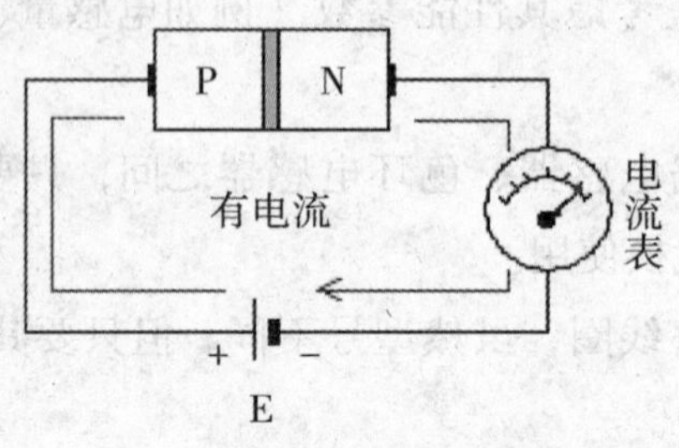

图 1－72　PN 结正偏电路

当电源正极接 N 区、负极接 P 区时，称为给 PN 结加反向电压或反向偏置（简称反偏），如图 1－73 所示。这时通过 PN 结的电流称为反向电流。反向电流极小，而且当外加电压在一定范围内变化时，它几乎不随外加电压的变化而变化，因此，反向电流又称为反向饱和电流。当反向电流可以忽略时，就可认为 PN 结处于截止状态，即断路状态。

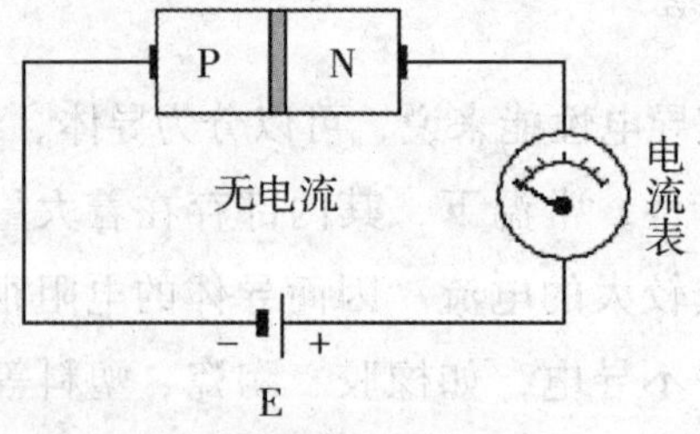

图 1－73　PN 结反偏电路

综上所述，PN 结正偏时，正向电流较大，PN 结表现为低电阻，相当于 PN 结导通；反偏时，反向电流很小，PN 结表现为高电阻，相当于 PN 结截止。这就是 PN 结的单向导电性，简言之：正向导通，反向截止。

（二）晶体二极管的功能与特性

晶体二极管又称半导体二极管，简称二极管。几乎在所有的电子电路中，都要用到半导体二极管，它在许多的电路中起着重要的作用，它是诞生最早的半导体器件之一，其应用也非常广泛。

1. 二极管的结构和符号

二极管是由 PN 结上加接触电极、引线和管壳封装而成的。按其结构，通常有点接触型和面结型两类。二极管为二端元件，两级分别是正极（P 极）和负极（N 极），使用时不能接错，其结构与电路符号如图 1－74 所示。

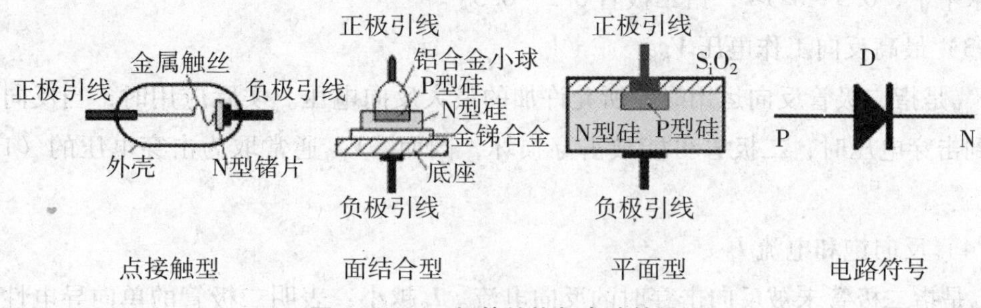

图 1－74 二极管结构与电路符号

2. 二极管的特性

（1）正向特性

在电子电路中，将二极管的正极接在高电位端，负极接在低电位端，二极管就会导通，这种连接方式，称为正向偏置。必须说明，当加在二极管两端的正向电压很小时，二极管仍然不能导通，流过二极管的正向电流十分微弱，二极管呈现出较大的电阻，这段曲线称为死区。只有当正向电压达到某一数值，即正向导通电压（这一数值也称为门槛电压或阀电压，锗管为 0.3V，硅管为 0.6V）以后，二极管才能导通。导通后无论外加电压（必须高于门槛电压）如何变化二极管两端的电压基本上保持不变（锗管为 0.2～0.3V，硅管为 0.5～0.7V，这称为二极管的“正向压降”），这常常是判断一个二极管是否正常工作的重要指标。

（2）反向特性

在电子电路中，二极管的正极接在低电位端，负极接在高电位端，此时二极管中几乎没有电流流过，此时二极管处于截止状态，这种连接方式，称为反向偏置。二极管处于反向偏置时，仍然会有微弱的反向电流流过二极管，也称为漏电流或反向饱和电流。当二极管两端的反向电压增大到某一数值，反向电流会急剧增大，这种状态称为二极管的击穿。击穿特性的特点是，虽然反向电流剧增，但二极管的端电压却变化很小，这与二极管的正向特性十分相似，这一特点成为制作稳压二极管的依据，但通常大多数二极管一旦被击穿就会永久丧失单向导电性，从而损坏无法使用。

综上所述，二极管的特性实际就是 PN 结的特性：正向导通，反向截止。

3. 二极管的主要参数

（1）最大平均整流电流 I_F

I_F 是指二极管长期工作时，允许通过的最大正向平均电流。实际应用时，工作电流应小于 I_F，否则，可能导致结温过高而烧毁 PN 结。

（2）正向压降 V_D

在规定的正向电流下，二极管的正向电压降。小电流硅二极管的正向压降在中等电流水平下，0.5～0.7V；锗二极管0.2～0.3V。

（3）最高反向工作电压 V_{RM}

V_{RM}是指二极管反向运用时，所允许加的最大反向电压。实际应用时，当反向电压增加到击穿电压时，二极管可能被击穿损坏，因而，V_{RM}通常取为击穿电压的（1/2～2/3）。

（4）反向饱和电流 I_R

I_R是指二极管未被反向击穿时的反向电流。I_R越小，表明二极管的单向导电性能越好。另外，I_R与温度密切相关，使用时应注意。

（5）最高工作频率 F_M

F_M是指二极管正常工作时，允许通过交流信号的最高频率。实际应用时，不要超过此值，否则二极管的单向导电性将显著退化。F_M的大小主要由二极管的电容效应来决定。

（6）二极管的电阻

就二极管在电路中电流与电压的关系而言，可以把它看成一个等效电阻，且有直流电阻与交流电阻之别。一般二极管的正向直流电阻在几十欧姆到几千欧姆之间，二极管的交流正向电阻在几欧姆到几十欧姆。

4. 二极管的命名及规格

（1）二极管的命名

国家标准国产二极管的型号命名分为五个部分，具体如下所示。

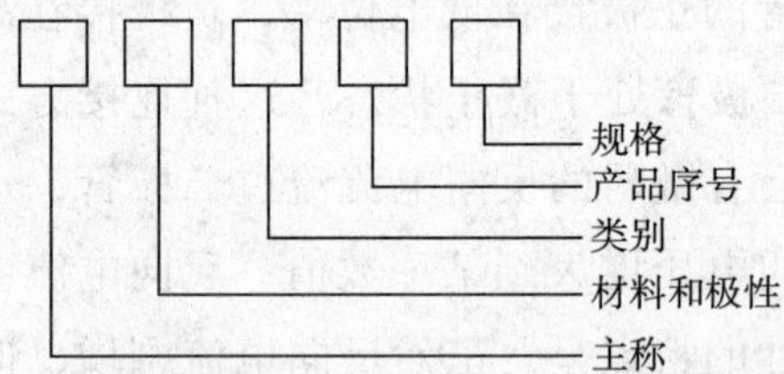

第一部分：主称

“2”表示二极管。

第二部分：材料与极性

A：N型锗材料；B：P型锗材料；C：N型硅材料；D：P型硅材料；E：化合物材料。

第三部分：类别

P：小信号管（普通管）；W：电压调整管和电压基准管（稳压管）；L：整流堆；

N：阻尼管；Z：整流管；U：光电管；K：开关管；B或C：变容管；V：混频检波管；JD：激光管；S：遂道管；CM：磁敏管；H：恒流管；Y：体效应管；EF：发光二极管。

第四部分：序号

用数字表示同一类别产品序号。

第五部分：规格号

用字母表示产品规格、档次。

（2）常用二极管的功能与识别

①整流二极管

能够将交流电源变换成直流电的二极管称为整流二极管。整流二极管主要利用二极管的单向导电性，将交流电变为直流电。整流二极管的外形封装有金属壳封装、塑料封装和玻璃封装等多种形式，其管形大小随整流管的参数而异，外形及电路符号如图1－75所示。

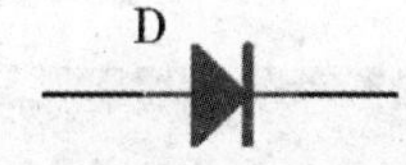

图1－75 整流二极管

②稳压二极管

稳压二极管是应用在反向击穿区的特殊硅二极管，稳压是利用PN结击穿后，其两端的电压基本保持不变的特性来工作的。稳压二极管的伏安特性曲线与硅二极管的伏安特性曲线完全一样，但稳压管的反向击穿电压要小于普通管。在使用时应将稳压管反接，并串入一只电阻。稳压二极管外形、符号、伏安特性曲线和典型应用电路如图1－76所示。

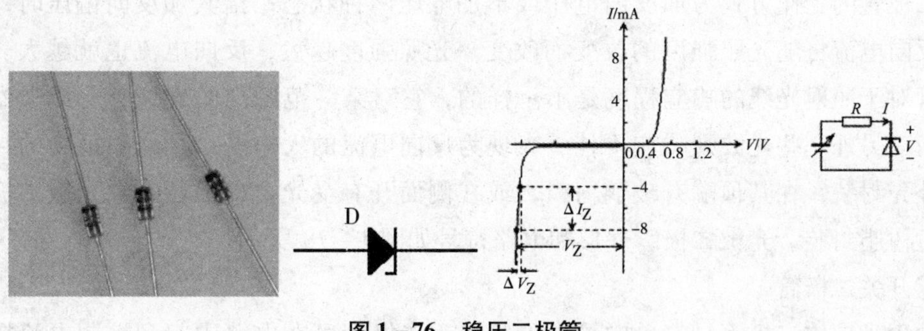

图1－76 稳压二极管

分辨小电压稳压管与其他二极管通常用 R×10k 档测量其反偏阻值，普通管通常接近无穷大，而稳压管通常为几百千欧。

③发光二极管

发光二极管在日常生活电器中无处不在，它能够发光，有红色、绿色和黄色等，有直径为 3mm 或 5mm 圆形的，也有规格为 2×5mm 长方形的。与普通二极管一样，发光二极管也是由半导体材料制成的，也具有单向导电的性质，即只有极性正确才能发光。

区别发光二极管正负极的方法，有实验法和目测法。通常发光管两引脚一长一短，长引脚即为正极。实验法就是通电看看能不能发光，若不能就是极性接错或是发光管损坏。

注意发光二极管是一种电流型器件，虽然在它的两端直接接上 3V 的电压后能够发光，但容易损坏，在实际使用中一定要串接限流电阻，工作电流根据型号不同一般为 1mA 到 30mA。另外，由于发光二极管的导通电压一般为 1.7V 以上，所以一节 1.5V 的电池不能点亮发光二极管。同样，一般万用表的 R×1 挡到 R×1k 挡均不能测试发光二极管，而 R×10k 挡由于使用 9V 的电池能把大部分发光管点亮。发光二极管外形和电路符号如图 1-77 所示。

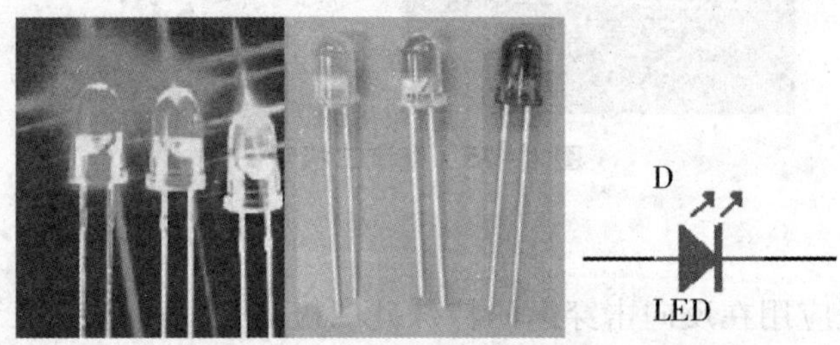

图 1-77　发光二极管

④光敏二极管

光敏二极管是一种光电转换器件，也就是说能把接收到的光，转变成电流的变化。光敏二极管的工作方式为加反向电压或不加电压两种状态，给其加反向偏压时，管子中的反向电流将随光照强度的改变而改变。光照强度越大，反向电流也就越大。光敏二极管对于照射光线的响应程度是不一样的，它对某一范围内的光波有着最强烈的响应，而对另外一些光波则响应不佳。表现为反向电流的大小不一。光敏极管的封装有金属外壳封装，在其顶端有玻璃窗口，或在侧面开有受光窗口。还有的光敏二极管采用黑色树脂封装。光敏二极管外形和电路符号如图 1-78 所示。

⑤开关二极管

由于半导体二极管具有单向导电的特性，二极管可在电路中起到控制电流接通或

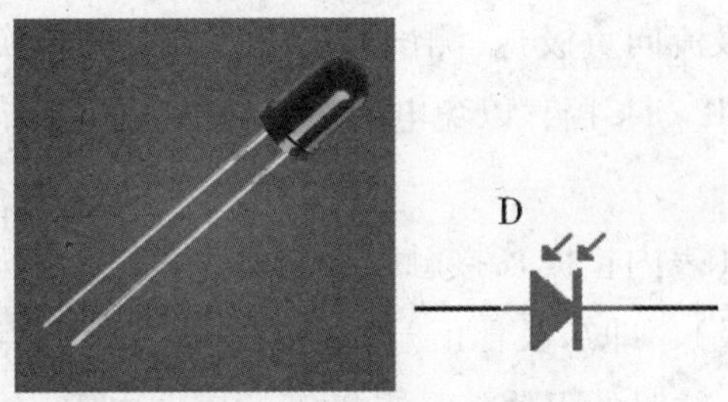

图 1－78 光敏二极管

关断的作用，成为一个理想的电子开关。开关二极管就是为在电路上进行“开”、“关”而特殊设计制造的一类二极管。开关二极管的开关速度是相当快的，像硅开关二极管的反向恢复时间只有几纳秒，即使是锗开关二极管，也不过几百纳秒。开关二极管具有开关速度快、体积小、寿命长、可靠性高等特点，广泛应用于电子设备的开关电路、检波电路、高频和脉冲整流电路及自动控制电路中。开关二极管外形和电路符号如图 1－79 所示。

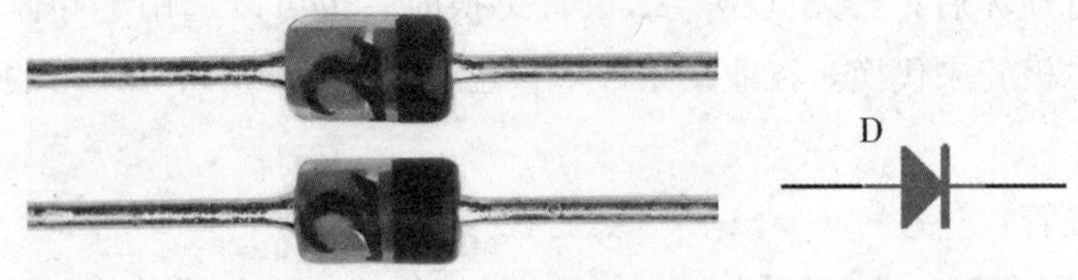

图 1－79 开关二极管

⑥变容二极管

变容二极管的伏安特性曲线和普通二极管一样，不同的是它工作在反向偏置区，为反偏压二极管，其结电容就是耗尽层的电容，因此，可以把耗尽层看作两个导电板之间有介质的平行板电容器。结电容的大小与反向偏压的大小有关，反向偏压越大，结电容越小；反之，结电容越大。变容二极管外形和电路符号如图 1－80 所示。

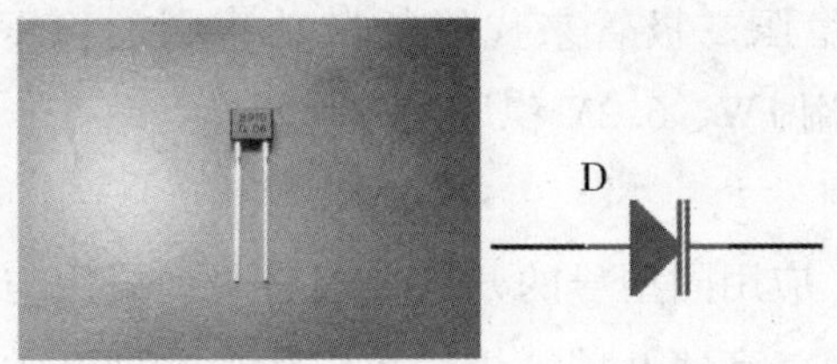

图 1－80 变容二极管

5. 二极管的检测及代换

（1）二极管的检测

二极管最明显的性质就是它的单向导电特性，就是说电流只能从一边过去，却不能从另一边过来（从正极流向负极）。测试前先把万用表的转换开关拨到欧姆档的 R×1k 挡位（注意不要使用 R×1k 挡，以免电流过大烧坏二极管）。

①正向特性测试

把万用表的黑表笔（表内正极）接触二极管的正极（P 极），红表笔（表内负极）接触二极管的负极（N 极），即二极管正偏（通常二极管有色点或色环的一端为负极）。指针将右摆至接近零处，这时的阻值就是二极管的正向电阻，一般正向电阻越小越好。若测得正向电阻接近无穷大值，说明二极管已经断路，必须更换。

②反向特性测试

把万用表的红表笔（表内负极）接触二极管的正极（P 极），黑表笔（表内正极）接触二极管的负极（N 极），即二极管反偏，若表针指在无穷大或接近无穷大，管子就是合格的。若指针将右摆至接近零处，则表明该二极管已经击穿短路，必须更换。

（2）二极管的代换

①检波二极管

检波二极管损坏后，若无同型号二极管更换时，也可以选用半导体材料相同，主要参数相近的二极管来代换。在业余条件下，也可用损坏了一个 PN 结的锗材料高频晶体管来代用。

②整流二极管

整流二极管损坏后，可以用同型号的整流二极管或参数相近其他型号整流二极管代换。通常，高耐压值（反向电压）的整流二极管可以代换低耐压值的整流二极管，而低耐压值的整流二极管不能代换高耐压值的整流二极管。整流电流值高的二极管可以代换整流电流值低的二极管，而整流电流值低的二极管则不能代换整流电流值高的二极管。

③稳压二极管的选用

稳压二极管损坏后，应采用同型号稳压二极管或电参数相同的稳压二极管来更换。可以用具有相同稳定电压值的高耗散功率稳压二极管来代换耗散功率低的稳压二极管，但不能用耗散功率低的稳压二极管来代换耗散功率高的稳压二极管。例如，0.5W、6.2V 的稳压二极管可以用 1W、6.2V 稳压二极管代换。

④开关二极管的选用

开关二极管损坏后，应用同型号的开关二极管更换或用与其主要参数相同的其他型号的开关二极管来代换。高速开关二极管可以代换普通开关二极管，反向击穿电压高的开关二极管可以代换反向击穿电压低的开关二极管。

⑤变容二极管的选用

变容二极管损坏后，应更换与原型号相同的变容二极管或用与其主要参数相同（尤其是结电容范围应相同或相近）的其他型号的变容二极管来代换。

五、晶体管三极管

（一）三极管的功能与特性

半导体三极管也称为晶体三极管，可以说它是电子电路中最重要的器件。它最主要的功能是电流放大和开关作用。在实际应用中，从不同的角度对三极管可有不同的分类方法。按材料分，有硅（Si）管和锗（Ge）管；按结构分，有 NPN 型管和 PNP 型管；按工作频率分，有高频管和低频管；按制造工艺分，有合金管和平面管；按功率分，有中、小功率管和大功率管等。

三极管顾名思义具有三个电极。二极管是由一个 PN 结构成的，而三极管由两个 PN 结构成，共用的一个电极成为三极管的基极（用字母 B 表示），其他的两个电极称为集电极（用字母 C 表示）和发射极（用字母 E 表示），E－B 间的 PN 结称为发射结，C－B 间的 PN 结称为集电结。由于不同的组合方式，形成了一种是 NPN 型的三极管，另一种是 PNP 型的三极管。三极管常用 Q、V 或 BJT 来表示，三极管的结构和电路符号如图 1－81 所示。

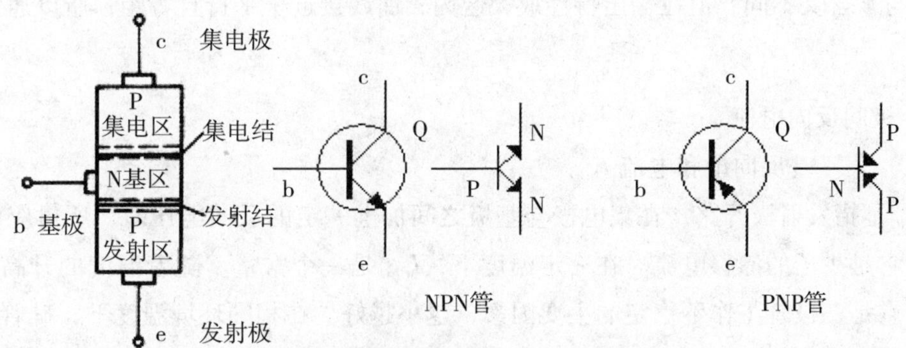

图 1－81 三极管的结构和电路符号

三极管在电路中的连接方式有共基极接法、共射极接法、共集电极接法三种，如图 1－75 所示。共哪极是指电路的输入端及输出端以这个极作为公共端。必须注意，无论哪种接法，为了使三极管具有正常的电流放大作用，都必须外加大小和极性适当的电压，即必须给发射结加正向偏置电压，给集电结加反向偏置电压（一般几至几十伏）。图 1－82 所示即为一个典型的共射极电路。

（二）三极管的主要参数

三极管的参数反映了三极管各种性能的指标，是分析三极管电路和选用三极管的依据。

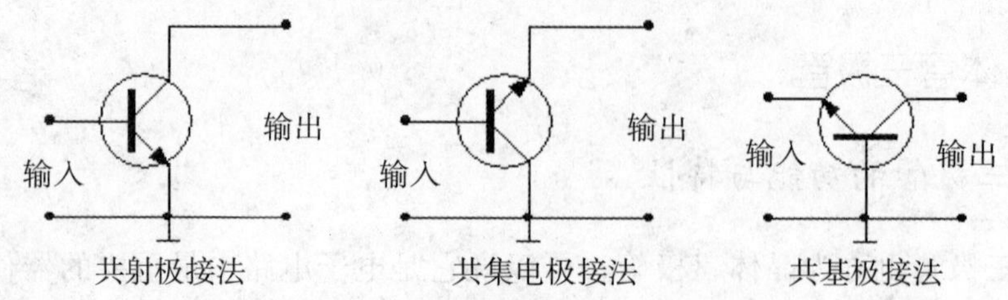

图 1－82　三极管的三种连接方式

1. 直流电流放大系数$\bar{\beta}$，它表示三极管在共射极连接时，某工作点处直流电流 I_C 与 I_B的比值，即：

$$\bar{\beta} = \frac{I_C}{I_B}$$

2. 交流电流放大系数β它表示三极管共射极连接、且 U_{CE}恒定时，集电极电流变化量 ΔI_C与基极电流变化量 ΔI_B之比，即：

$$\beta = \frac{\Delta I_C}{\Delta I_B}$$

$\bar{\beta}$与β含义不同，但在输出特性放大区内，曲线接近于平行且等距，所以通常认为 $\bar{\beta} \approx \beta$。

3. 极间反向电流

（1）集－基反向饱和电流 I_{CBO}

I_{CBO}是指发射极开路，在集电极与基极之间加上一定的反向电压时，所对应的反向电流。它是少子的漂移电流。在一定温度下，I_{CBO}是一个常量。随着温度的升高 I_{CBO}将增大，它是三极管工作不稳定的主要因素，越小越好。在相同环境温度下，硅管的 I_{CBO}比锗管的 I_{CBO}小。

（2）穿透电流 I_{CEO}

I_{CEO}是指基极开路，集电极与发射极之间加一定反向电压时的集电极电流。该电流好像从集电极直通发射极一样，故称为穿透电流。I_{CEO}和 I_{CBO}一样，也是衡量三极管热稳定性的重要参数。

4. 极限参数

（1）最大允许集电极耗散功率 P_{CM}

P_{CM}是指三极管集电结受热而引起晶体管参数的变化不超过所规定的允许值时，集电极耗散的最大功率。当实际功耗大于 P_{CM}时，不仅使管子的参数发生变化，甚至还会烧坏管子。

（2）最大允许集电极电流 I_{CM}

当 I_C 很大时，β 值逐渐下降。一般规定在 β 值下降到额定值的 2/3（或 1/2）时所对应的集电极电流为 I_{CM}，当 $I_C > I_{CM}$ 时，β 值已减小到不实用的程度，且有烧毁管子的可能。

（三）三极管的命名

国产三极管的型号命名与二极管相同，由五部分组成，各部分的含义见表 1－2。

第一部分用数字“3”表示主称和三极管。

第二部分用字母表示三极管的材料和极性。

第三部分用字母表示三极管的类别。

第四部分用数字表示同一类型产品的序号。

第五部分用字母表示规格号。

例如：

3AX 为 PNP 型低频小功率管 3BX 为 NPN 型低频小功率管；

3CG 为 PNP 型高频小功率管 3DG 为 NPN 型高频小功率管；

3AD 为 PNP 型低频大功率管 3DD 为 NPN 型低频大功率管；

3CA 为 PNP 型高频大功率管 3DA 为 NPN 型高频大功率管。

此外有国际流行的 9011～9018 系列高频小功率管，除 9012 和 9015 为 PNP 管外，其余均为 NPN 型管。

表 1－2　　三极管的命名

主称		材料和极性		类别		序号	规格号
数字	含义	字母	含义	字母	含义		
3	三极管	A	锗材料、PNP 型	G	高频小功率管	用数字表示同一类型产品的序号	用字母 A 或 B、C、D……表示同一型号的器件的档次等
				X	低频小功率管		
		B	锗材料、NPN 型	A	高频大功率管		
				D	低频大功率管		
		C	硅材料、PNP 型	T	闸流管		
				K	开关管		
		D	硅材料、NPN 型	V	微波管		
				B	雪崩管		
		E	化合物材料	J	阶跃恢复管		
				U	光敏管（光电管）		
				J	结型场效应晶体管		

（四）三极管的检测及代换

1. 三极管的检测

三极管内部有两个 PN 结，可用万用表电阻档分辨 E、B、C 三个极。在型号标注模糊的情况下，也可用此法判别管型。

（1）管型与基极的判别

判别管极时应首先确认基极。对于 NPN 管，用黑表笔接假定的基极 B，用红表笔分别接触另外两个极，若测得电阻都小，为几百欧至几千欧；而将黑、红两表笔对调，测得电阻均较大，在几百千欧以上，此时黑表笔接的就是基极 B。PNP 管，情况正相反，测量时两个 PN 结都正偏的情况下，红表笔接基极。

实际上，小功率管的基极一般排列在三个管脚的中间，可用上述方法，分别将黑、红表笔接基极，既可测定三极管的两个 PN 结是否完好（与二极管 PN 结的测量方法一样），又可确认管型。

（2）集电极和发射极的判别

确定基极后，假设余下管脚之一为集电极 C，另一为发射极 E，用手指分别捏住 C 极与 B 极（即用手指代替基极与集电极间的电阻）。同时，将万用表两表笔分别与 C、E 接触，若被测管为 NPN，则用黑表笔接触 C 极、用红表笔接 E 极（PNP 管则为用红表笔接触 C 极、用黑表笔接 E 极），观察指针偏转角度；然后再设另一管脚为 C 极，重复以上过程，比较两次测量指针的偏转角度，大的一次表明相应假设的 C、E 极正确。

2. 三极管的代换

（1）类型相同

即锗管置换锗管，硅管置换硅管。NPN 型管置换 NPN 型管，PNP 型管置换 PNP 型管。

（2）特性相近

用于置换的三极管应与原三极管的特性相近，它们的主要参数值及特性曲线应相差不多。三极管的主要参数近 20 个，要求所有这些参数都相近，不但困难，而且没有必要。一般来说，只要下述主要参数相近，即可满足置换要求。

①集电极最大直流耗散功率（P_{CM}）

一般要求用 P_{CM} 与原管相等或较大的三极管进行置换。

②集电极最大允许直流电流（I_{CM}）

一般要求用 I_{CM} 与原管相等或较大的三极管进行置换。

（3）击穿电压

用于置换的三极管，必须能够在整机中安全地承受最高工作电压。

（4）其他参数

除以上主要参数外，对于一些特殊的三极管，在置换时还应考虑以下参数：

①对于低噪声三极管，在置换时应当用噪声系数较小或相等的三极管。

②对于具有自动增益控制性能的三极管，在置换时应当用自动增益控制特性相同的三极管。

③对于开关管，在置换时还要考虑其开关参数。

（5）外形相似

小功率三极管一般外形均相似，只要各个电极引出线标志明确，且引出线排列顺序与待换管一致，即可进行更换。大功率晶体管的外形差异较大，置换时应选择外形相似、安装尺寸相同的三极管，以便安装和保持正常的散热条件。

六、集成电路元件

（一）集成电路的功能概述

集成电路（integrated circuit）是一种微型电子器件或部件。采用一定的工艺，把一个电路中所需的晶体管、二极管、电阻、电容和电感等元件及布线互连一起，制作在一小块或几小块半导体晶片或介质基片上，然后封装在一个管壳内，成为具有所需电路功能的微型结构；其中所有元件在结构上已组成一个整体，这样，整个电路的体积大大缩小，且引出线和焊接点的数目也大为减少，从而使电子元件向着微小型化、低功耗和高可靠性方面迈进了一大步。

集成电路具有体积小，重量轻，引出线和焊接点少，寿命长，可靠性高，性能好等优点，同时成本低，便于大规模生产。它不仅在工、民用电子设备如收录机、电视机、计算机等方面得到广泛的应用，同时在军事、通信、遥控等方面也得到广泛的应用。用集成电路来装配电子设备，其装配密度比晶体管可提高几十倍至几千倍，设备的稳定工作时间也可大大提高。

它在电路中用字母“IC”（也有用文字符号“N”等）表示。

（二）集成电路的分类

1. 按结构分类

集成电路按其功能、结构的不同，可以分为模拟集成电路和数字集成电路两大类。模拟集成电路用来产生、放大和处理各种模拟信号（指幅度随时间连续变化的信号。例如半导体收音机的音频信号、录放机的磁带信号等），而数字集成电路用来产生、放大和处理各种数字信号（指在时间上和幅度上离散取值的信号。例如 VCD、DVD 重放的音频信号和视频信号）。

2. 按制作工艺分类

集成电路按制作工艺可分为半导体集成电路和薄膜集成电路。膜集成电路又分类厚膜集成电路和薄膜集成电路。

3. 按集成度高低分类

集成电路按集成度高低的不同可分为小规模集成电路、中规模集成电路、大规模集成电路和超大规模集成电路。

4. 按导电类型不同分类

集成电路按导电类型可分为双极型集成电路和单极型集成电路。双极型集成电路的制作工艺复杂，功耗较大，代表集成电路有 TTL、ECL、HTL、LST - TL、STTL 等类型。单极型集成电路的制作工艺简单，功耗也较低，易于制成大规模集成电路，代表集成电路有 CMOS、NMOS、PMOS 等类型。

5. 按用途分类

集成电路按用途可分为电视机用集成电路、音响用集成电路、影碟机用集成电路、录像机用集成电路、电脑（微机）用集成电路、电子琴用集成电路、通信用集成电路、照相机用集成电路、遥控集成电路、语言集成电路、报警器用集成电路及各种专用集成电路。

6. 按封装分类

集成电路常见的封装形式：

BGA（ball grid array）球栅阵列（封装）见图 1 - 83（b）。

QFP（quad flat package）四面有鸥翼型脚（封装）见图 1 - 83（a）。

SOIC（small outline integrated circuit）两面有鸥翼型脚（封装）见图 1 - 83（e）。

PLCC（plastic leaded chip carrier）四边有内勾型脚（封装）见图 1 - 83（c）。

SOJ（small outline junction）两边有内勾型脚（封装）见图 1 - 83（d）。

（三）集成电路的引脚分布

集成电路的引脚较多，如何正确识别集成电路的引脚则是使用中的首要问题。下面介绍几种常用集成电路引脚的排列。

圆形结构的集成电路和金属壳封装的半导体三极管差不多，只不过体积大、电极引脚多。这种集成电路引脚排列方式为：从识别标记开始，沿顺时针方向依次为 1、2、3……如图 1 - 84（a）所示。

单列直插型集成电路的识别标记，有的用倒角，有的用凹坑。这类集成电路引脚的排列方式也是从标记开始，从左向右依次为 1、2、3……如图 1 - 84（b）、（c）所示。

(a) (b)

(c) (d)

(e)

图 1-83 IC 的封装

扁平型封装的集成电路多为双列型，这种集成电路为了识别管脚，一般在端面一侧有一个类似引脚的小金属片，或者在封装表面上有一色标或凹口作为标记。其引脚排列方式是：从标记开始，沿逆时针方向依次为 1、2、3……如图 1-84（d）所示。但应注意，有少量的扁平封装集成电路的引脚是按顺时针排列的。

双列直插式集成电路的识别标记多为半圆形凹口，有的用金属封装标记或凹坑标记。这类集成电路引脚排列方式也是从标记开始，沿逆时针方向依次为 1、2、3……如图 1-84（e）、（f）所示。

对于 BGA 封装（用坐标表示）：在打点或是有颜色标示处逆时针开始数用英文字母表示：A，B，C，D，E……（其中 I，O 基本不用），顺时针用数字表示：1，2，3，4，5，6……其中字母为横坐标，数字为纵坐标，如 A1，A2。

（四）集成电路常用的检测方法有在线测量法、非在线测量法和代换法

（1）非在线测量法。非在线测量法是在集成电路未焊入电路时，通过测量其各引脚之间的直流电阻值与已知正常同型号集成电路各引脚之间的直流电阻值进行对比，以确定其是否正常。

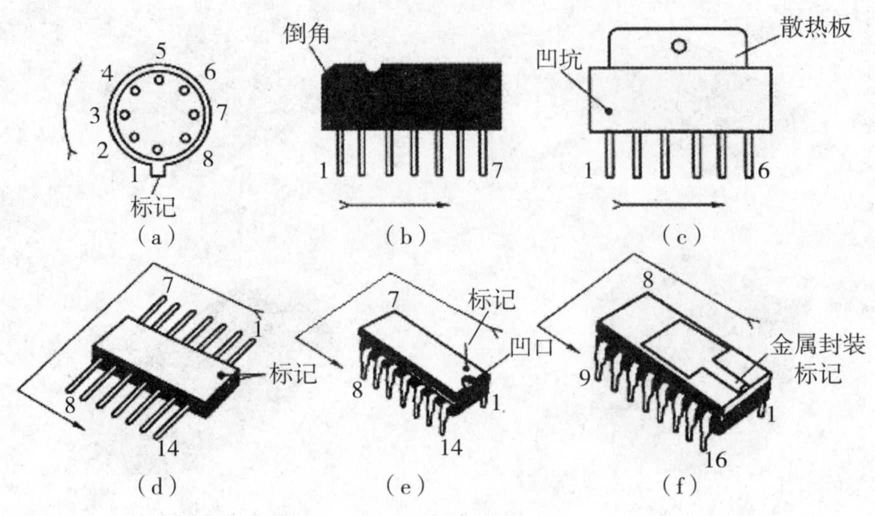

图 1-84　集成器件引脚示意

（2）在线测量法。在线测量法是利用电压测量法、电阻测量法及电流测量法等，通过在电路上测量集成电路的各引脚电压值、电阻值和电流值是否正常，来判断该集成电路是否损坏。

（3）代换法。代换法是用已知完好的同型号、同规格集成电路来代换被测集成电路，可以判断出该集成电路是否损坏。

七、场效应管

场效应晶体管（Field Effect Transistor，FET），简称场效应管。一般的晶体管是由两种极性的载流子，即多数载流子和反极性的少数载流子参与导电，因此称为双极型晶体管，而 FET 仅是由多数载流子参与导电，它与双极型相反，也称为单极型晶体管。它属于电压控制型半导体器件，具有输入电阻高（$10^8 \sim 10^9 \Omega$）、噪声小、功耗低、动态范围大、易于集成、没有二次击穿现象、安全工作区域宽等优点，现已成为双极型晶体管和功率晶体管的强大竞争者。

（一）场效应管的分类

场效应管分结型、绝缘栅型两大类。结型场效应管（JFET）因有两个 PN 结而得名，绝缘栅型场效应管（JGFET）则因栅极与其他电极完全绝缘而得名。目前在绝缘栅型场效应管中，应用最为广泛的是 MOS 场效应管，简称 MOS 管（即金属—氧化物—半导体场效应管 MOSFET）；此外还有 PMOS、NMOS 和 VMOS 功率场效应管，以及最近刚问世的 πMOS 场效应管、VMOS 功率模块等。

按沟道半导体材料的不同，结型和绝缘栅型各分 N 沟道和 P 沟道两种。若按导电方式来划分，场效应管又可分成耗尽型与增强型。结型场效应管均为耗尽型，绝缘栅型场效应管既有耗尽型的，也有增强型的。

场效应晶体管可分为结场效应晶体管和 MOS 场效应晶体管。而 MOS 场效应晶体管又分为 N 沟耗尽型和增强型；P 沟耗尽型和增强型四大类。见图 1－85 所示。

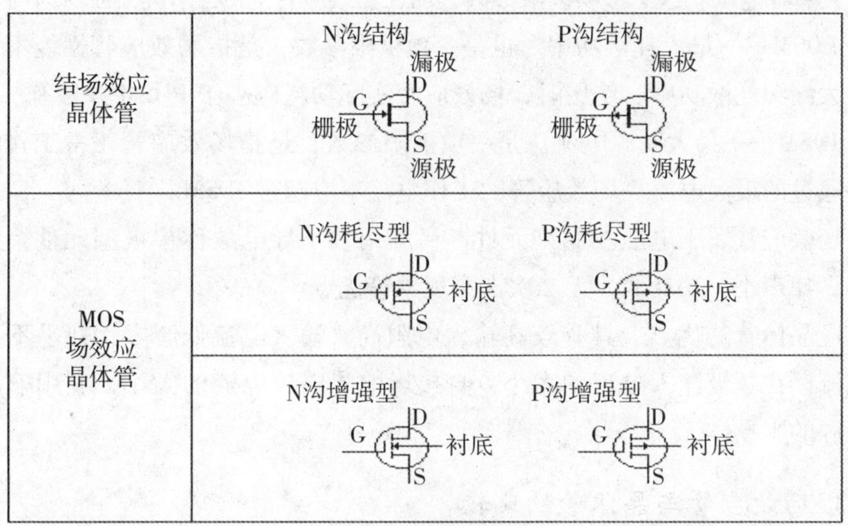

图 1－85　场效应管的分类

（二）场效应三极管的型号命名方法

现行有两种命名方法。第一种命名方法与双极型三极管相同，第三位字母 J 代表结型场效应管，O 代表绝缘栅场效应管。第二位字母代表材料，D 是 P 型硅，反型层是 N 沟道；C 是 N 型硅 P 沟道。例如，3DJ6D 是结型 N 沟道场效应三极管，3DO6C 是绝缘栅型 N 沟道场效应三极管。

第二种命名方法是 CS××#，CS 代表场效应管，××以数字代表型号的序号，#用字母代表同一型号中的不同规格。例如 CS14A、CS45G 等。

（三）场效应管的参数

场效应管的参数很多，包括直流参数、交流参数和极限参数，但一般使用时关注以下主要参数。

（1）IDSS——饱和漏源电流。是指结型或耗尽型绝缘栅场效应管中，栅极电压 UGS＝0 时的漏源电流。

（2）UP——夹断电压。是指结型或耗尽型绝缘栅场效应管中，使漏源间刚截止时的栅极电压。

（3）UT——开启电压。是指增强型绝缘栅场效管中，使漏源间刚导通时的栅极电压。

（4）gM——跨导。是表示栅源电压 U GS——对漏极电流 I D 的控制能力，即漏极电流 I D 变化量与栅源电压 UGS 变化量的比值。gM 是衡量场效应管放大能力的重要参数。

（5）BUDS——漏源击穿电压。是指栅源电压 UGS 一定时，场效应管正常工作所能承受的最大漏源电压。这是一项极限参数，加在场效应管上的工作电压必须小于 BUDS。

（6）PDSM——最大耗散功率。也是一项极限参数，是指场效应管性能不变坏时所允许的最大漏源耗散功率。使用时，场效应管实际功耗应小于 PDSM 并留有一定余量。

（7）IDSM——最大漏源电流。是一项极限参数，是指场效应管正常工作时，漏源间所允许通过的最大电流。场效应管的工作电流不应超过 IDSM。

注：场效应管属于电压控制型元件，又利用多子导电故称单极型元件，且具有输入电阻高，噪声小，功耗低，无二次击穿现象等优点。

场效应晶体管的优点：具有较高输入电阻高、输入电流低于零，几乎不要向信号源吸取电流，在基极注入电流的大小，直接影响集电极电流的大小，利用输出电流控制输出电源的半导体。

（四）场效应管与晶体管的比较

（1）场效应管是电压控制元件，而晶体管是电流控制元件。在只允许从信号源取较少电流的情况下，应选用场效应管；而在信号电压较低，又允许从信号源取较多电流的条件下，应选用晶体管。

（2）场效应管是利用多数载流子导电，所以称为单极型器件，而晶体管是即有多数载流子，也利用少数载流子导电。被称为双极型器件。

（3）有些场效应管的源极和漏极可以互换使用，栅压也可正可负，灵活性比晶体管好。

（4）场效应管能在很小电流和很低电压的条件下工作，而且它的制造工艺可以很方便地把很多场效应管集成在一块硅片上。

（五）场效应管的检测

场效应管好坏与极性判别：将万用表的量程选择在 RX1K 档，用黑表笔接 D 极，红表笔接 S 极，用手同时触及一下 G，D 极，场效应管应呈瞬时导通状态，即表针摆向阻值较小的位置，再用手触及一下 G，S 极，场效应管应无反应，即表针回零位置不动，此时应可判断出场效应管为好管。

将万用表的量程选择在 RX1K 档，分别测量场效应管三个管脚之间的电阻阻值，若某脚与其他两脚之间的电阻值均为无穷大时，并且再交换表笔后仍为无穷大时，则此脚为 G 极，其他两脚为 S 极和 D 极，然后再用万用表测量 S 极和 D 极之间的电阻值一次，交换表笔后再测量一次，其中阻值较小的一次，黑表笔接的是 S 极，红表笔接的是 D 极。

八、晶振

石英晶振就是用石英材料做成的石英晶体谐振器，俗称晶振。起产生频率的作用，具有稳定，抗干扰性能良好的特性，广泛应用于各种电子产品中。晶振在线路中的符号是“X”或“Y”，晶振用作能产生具有一定幅度及频率波形的振荡器。

晶振在线路图中的表示符号：—┤□├—

晶振的测量方法：

测量电阻方法：用万用表 RX10K 档测量石英晶体振荡器的正、反向电阻值，正常时应为无穷大，若测得石英晶体振荡器有一定的阻值或为零，则说明该石英晶体振荡器已漏电或击穿损坏。

动态测量方法：用示波器在电路工作时测量它的实际振荡频率是否符合该晶体的额定振荡频率，如果是，说明该晶振是正常的；如果该晶体的实际振荡频率偏低，偏高或根本不起振，表明该晶振已漏电或击穿损坏。

项目二　基本电路知识与门电路、运放电路

【项目目标】

1. 掌握电路中常用的基本概念

2. 掌握逻辑电路的基本工作原理

【项目技能】

1. 使用热风焊台拔、焊芯片

2. 使用 BGA 拔焊台拔、焊 BGA 芯片

第一节　基本电路知识

一、电流

电荷是物质的固有属性。通常，物体中的正、负电荷数量是相等的，一旦物体失去或得到一些电子时，就表现出负电或正电。电荷有规则的运动就产生电流。平常所说的“电流是多少”，实则是指“电流强度是多少”。电流强度表示电流的大小，它的单位是“安培”，简称“安”，用符号“A“表示。

物体均由原子组成，原子又分为带正电的原子核和周围带负电的电子，当原子核和周围电子所带电量相等时不显电性。在金属中，原子里的最外层电子离原子核最远，受原子核的吸引力最弱，因而将脱离原子而形成“自由电子”。在没有电场力的作用下，金属导体中的自由电子运动是不规则的，不能形成电流。但如果把金属导体接在电源上，金属导体中的自由电子就会在电场力的作用下朝一个方向移动而形成电流。

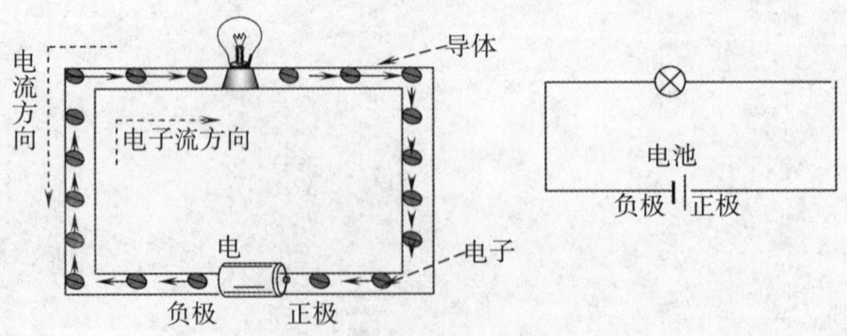

图 2－1　电流与电子流的方向

如图 2 - 1 所示，在电源的作用下铜导体中的自由电子朝一个方向移动，导体中就形成电流，小灯泡立即发光。由图可见，电流实际上是电子有秩序地移动而形成的（即从电源的负极流向正级）。它的流动方向应该是电子有序地运动的方向，但沿用前人长期习惯的概念，规定的电流方向为正电荷流动的方向，恰好与电子流动方向相反，如图 2 - 1 所示。在本书中提到的电流方向都是从正极到负极，只有特别指明电子流向时，才是指从负极到正级。

电流强度是衡量电流大小的物理量，它用字母 I 表示，电流强度的大小以安培为单位，简称“安”，用字母“A”表示。对于直流电流（即电流大小和方向不随时间变化）每秒钟有 1 库仑的电量通过导体的某一横截面时，电流强度定义为 1 安。如果在实用上安培的单位太大，可采用 1 安培的千分之一作单位，叫作毫安，用字母“mA”表示；有时又用 1 毫安的千分之一作单位，叫作微安，用字母“μA”表示。它们之间的关系是：

1 安培（A）=1000 毫安（mA）=1000000 微安（μA）

1 毫安（mA）=1000 微安（μA）

在了解交流电与直流电之前我们先要知道电流。什么是电流呢？它又是如何产生的呢？

电流有直流和交流之分。我们知道，干电池中间的炭棒是正级，外壳锌皮是负极，炭棒的电位始终比锌皮的电位高。如果把电源的正负极用电线导线与小电珠接通，那么，电路中的电流始终是从干电池的正极流出，经小电珠，再从负极流入干电池，电流的大小与方向都是不变的。这种大小和方向都不变的电流就叫作“直流电流”，简称“直流”。电池和直流发电机都是直流电源。

交流电源两个极的电位与干电池不同，它没有固定的极性。一会儿上端是正极，下端是负极；一会儿上端是负极，下端是正极，也就是说，它的电极极性是随时间变化的，而且两个电极之间电压的大小也是随时间变化的。如果把电源的两极用导线与电灯泡接通。那么，电路中的电流的大小和方向也随时间而变化。交流电的电流从零开始，逐渐增大，到了正的最大值后又逐渐减小，一直降到零，以后向反方向逐渐增大，到了负的最大值后又逐渐下降为零，完成一次完全变化。这种大小和方向都随时间变化的电流叫作“交变电流”简称“交流”。

交流电每一秒钟完全变化的次数，叫作交流电的“频率”（f），单位是赫兹，简称赫（Hz），我国电力工业统一规定交流电都采用 50 赫兹的频率。

交流电完成一次完全变化的时间叫作“周期”。例如：频率为 50 赫兹的交流电每一秒钟有 50 个完全变化，因而，它的周期就等于 1/50 = 0.02 秒。

两个同频率的交流电流（或电压），由于各种原因，可以不在同一时刻达到正的最大值，而有段时间差，这段时间差称为两个交流电流（或电压）的“相位差”。在两极同步发电机中，当转子转动一转，定子的交流电压变完成一个完全变化。对于50赫兹的交流电来说，完成一个完全变化的时间为0.02秒，而每转一转即相当于转过角度360度，因此，相位差也可用角度差来表示。例如：时间差为0.01秒时，相应的角度差为180度；时间差为0.005秒时，相应的角度差为90度。若两个同频率的交流电同时达到正的最大值，就叫作“同相”（即相位相同或相位差等于零）；若它们的相位差为180度，就叫作“反相”，即相位相反的意思。反相情况下，当一个交流电达到正的最大值时，另一个交流电恰好达到负的最大值。

交流电流（或电压）的大小通常都用“有效值”来表示。例如：交流安培表和伏特表的刻度，电机电器的额定电流和额定电压都是用有效值来表示。交流电流（或电压）的有效值是其最大值的0.707倍。

二、电位、电压和电动势

（一）电位

同一物体带的正电荷越多，电位就越高，带的负电荷越多电位就越低。为了比较物体电位的高低，常以大地为参考点规定它为零电位，好像测量地面海拔高度时规定海平面高度等于零一样。因此，带正电荷的物体其电位比大地高，带负电荷的物体其电位比大地低。在电场力的作用下，正电荷会从电位高的物体流向电位低的物体；而负电荷的移动方向则恰好与正电荷相反，它是从电位低的地方流向电位高的地方。

（二）电压

在电气设备维修过程中，为了判断故障部位或故障元件，经常要测量电路中的电压等。什么是电压呢？我们先拿水来打比方，水是从高处流向低处，这两个不同的水位之差叫作水位差。同样，正电荷也是从高电位的物体流向低电位的物体，这两个物体（或称这两点）之间的电位之差称为“电压”，用字母U表示。

电压以伏特为单位，简称“伏”，用字母V表示，在测量中若觉得伏这个单位太大，也可采用毫伏（mV）或微伏（μV）为单位，它们的关系是：

1伏特（V）=1000毫伏（mV）

1毫伏（mV）=1000微伏（μV）

电压是描述两物体或两点之间的电位之差。若某电路A、B两点的电压为2V，A点为高电位点，B点为低电位点，那么我们可以用两种方运法来表示上述的电压关系：以B点参考点，A测量点（高电位点）相对B点（低电位点）的电压为2V，记作$U_{AB}=2V$，以 A 点为参考点，B 点相对 A 点的电压为 -2V，记作 U_{BA} = -2 V。因此，电压值出现正负号的原因是选择参考点不同。通常，电压符号右下脚标最右边的字母规定为参考点，与它相邻的左边字母为测量点。所以，若电压值出现正值，则说明测量点的电位比参考点电位高；反之测量点的电位比参考点的电位低。若电压符号右下脚标只有一个字母，则其参考点是电路中的地（以符号⏚表示）。

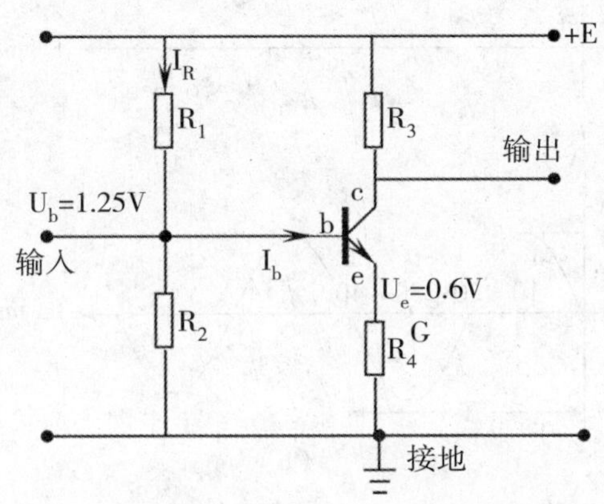

图 2-2　如何描述两点间电位差的示意图

在图 2-2 图中，U_b =1.25V 表示以 G（电路中的地）为参考点，b 点对 G 点的单位为正的 1.25V。由于电压符号是正的，所以它还同时表示 b 点的电位比 G 点电位高，这一点对看电路图分析电路是十分重要的，初学者一定要掌握。再者，不同点的电压必须在相同电压参考点的条件下才能进行大小比较，这一点也应特别注意。例如在图 2-2 中，U_b =1.25V，U_e =0.6V，因为 b、e 点的电压值都是以电路中的地为参考点，所以它们的电压值大小可以进行比较，比较得 b 点电压比 e 点电压高 0.65V，即 U_{be} =0.65V。

电压可分为直流电压和交流电压两种。直流电压通常用“DC”表示，这种电压的方向不随时间变化。在无线电技术中常用波形直观在表示电路中电压随时间变化的规律，在波形图中纵轴表示电压，横轴表示时间。若电压大小和方向都不随时间变化，则称之为稳定直流电压，以波形表示为（b）一条与横轴平行的直线，如图 2-3（a）所示。日常用的干电池和蓄电池所提供的电压即为稳定直流电压。若电压值的大小随时间而发生变化，则称之为不稳定直流电压，如图 2-3（c）所示。图 2-3（c）中的电压值大小变化很有规律，像脉搏跳动一样，因此，常被称为脉动直流电压，脉动直流电压是不稳定直流电压的一种。

交流电压通常用“AC”表示，这种电压与不稳定直流电压的最大区别是电压的方向每隔一定时间改变一次，如图 2-3（b）所示。例如，电力网向用户提供的照明用电即为交流电，它每秒钟电压的方向变化 50 次（图中，若 T_1 时刻的电压方向规定为正方向，则 T_2 时刻的电压即为负方向），称 50 赫兹交流电。

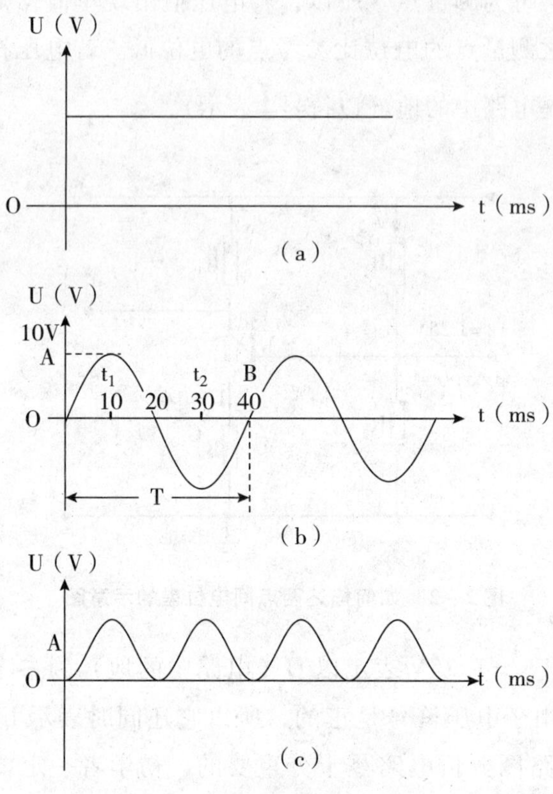

图 2－3　用波形表示交直流电压

（三）电动势和电源

水在水管中流动是由于水位差的存在。同样，在电路中要维持导体中电荷的流动就必须维持导体两端的电位差。维持导体两端一定电位差（电压）的能力大小叫电动势，用字母 E 表示。具有电动势的装置叫电源，常用的电源有干电池、蓄电池和发电机。电动势 E 和电压 U 的单位一样，都是伏特，但电压是电路两点间存在的电位差，而电动势是电源内部所具有把电子从电源的一端（正级）搬运到另一端（负级）建立并维持电位差的能力，即保持电场在电路中作用的能力，两者是有区别的。

电压和电动势本身并不产生电子，它们像“电泵”一样，只是迫使电子流动的原动力。正如水泵并不产生水，只是迫使水流动的原动力一样。如图 2－4 所示。

三、电功与电功率

如前面图 2－1 所示，电流通过小灯泡，小灯泡发亮。同样，电流通过电炉丝，电

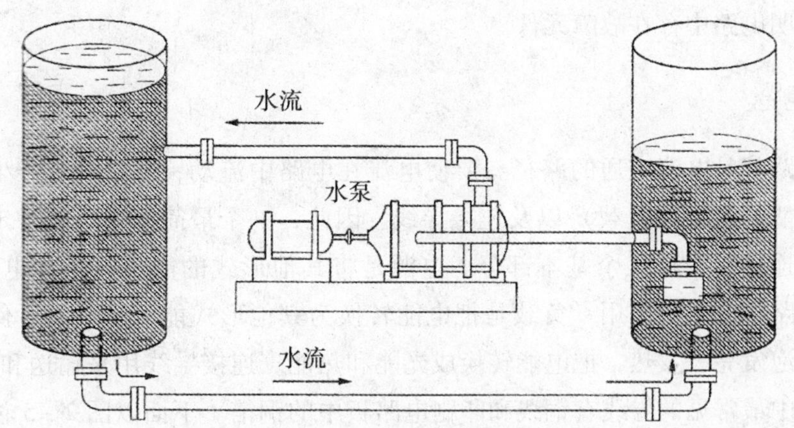

图 2－4　水泵迫使水流动原理

炉丝就发热；电流通过电动机能使电动机转动；音频电流通过喇叭，喇叭就能发声。由此可见，电能可以转换成光能、热能、声能、机械能等其他形式的能量。电流通过上述这些装置（通常称为负载）时产生的光能、热能、声能和机械能的作用叫电流做功，这个功简称电功。显然我们需要的不是电流本身，而是电流所做的功。在 1 秒钟内电流所做的电功叫“电功率”。因此电功率是反映电流在单位时间内做功的本领，它用字母 P 表示，单位是瓦特（W）。若 1 伏特电压使 1 安培的电流通过负载，电流所做的电功率规定为 1 瓦特。因此，电功率的计算公式为：

$$电功率（P）=电压（U）\times 电流（I）$$

上式中，电压为负载两端的电压，单位为伏特；电流为流经该负载的电流，单位为安培。这时，电流对负载所做的电功率单位为瓦特。

在应用中，若嫌瓦特单位太小，可用千瓦做单位，用字母 kW 表示。若嫌瓦特单位太大，可用毫瓦做单位，用字母 mW 表示。它们之间的关系为：

$$1\text{kW}=1000\text{W}\quad 1\text{W}=1000\text{MW}$$

部分电路的欧姆定律是确定电路中通电导体的电压、电流和电阻三者之间关系的定律，它的数学表示式为：

$$电流(I)=\frac{电压(V)}{电阻(R)}$$

在这一关系式中，电压值为电阻两端的电压，它的单位是伏特。电流值为流经该电阻的电流，它的单位是安培。与它们对应的电阻的单位是欧姆。

在电路中，只要知道某一段电阻电路的电压、电阻和流经该支路电流这三个量中任意两个量，利用欧姆定律就可求出第三个未知量。在检修过程中，可以利用这一定律判断电路中的故障元件：根据实际电路已给定的两个量，求出第三个量的数值，然后将该数值与电路中实际测量的量（用万用表测量）相比较。若实际测量的与计算值不符，则说明电路中存在故障元件。

四、电路

所谓电路就是电流流通的路径。要使电流在电路中流动，就必须有产生电流的电源、消耗电能的设备（负载）以及连接导线。因此，一个最简单的电路一定包含有电源、负载和连接导线这三个基本部分。电源是将其他形式的能量转换为电能的装置，起着维持电路中电流的作用。负载是把电能转换为其他形式能量的装置。例如电流流经灯泡，灯泡发亮、发热，把电能转换成光能和热能。连接导线用来输送和分配电能。在电子线路中最常见的导线有铜线和印刷电路板中的铜箔。下面以图 2 –5 说明电路中通路（或称闭合回路）、断路（或称开路）、短路三种情况。

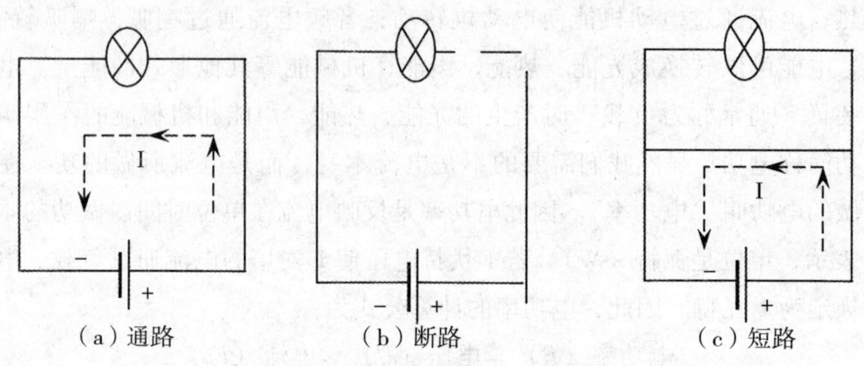

图 2 –5　电路的三种情况原理示意

1. 通路

如图 2 –5（a）所示，在电路中有电流通过电灯时，电灯发亮。

2. 断路

如图 2 –5（b）所示，在电路中没有电流通过电灯，电灯不亮。

3. 短路

如图 2 –5（c）所示，在电路中电流几乎不通过负载（电灯）而直接由电源的一端通过导线到另一端，这时流经导线的电流比正常时大许多倍。由于电流很大，它可能导致电路中其他器件的损坏，因此，初学者要特别注意防止电路短路。

第二节　逻辑门电路

逻辑门电路：用以实现基本和常用逻辑运算的电子电路。简称门电路。

基本和常用门电路有与门、或门、非门（反相器）、与非门、或非门、与或非门和异或门等。

逻辑 0 和 1：电子电路中用高、低电平来表示。

获得高、低电平的基本方法：利用半导体开关元件的导通、截止（即开、关）两种工作状态。

一、基本逻辑关系及其门电路

（一）与逻辑和与门电路

当决定某事件的全部条件同时具备时，结果才会发生，这种因果关系叫作与逻辑。实现与逻辑关系的电路称为与门。

与运算如图 2－6 电路所示，当 A、B 输入不同时，F 输出不同。

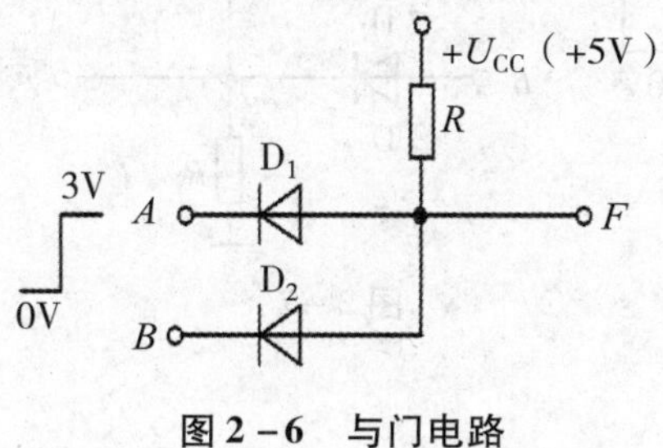

图 2－6　与门电路

表 2－1

u_A　u_B	u_F	D_1　D_2
0V　0V	0V	导通　导通
0V　3V	0V	导通　截止
3V　0V	0V	截止　导通
3V　3V	3V	截止　截止

用 $F = AB$ 表示逻辑与，符号为：A、B 输入 & 门，输出 F

与逻辑的真值表为：

表 2－2　与逻辑真值表

A　B	F
0　0	0
0　1	0
1　0	0
1　1	1

逻辑与（逻辑乘）的运算规则为：

$$0\cdot 0=0\quad 0\cdot 1=0\quad 1\cdot 0=0\quad 1\cdot 1=1$$

与门逻辑功能可以概括为：输入有0，输出为0，输入全1，输出为1。

（二）或逻辑和或门电路

在决定某事件的条件中，只要任一条件具备，事件就会发生，这种因果关系叫作或逻辑。

实现或逻辑关系的电路称为或门。

如图2－7电路所示，当A、B输入不同时，F输出不同。

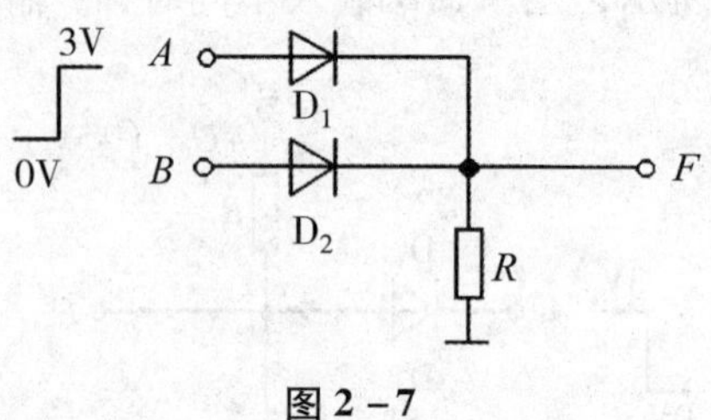

图2－7

表2－3

u_A u_B	u_F	D_1 D_2
0V 0V	0V	截止 截止
0V 3V	3V	截止 导通
3V 0V	3V	导通 截止
3V 3V	3V	导通 导通

或逻辑真值表为：

表2－4　或逻辑真值表

A	B	F
0	0	0
0	1	1
1	0	1
1	1	1

用$F=A+B$表示逻辑或，符号为：A、B →［≥1］→ F

逻辑或（逻辑加）的运算规则为：

$$0+0=0 \quad 0+1=1 \quad 1+0=1 \quad 1+1=1$$

或门的逻辑功能可以概括为：输入有1，输出为1，输入全0，输出为0。

（三）非逻辑和非门电路

决定某事件的条件只有一个，当条件出现时事件不发生，而条件不出现时，事件发生，这种因果关系叫作非逻辑。

实现非逻辑关系的电路称为非门，也称反相器。

如图2-8电路所示，当A输入不同时，F输出不同。

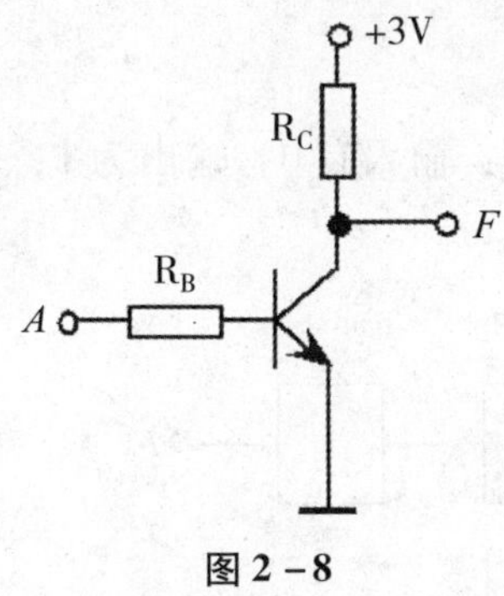

图2-8

非逻辑的真值表为：

表2-5　非逻辑真值表

A	F
0	1
1	0

用$F=\bar{A}$表示逻辑非，符号为：A○—[1]○—○F

输入A为高电平1（3V）时，三极管饱和导通，输出F为低电平0（0V）；输入A为低电平0（0V）时，三极管截止，输出F为高电平1（3V）。

逻辑非（逻辑反）的运算规则为：$\bar{0}=1 \quad \bar{1}=0$

（四）复合门电路

将与门、或门、非门组合起来，可以构成多种复合门电路。

1. 与非门由与门和非门构成与非门

与非门的构成：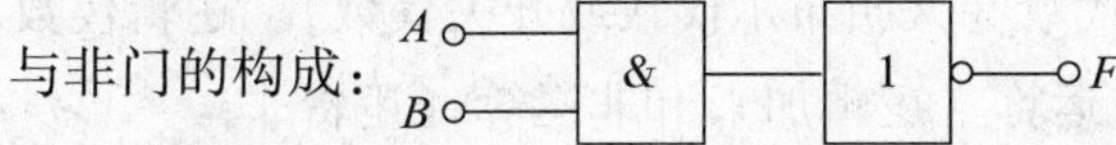

逻辑符号为：

与非门的真值表：

表 2-6　　与非门真值表

A	B	F
0	0	1
0	1	1
1	0	1
1	1	0

用 $F = \overline{AB}$ 表示与非逻辑

与非门的逻辑功能可概括为：输入有 0，输出为 1；输入全 1，输出为 0。

2. 或非门

由或门和非门构成或非门。

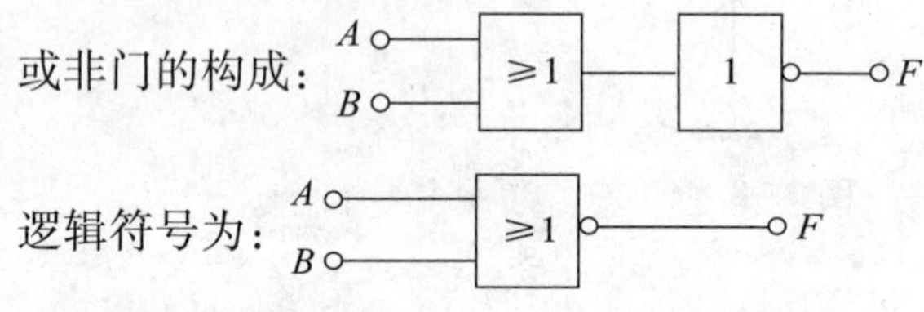

或非门真值表：

表 2-7　　或非门真值表

A	B	F
0	0	1
0	1	0
1	0	0
1	1	0

用 $F = \overline{A + B}$ 表示与非逻辑。

或非门的逻辑功能可概括为：输入有 1，输出为 0；输入全 0，输出为 1。

二、逻辑电路基础

（一）逻辑函数及其化简

将门电路按照一定的规律连接起来，可以组成具有各种逻辑功能的逻辑电路。分析和设计逻辑电路的数学工具是逻辑代数（又叫布尔代数或开关代数）。逻辑代数具有 3 种基本运算：与运算（逻辑乘）、或运算（逻辑加）和非运算（逻辑非）。

逻辑代数的公式和定理如下：

1. 常量之间的关系

与运算：$0 \cdot 0 = 0 \quad 0 \cdot 1 = 0 \quad 1 \cdot 0 = 0 \quad 1 \cdot 1 = 1$

或运算：$0 + 0 = 0 \quad 0 + 1 = 1 \quad 1 + 0 = 1 \quad 1 + 1 = 1$

非运算：$\bar{1} = 0 \quad \bar{0} = 1$

2. 基本运算

与运算：$A \cdot 0 = 0 \quad A \cdot 1 = A \quad A \cdot A = A \quad A \cdot \bar{A} = 0$

或运算：$A + 0 = A \quad A + 1 = 1 \quad A + A = A \quad A + \bar{A} = 1$

非运算：$\bar{\bar{A}} = A$

分别令 A = 0 及 A = 1 代入这些公式，即可证明它们的正确性。

3. 基本定理

交换律：$\begin{cases} A \cdot B = B \cdot A \\ A + B = B + A \end{cases}$

结合律：$\begin{cases} (A \cdot B) \cdot C = A \cdot (B \cdot C) \\ (A + B) + C = A + (B + C) \end{cases}$

分配律：$\begin{cases} A \cdot (B + C) = A \cdot B + A \cdot C \\ A + B \cdot C = (A + B) \cdot (A + C) \end{cases}$

反演律（摩根定律）：$\begin{cases} \overline{A \cdot B} = \bar{A} + \bar{B} \\ \overline{A + B} = \bar{A} \cdot \bar{B} \end{cases}$

吸收律：$\begin{cases} A \cdot B + A \cdot \bar{B} = A \\ (A + B) \cdot (A + \bar{B}) = A \end{cases} \quad \begin{cases} A + A \cdot B = A \\ A \cdot (A + B) = A \end{cases} \quad \begin{cases} A \cdot (\bar{A} + B) = A \cdot B \\ A + \bar{A} \cdot B = A + B \end{cases}$

（二）逻辑函数的表示方法

逻辑函数有 5 种表示形式：真值表、逻辑表达式、卡诺图、逻辑图等。只要知道其中一种表示形式，就可转换为其他几种表示形式。

1. 真值表

真值表：是由变量的所有可能取值组合及其对应的函数值所构成的表格。

真值表列写方法：每一个变量均有 0、1 两种取值，n 个变量共有 2^{Ω} 种不同的取值，将这 2^{Ω} 种不同的取值按顺序（一般按二进制递增规律）排列起来，同时在相应位置上填入函数的值，便可得到逻辑函数的真值表。

例如：表 2 - 8 中所示含义为当 A、B 取值相同时，函数值为 0；否则，函数取值为 1。

表 2-8

A B	F
0 0	0
0 1	1
1 0	1
1 1	0

2. 逻辑表达式

逻辑表达式：是由逻辑变量和与、或、非 3 种运算符连接起来所构成的式子。表达式列写方法：将那些使函数值为 1 的各个状态表示成全部变量（值为 1 的表示成原变量，值为 0 的表示成反变量）的与项（例如 $A=0$、$B=1$ 时函数 F 的值为 1，则对应的与项为 AB）以后相加，即得到函数的与或表达式。

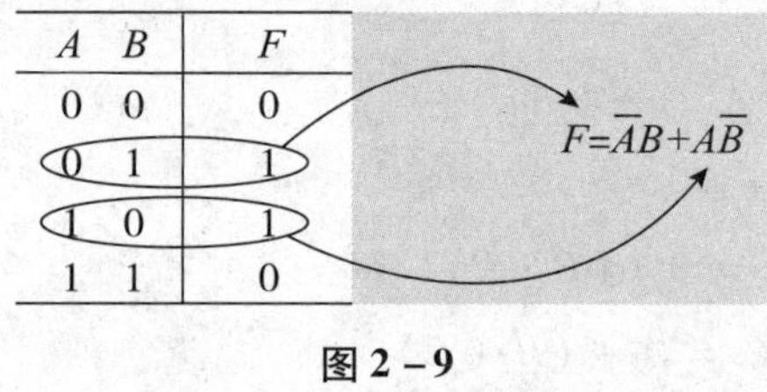

图 2-9

3. 逻辑图

逻辑图：是由表示逻辑运算的逻辑符号所构成的图形。

例如：$F=AB+BC$ 用逻辑图表示为：

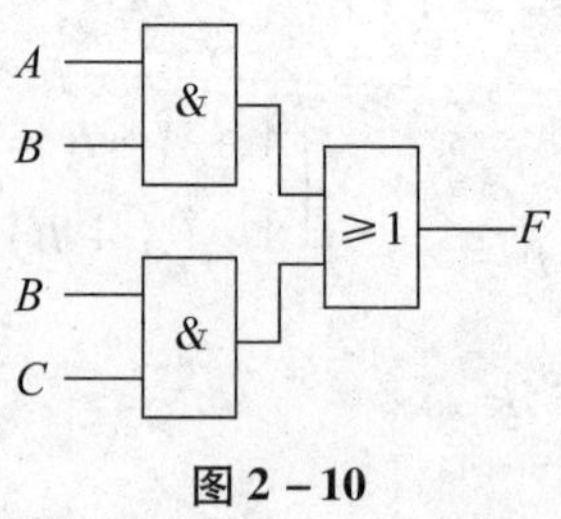

图 2-10

（三）逻辑函数的化简

逻辑函数化简的意义：逻辑表达式越简单，实现它的电路越简单，电路工作越稳定可靠。

利用公式 $A+\bar{A}=1$，将两项合并为一项，并消去一个变量。

若两个乘积项中分别包含同一个因子的原变量和反变量，而其他因子都相同时，则这两项可以合并成一项，并消去互为反变量的因子。

例：

$$\begin{cases} Y_1 = ABC + \bar{A}BC + B\bar{C} = (A + \bar{A})BC + B\bar{C} \\ \quad = BC + B\bar{C} = B(C + \bar{C}) = B \end{cases}$$

$$Y_2 = ABC + A\bar{B} + A\bar{C} = ABC + A(\bar{B} + \bar{C})$$

$$= ABC + A\overline{BC} = A(BC + \overline{BC}) = A$$

利用公式 $A + AB = A$，消去多余的项。

如果乘积项是另外一个乘积项的因子，则这另外一个乘积项是多余的。

例：

$$Y_1 = \bar{A}B + \bar{A}BCD(E + F) = \bar{A}B$$

$$Y_2 = A + \overline{\bar{B} + \overline{CD}} + \overline{\bar{A}\bar{D}B} = A + BCD + AD + B$$

$$= (A + AD) + (B + BCD) = A + B$$

利用公式 $A + \bar{A}B = A + B$，消去多余的变量。

如果一个乘积项的反是另一个乘积项的因子，则这个因子是多余的。

例：

$$Y = AB + \bar{A}C + \bar{B}C$$

$$= AB + (\bar{A} + \bar{B})C$$

$$= AB + \overline{AB}C$$

$$= AB + C$$

$$Y = A\bar{B} + C + \bar{A}\bar{C}D + B\bar{C}D$$

$$= A\bar{B} + C + \bar{C}(\bar{A} + B)D$$

$$= A\bar{B} + C + (\bar{A} + B)D$$

$$= A\bar{B} + C + \overline{A\bar{B}}D$$

$$= A\bar{B} + C + D$$

利用公式 $A = A(B + \bar{B})$，为某一项配上其所缺的变量，以便用其他方法进行化简。

例：

$$Y = A\bar{B} + B\bar{C} + \bar{B}C + \bar{A}B$$

$$= A\bar{B} + B\bar{C} + (A + \bar{A})\bar{B}C + \bar{A}B(C + \bar{C})$$

$$= A\bar{B} + B\bar{C} + A\bar{B}C + \bar{A}\bar{B}C + \bar{A}BC + \bar{A}B\bar{C}$$

$$= A\bar{B}(1 + C) + B\bar{C}(1 + \bar{A}) + \bar{A}C(\bar{B} + B)$$

$$= A\bar{B} + B\bar{C} + \bar{A}C$$

利用公式 $A + A = A$，为某项配上其所能合并的项。

例：

$$Y = ABC + AB\bar{C} + A\bar{B}C + \bar{A}BC$$

$$= (ABC + AB\bar{C}) + (ABC + A\bar{B}C) + (ABC + \bar{A}BC)$$

$$= AB + AC + BC$$

第三节　集成运算放大器电路

将多个分立元件及它们的连线制作在同一块半导体芯片上，引出若干个端子（如电路的输入端、输出端、正负电源端等），再加以封装，作为一个器件来使用。由于这种器件最开始主要运用于电信号的运算，故称为集成运算放大器，简称“集成运放”或“运放”。与分立元件相比，集成电路更简洁，体积小，重量轻，功耗低，工作可靠性高，互换性好，并且成本低，价格便宜，有取代分立元件之势。

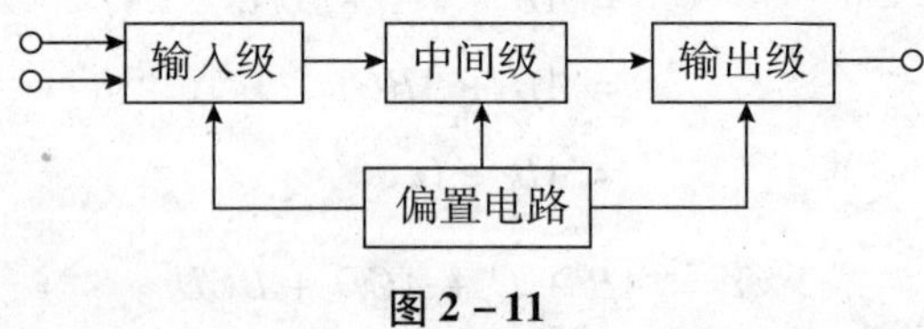

图 2－11

一、集成运算放大器的组成及符号

集成运放的电路符号如图 2－12 所示。它有两个输入端，标“＋”的输入端称为同相输入端，输入信号由此端输入时，输出信号与输入信号相位相同；标“－”的输入端称为反相输入端，输入信号由此端输入时，输出信号与输入信号相位相反。

二、集成运算放大器的主要参数及种类

1. 集成运放的主要参数

（1）差模开环电压放大倍数 A_{do}。指集成运放本身（无外加反馈回路）的差模电压

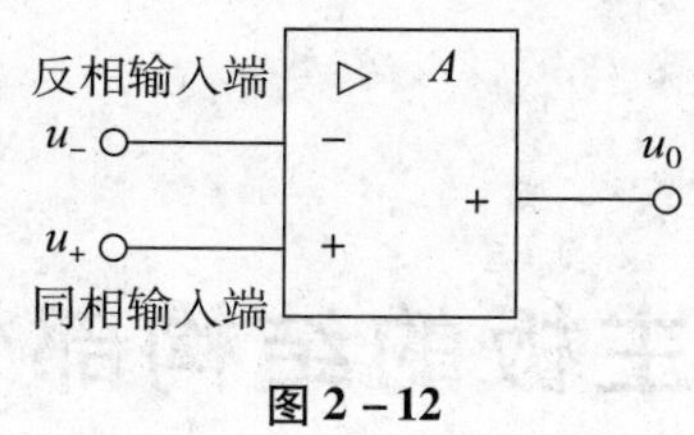

图 2－12

放大倍数，即 $A_{do} = \frac{u_o}{u_+ - u_-}$。它体现了集成运放的电压放大能力，一般在 $10^4 \sim 10^7$。A_{do}越大，电路越稳定，运算精度也越高。

（2）共模开环电压放大倍数 A_{co}。指集成运放本身的共模电压放大倍数，它反映集成运放抗温漂、抗共模干扰的能力，优质的集成运放 A_{co}应接近于零。

（3）共模抑制比 K_{CMR}。用来综合衡量集成运放的放大能力和抗温漂、抗共模干扰的能力，一般应大于 80dB。

（4）差模输入电阻 r_{id}。指差模信号作用下集成运放的输入电阻。

（5）输入失调电压 U_{io}。指为使输出电压为零，在输入级所加的补偿电压值。它反映差动放大部分参数的不对称程度，显然越小越好，一般为毫伏级。

（6）失调电压温度系数 $\Delta U_{io}/\Delta T$。是指温度变化 ΔT 时所产生的失调电压变化 ΔU_{io} 的大小，它直接影响集成运放的精确度，一般为几十 μV/℃。

（7）转换速率 S_R。衡量集成运放对高速变化信号的适应能力，一般为几 V/μs，若输入信号变化速率大于此值，输出波形会严重失真。

2. 集成运放的种类

（1）通用型。性能指标适合一般性使用，其特点是电源电压适应范围广，允许有较大的输入电压等，如 CF741 等。

（2）低功耗型。静态功耗≤2mW，如 XF253 等。

（3）高精度型。失调电压温度系数在 1μV/℃左右，能保证组成的电路对微弱信号检测的准确性，如 CF75、CF7650 等。

（4）高阻型。输入电阻可达 $10^{12}\Omega$，如 F55 系列等。

另外，还有宽带型、高压型等。使用时须查阅集成运放手册，详细了解它们的各种参数，作为使用和选择的依据。

项目三　主板的结构部件与架构

【项目目标】

1. 熟练掌握主板的组成部件
2. 熟练掌握主板的总线架构

【项目技能】

1. 熟练查找主板的主要部件
2. 绘制主板总线架构图

第一节　主板的结构部件

主板作为组成电脑的重要部件，完成电脑硬件系统的管理与协调工作，使得 CPU、功能卡及外部设备能正常运行。它的结构和组成看似复杂，但是把它分类来分析，也就不那么复杂了。如图 3 - 1 和图 3 - 2 所示为主板的主要构成部件。

一、CPU 插座

CPU 插座是主板上最重要的插座，目前流行的主要有 Intel 公司的 LGA775 插座，AMD 公司的 Socket754 插座、Socket939、Socket940 插座。

二、芯片组

芯片组是主板的灵魂和核心，其优劣决定了主板性能的好坏与级别的高低。一般由北桥和南桥组成。

北桥芯片：离 CPU 最近且最大的那块芯片就是北桥芯片，北桥芯片主要负责控制管理高速设备，功耗大，产生的热量也大，所以北桥芯片上大多数都覆盖着散热器用来加强散热。它主要负责联系 CPU 和控制内存，提供对 CPU 类型，主频，内存类型及容量，PCI，AGP 插槽等硬件设备的支持。北桥芯片又名图形和内存控制中心，属高速设备，部分集成显示芯片，实现动态缓存管理。

南桥芯片：主要负责控制管理低速设备，一般位于离 CPU 插座较远的地方，在 PCI 插槽附近。南桥与 I/O 相连，主要负责 USB 接口，实时时钟控制器，数据传递方

图 3－1 顶星 H61－S 主板的总图

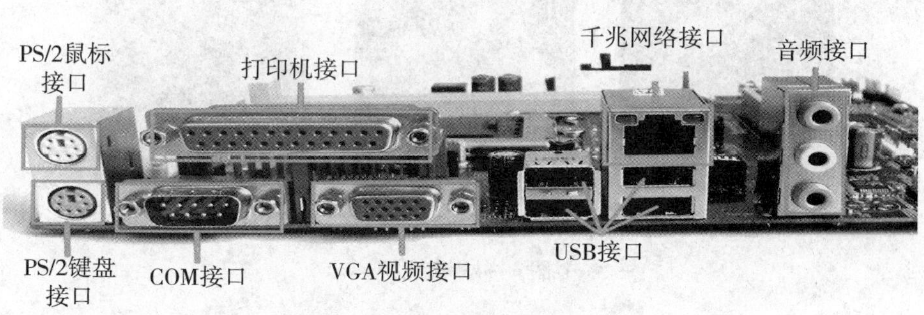

图 3－2 顶星 H61－S 主板

式，PS/2 鼠标控制和高级电源管理。南桥主管低速设备。

目前常见的厂商有 Intel 公司，VIA 公司，SIS 公司，NVIDIA 公司。其中 Intel 公司和 VIA 威盛公司处于芯片厂商中的前列，NVIDIA 公司后来居上。

图 3－3　CPU 插座

图 3－4　南北桥

三、DIMM 内存插槽

用来安装内存，有两到四个内存插槽可以用于升级。主流的有 DDR1、DDR2 和 DDR3 三种。

DDR1 DIMM 插槽共有 92 ×2 =184 个针脚，通常把它叫作 184 线的内存专用插槽，其工作电压为2.5V。DDR1 DIMM 插槽上有一个卡口，把插槽分为一长一短的两部分，用来防止内存插反而导致烧毁现象的发生。形状如图3-5所示。

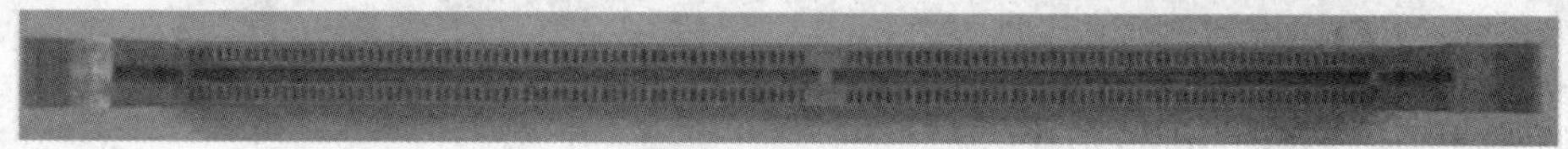

图3-5　DDR1 DIMM 内存插槽

DDR2 DIMM 插槽共有120×2=240个针脚，通常把它叫作240线的内存专用插槽，其工作电压为1.8V。DDR2 DIMM 插槽上有一个卡口，把插槽分为一长一短的两部分，用来防止内存插反而导致烧毁现象的发生。形状如图3-6所示。

图3-6　DDR2 DIMM 内存插槽

DDR3 DIMM 是一项成熟的 DDR DRAM 接口技术，可支持400 to 800 MHz 时钟频率下800~1600 Mbps 的数据速率，是 DDR2 的两倍。DDR3 标准工作电压为1.5V，将 DDR2 的功耗降低了30%。

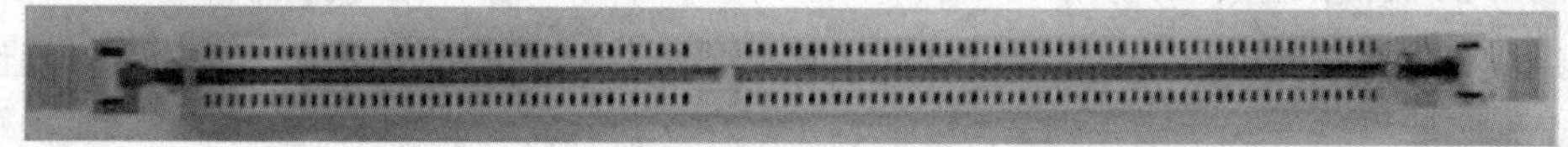

图3-7　DDR3 DIMM 内存插槽

四、PCI 插槽

PCI 插槽是基于 PCI 局部总线的扩展插槽，颜色一般为乳白色。PCI 总线的工作频率为33MHz，位宽主要为32位和64位。PCI 插槽可以插接显卡、声卡、网卡、USB2.0卡、IEEE1394卡以及其他种类繁多的扩展卡，PCI 插槽是主板的主要扩展插槽。

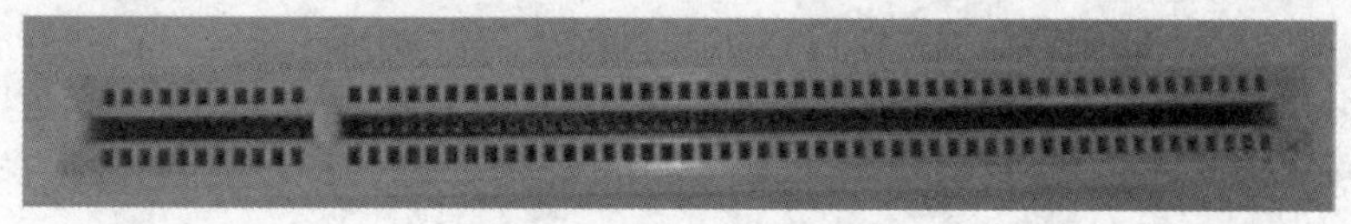

图3-8　PCI 插槽

PCI-E 总线采用点对点串行连接，每个设备都有自己的专用连接，不需要向整个总线请求。PCI-E 还能够支持热插拔，支持数据同步传输。

PCI-E 总线是 Intel 公司提出的最新的总线和接口标准。目前主要用于显卡的接口

图 3-9 PCI-E 插槽

上。规格主要有 PCE-E1X，PCI-E16X，PCI-E32X，以满足不同系统设备对数据传输带宽的需求。

五、IDE/SATA 硬盘接口

IDE（Integrated Drive Electronics）是电子集成驱动器的简称，本意是指把“硬盘控制器”与“盘体”集成在一起的硬盘驱动器。一般主板上有两个 IDE 接口。通常主板中标注 IDE1 和 IDE2，IDE 接口多用于连接 IDE 设备，主要是硬盘和光驱，此接口有 39 根针。IDE 有主从之分，若两个接口分别接一个硬盘，则 IDE1 口上的为主盘，IDE2 口上的为从盘。一般计算机启动都是从主盘启动。若在一个 IDE 口上接两个硬盘，必须用硬盘跳线设置一个硬盘为主盘，另一个为从盘，这样才能正常工作。

SATA 采用串行连接方式，串行 ATA 总线使用嵌入式时钟信号，具备了更强的纠错能力，与以往相比其最大的区别在于能对传输指令（不仅仅是数据）进行检查，如果发现错误会自动矫正，这在很大程度上提高了数据传输的可靠性。串行接口还具备结构简单、支持热插拔等优点。

图 3-10 硬盘接口

六、BIOS 芯片

（一）BIOS 定义

基本输入输出系统，其内容集成在主板上的一个 ROM（只读存储器或 FlashROM（闪速存储器）芯片上。存储的是一个编辑好的软件，靠近南桥，大多数有插座，其内容包括加电自检程序、引导程序和功能设置程序等。

（二）BIOS 的工作原理

主板加电后 BIOS 自检程序运行，诊断和检测与主板连接的硬件。如显卡、CPU、内存、键盘、硬盘、软驱、光驱等。如检测到某一硬件错误或故障，则发出报错信息。

如出现在初始化的显示设备之前，则通过主板上的圆柱形蜂鸣器或机箱上与主板相连的一个小扬声器发出报警声。如出现在初始化的显示设备之后，将通过屏幕显示出相关的出错信息，每检测到一个硬件设备就会在屏幕显示该设备的名称和型号，并为该设备分配中断和端口等。自检通过后，表明各硬件部分基本正常，将运行引导程序。如果启动顺序设置为：①从软驱启动；②从硬盘启动；③从光驱启动。则该程序将从软驱开始寻找启动信息，此时如果软驱中没有启动信息，如硬盘安装了 Windows 操作系统，则从硬盘启动 Windows 系统。

BIOS 的功能设置程序存储有主板和其他硬件的一套初始值，根据需要可对初始值进行更改设置，如某一硬件或端口的开启和禁用，设置密码和电源管理等。这些设定值被存储在一个叫 CMOS（互补金属氧化物半导体）的存储器中，这种存储器目前大多集成在南桥芯片中，并由一个 3V 电池长期供电，如电池失效或中途掉电，存储在 CMOS 中的内容就会丢失，恢复为 BIOS 的初始值。

注：EPROM 存储器为紫外线擦除可编程只读存储器，需要一个紫外线擦除器，这种存储器中间有一个窗口，平时将窗口覆盖防止杂光进入。EEPROM 存储器为电擦除可编程只读存储器，用普通编程器即可擦除和编写。这两种存储器已被 FlashRom（快读写式存储器）所代替。

（三）BIOS 芯片的生产厂商

生产 ROM 芯片的厂家很多，主要有 Winbond、Intel、EON、SST、PMC 等品牌。由于 Winbond（华邦）生产 BIOS ROM 芯片时间较早，与主板的原始设计相兼容，因而市场占用量较大。不光主板上有 BIOS，其他设备上如网卡、显卡、MODEM、数字相机、硬盘等也有所谓的 BIOS，像显卡上的 BIOS 来完成显卡和主板之间的通信；硬盘的启动和使用也需要 HDD BIOS 来完成。这些外部设备上的 BIOS 也和主板的 BIOS 一样，采用 ROM 作 BIOS ROM 芯片，同样也可以方便地升级，以修改其缺陷及增强其兼容性。

图 3－11 BIOS 芯片

（四）BIOS 芯片容量

在 BIOS ROM 芯片的容量方面，现在主板上常用的 FlashROM 的容量一般多为 1M

或 2M 一直到 8M。在 486 时代，一般只用 512K 的 BIOS ROM，从 Pentium 级以后就主要采用 1M 的 BIOS ROM 了，随着 BIOS 的功能越来越多，支持的硬件越来越多，因此程序代码也越来越长，1M Bits 的容量已不适用，目前出的主板上大多采用 2M 甚至 8M Bits 的 BIOS ROM。FlashROM 芯片大致分为 29、39 及 49 等系列。

七、I/O 控制芯片

图 3－12　常见 I/O 控制芯片

输入输出，主要是为用户提供一系列输入输出的接口，如鼠标键盘接口（PS/2）、串口（COM 口）、并口（LPT）、软驱（FDD）接口等都统一由 I/O 芯片控制。新型 I/O 还具备各种监控及保护功能。I/O 直接负责管理 KB、Mouse、LPT、COM、FDD。I/O 芯片的工作电压为 5V 和 3.3V。

常见型号有：Windond（华邦）公司的 W83627HF，W83697HF。

ITE（联阳）公司：IT8712F，IT8716，IT8718。

图 3－13　顶星 H61－S 的 I/O 控制芯片

I/O 芯片直接控制的接口图如图 3－14 所示：

PS/2 键盘及鼠标接口：它呈 6 孔圆形，只使用其中的 4 针用于传输数据和供电，其余两脚为空脚。一般情况键盘接口为紫色，鼠标接口为绿色。打印接口：此接口为并行接口，使用的是 25 孔双排插针座，呈 D 形的接头。COM 口：此接口为串行接口，通常采用 9 针 D 形接头。

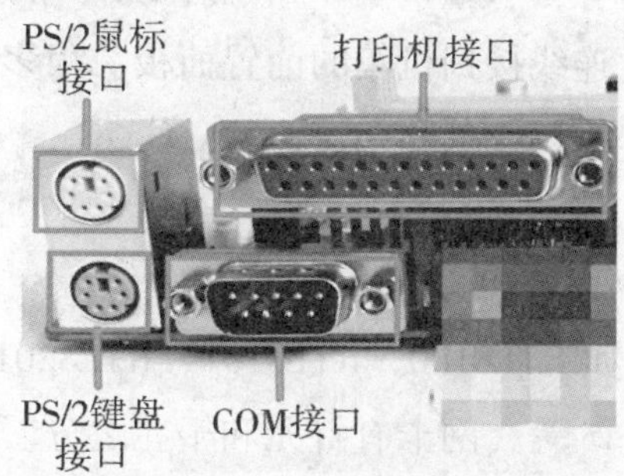

图 3－14 I/O 芯片直接控接口

八、时钟芯片

计算机有多条总线，每条总线的工作频率各不相同，例如前端总线（FSB）的时钟频率在数百兆 Hz 以上，PCI 总线的时钟频率为 33MHz，AGP 总线的时钟频率为 66MHz。这么多组的频率输出不可能设计单独的电路来分别完成，主板上都是采用时钟芯片来产生输出各种频率。

时钟芯片起放大和缩小频率的作用。它的内部有一个振荡器和多个分频器，通过分频器和晶振产生的 14.318MHz 频率脉冲信号放大和缩小成不同的时钟频率。提供给 CPU 芯片组和各级总线（CPU 总线，AGP 总线，PCI 总线，LPC 总线等）及主板的各个接口电路等部件。

图 3－15 时钟芯片

九、USB（Universal Serial Bus）接口

图 3－16 USB 接口

即通用串行总线接口，性能好，支持热插拔，有 USB1.1 和 USB2.0 两个标准，数据传输的速度分别为 12Mbit/s 与 480Mbit/s，采用 4 线传输数据与供电。主板上通常还预留有 USB 插针，可以通过连线接到机箱的前置面板。很多设备如数码相机、打印机、U 盘、MP3 等均可通过 USB 接口与电脑相连。

十、网卡芯片

处理网络数据的芯片。如 RTL8100，RTL8101，RTL8201 等，生产网卡芯片的厂商有 Realtek、3Com、VIA 和 SIS 等，网卡有百兆和千兆之分。

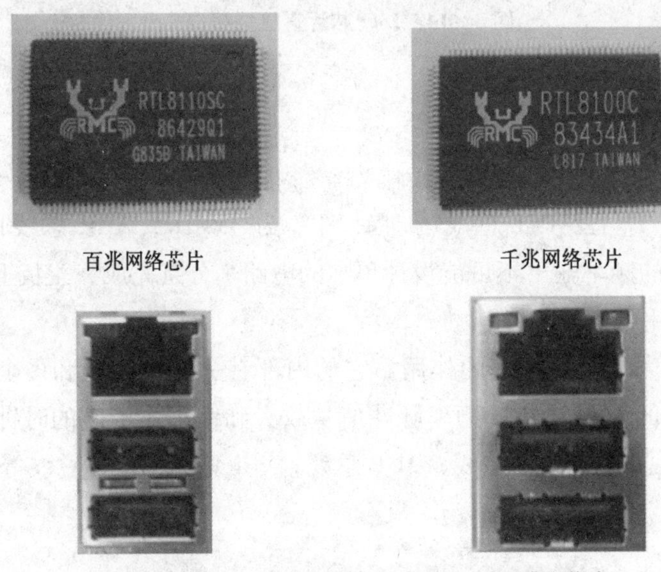

百兆网络芯片　　千兆网络芯片

百兆网络接口　　千兆网络接口

图 3－17　网络接口和控制芯片

十一、声卡芯片

声卡是一台多媒体计算机的重要设备之一，一般来说有板载声卡和独立声卡之分，板载声卡较独立声卡需要有更多的 CPU 资源协同处理音频数据流。但是现在的 CPU 的速度越来越快，CPU 的频率在 2GHz 以上的配置，板载声卡和独立声卡之间的性能差异则很小。

声卡芯片是声音处理芯片，主要型号有 ALC650，ALC655，ALC850 等。

十二、VCORE 控制芯片

功能是根据电路中反馈的信息在内部进行调整后，为输出电路供电或提供控制电压，主要负责识别 CPU 供电的幅值。

VCORE 电压是提供给 CPU 工作的电压，电压转换主要分为两种，即线性电压调变

六声道声卡芯片

八声道声卡芯片

六声道音频接口

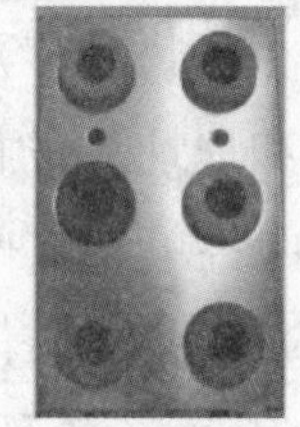

八声道音频接口

图 3-18　音频接口和声卡芯片

和 PWM 调变（也称为脉冲宽度调变）。一般 VCORE 电压都是通过第二种方法调变得到的，这是因为使用 PWM 电压调变方法为 CPU 供电有如下优点：

（1）由于 CPU 工作需要很大的电流，PWM 调变有很强的大电流负载能力。

（2）CPU 的工作电流不但使 CPU 本身产生很大热量，而且使得负责供电的电晶体产生的热量也不可小觑，较大的工作温度会影响供电质量。PWM 电压调变可以通过 3 相或者 4 相的方法供电，相当于把负载平均分配了，使得整个供电线路的发热量下降，VCORE 电压的稳定性得到了保证。

（3）PWM 电压调变可以很方便地调整输出电压，这样用户可根据需要进行调整，例如，通常稍稍增加电压可以提高 CPU 超频运行的稳定性。

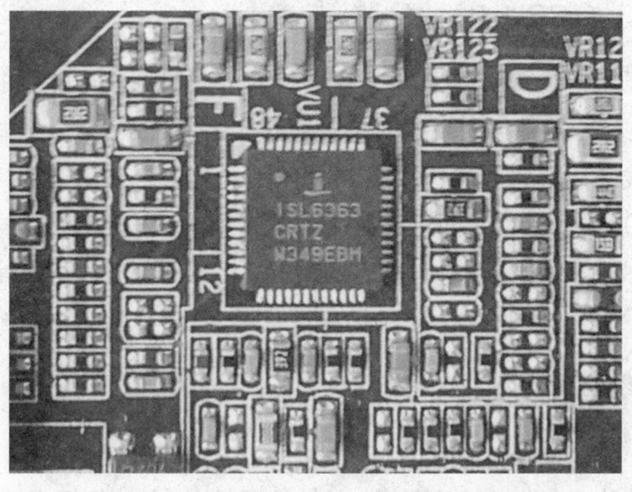

图 3-19　顶星 H61-S 上的 VCORE 控制芯片

第二节　主板的总线架构

一、什么叫总线

总线实际上就是连接 CPU 与存储系统和控制芯片之间的数据通道，总线的英文名叫（BUS）也可称（公共汽车）又可称为（母线），笼统来讲就是一组进行互连与传输信号（指令、数据和地址）的信号线。

在计算机芯片内各单元之间，计算机内部芯片或部件之间，计算机与外部设备或其他计算机之间，通过共同的信息通道相连，有如往返经过各街区的公共汽车运载着形形色色的乘客和货物（各种信息），在抵达不同的车站（单元，部件，外设）时，需要上车的就上车，应当下车的下车（进行信息交换，输入/输出）。不同的货物可以在 BUS 经过自己站点时有条不紊地装车，也可以在运达目的地时被各取所需地卸货。有的如乘客在一站上另一站下；有的像发往多家客户的同一批商品，BUS 路经有关车站时则会照单卸货。各种信息都运载于总线之上并按相应的地址进行卸货或加载，有用的信息可以被各部件共享，无关的信息则不会影响无关部件，这就是总线（BUS）的主要功能。在某些要求高速传递大量信息和数据的应用场合，计算机的 CPU 甚至可以将总线的管辖转让出来，外设可以控制并利用总线与存储器直接打交道，这就是所谓的直接存储器存取（DMA）工作方式。这很像大街上急驰而过的优先权极高的“专车”，一经划定路线，就直接执行点到点的运载任务，有警车开道，一路绿灯，勿需逢站就停，也无其他车辆上此路争道塞车，自然效率很高。

二、总线的分类

（一）按相对于 CPU 与其芯片的位置来分

（1）片内总线：指在 CPU 内部各寄存器、算术逻辑部件 ALU、控制部件以及内部高速缓冲存储器之间传输数据所用的总线，即芯片内部总线。

（2）片外总线：通常所说的总线（BUS）指片外总线，是 CPU 与内存 RAM、ROM 和输入输出（I/O）设备接口之间进行通信的数据通道，CPU 通过总线实现程序存取，内存/外设的数据交换在 CPU 与外设一定的情况下，总线速度是限制计算机整体性能的最大因素。

（二）按总线功能分

1. 地址总线 AB（Address Bus）

用来传送地址信息的信号线，其特点是：地址信号一般都由 CPU 发出，当采用

DMA（Direct Memory Access，即直接内存访问）方式访问内存和I/O设备时，地址信号也可以由DMA控制器发出，并被送往各个有关的内存单元或I/O接口，实现CPU对内存或I/O设备的寻址（在PC中，内存和I/O设备的寻址都是采用统一编址方式进行的），即采用单向传输，动态控制（在计算机中，由于采用二进制工作方式，一般只有两种状态，即“1”和“0”，但是当计算机各总线上，显示“0”状态时，在电气上的效果相当于总线脱离。

CPU能够直接寻找内存地址的范围是由地址线的数目（由于一条地址总线一次传送一位二进制数的地址，故也叫地址总线的位数）决定的，即PC系统中所能安装内存容量上限由CPU的地址总线的数目决定。

CPU能够直接寻址的内存范围上限为2。

2. 数据总线DB（Data Bus）

用来传送数据信息的信号线，这些数据信息可以是原始数据或程序。数据总线来往于CPU、内存和I/O设备之间，其特点是：

（1）双向传输，三态控制：即可以由CPU送往内存或I/O设备，也可以由内存或I/O设备送往CPU。

（2）数据总线的数目称为数据宽度（由于一条数据线一次可传送一位二进制数，故也称位数），数据总线宽度决定了CPU一次传输的数据量，它决定了CPU的类型与档次。

（三）控制总线CB（Control Bus）

是用来传送控制信息的信号线，这些控制信息包括CPU对内存和I/O接口的读写信号，I/O接口对CPU提出的中断请求或DMA请求信号，CPU对这些I/O接口回答与响应信号，I/O接口的各种工作状态信号以及其他各种功能控制信号。控制总线来往于CPU、内存和I/O设备之间，其特点是：存在单向、双向、双态等种形态，是总线中最复杂、最灵活、功能最强的，其数量、种类、定义随机型不同而不同。

（四）按总线的层次结构分

（1）CPU总线：包括CPU地址线（CAB），CPU数据线（CDB）和CPU控制线（CCD），其用来连接CPU和控制芯片。

（2）存储器总线：包括存储器地址线（MAB）、存储器数据线（MDB）和存储器控制线（MCD），用来连接内存控制器（北桥）和内存。

（3）系统总线：（I/O扩展总线）也称为I/O通道总线或I/O扩展总线，包括系统地址线（SAB），系统数据线（SDB）和系统控制线（SCD），用来与I/O扩展槽上的各种扩展卡相连接。

系统总线（I/O 扩展总线）又分为 ISA、PCI、AGP 等多种标准。

①ISA（Industry standard architecture，工业标准结构）是 IBM 公司 286AT 电脑制定的总线工业标准，也称为 AT 标准。

②PCI（peripheral component interconnet，外部设备互连）是 SIG（spelial interest grou）集团推出的总线结构。

③AGP（accelerated graphics port，加速图形端口）是一种为了提高视频带宽而设计的总线规范，因为它是点对点连接，即连接控制芯片和 AGP 显卡，因此严格说来，AGP 也是一种接口标准。

④外部总线：（外围芯片总线）用来连接各种外设控制芯片，如主板上的 I/O 控制器（如硬盘接口控制器、软盘驱动控制器、串行/并行接口控制器等），键盘控制器，外部地址线（XAB）、外部数据线（XMB）和外部控制线（XCB）。

（五）按工作模式分类

（1）并行总线，它在同一时刻可以传输多位数据，好比是一条允许多辆车并排开的宽敞道路，而且它还有双向单向之分。

（2）串行总线，它在同一时刻只能传输一个数据，好比只容许一辆车行走的狭窄道路，数据必须一个接一个传输，看起来仿佛一个长长的数据串，故称为“串行”。

三、总线主要的技术指标

（一）总线的带宽（总线数据传输速率）

总线的带宽指的是单位时间内总线上传送的数据量，即最大稳态数据传输速率。与总线密切相关的两个因素是总线的位宽和总线的工作频率，它们之间的关系：总线的带宽 = 总线的工作频率 × 总线的位宽 ÷ 8。

（二）总线的位宽

总线的位宽指的是总线能同时传送的二进制数据的位数，或数据总线的位数，即 32 位、64 位等总线宽度的概念。总线的位宽越宽，每秒钟数据传输率越大，总线的带宽越宽。

（三）总线的工作频率

总线的工作时钟频率以 MHz 为单位，工作频率越高，总线工作速度越快，总线带宽越宽。由于并行总线和串行总线的描述参数存在一定差别，所以在应用中要注意区分。

对并行总线来说，描述的性能参数有以下三个：总线宽度、时钟频率、数据传输频率。其中，总线宽度就是该总线可同时传输二进制数据的位数，好比是车道容许并排行走的车辆的数量；例如，16 位总线在同一时刻传输的数据为 16 位，也就是 2 个字节；而 32 位总线可同时传输 4 个字节，64 位总线可以同时传输 8 个字节……显然，总线的宽度越大，它在同一时刻就能够传输更多的数据。不过总线的位宽无法无限制增加。

总线的带宽指的是这条总线在单位时间内可以传输的数据总量，它等于总线位宽与工作频率的乘积。例如，对于 64 位、800MHz 的前端总线，它的数据传输率就等于 64bit × 800MHz ÷ 8（Byte）= 6.4GB/s；32 位、33MHz PCI 总线的数据传输率就是 32bit × 33MHz ÷ 8 = 132MB/s，等等，这项法则可以用于所有并行总线上面。

对串行总线来说，带宽和工作频率的概念与并行总线完全相同，只是它改变了传统意义上的总线位宽的概念。在频率相同的情况下，并行总线比串行总线快得多，那么，为什么现在各类并行总线反而要被串行总线接替呢？原因在于并行总线虽然一次可以传输多位数据，但它存在并行传输信号间的干扰现象，频率越高、位宽越大，干扰就越严重，因此要大幅提高现有并行总线的带宽是非常困难的；而串行总线不存在这个问题，总线频率可以大幅向上提升，这样串行总线就可以凭借高频率的优势获得高带宽。而为了弥补一次只能传送一位数据的不足，串行总线常常采用多条管线（或通道）的做法实现更高的速度——管线之间各自独立，多条管线组成一条总线系统，从表面看来它和并行总线很类似，但在内部它是以串行原理运作的。对这类总线，带宽的计算公式就等于“总线频率 × 管线数”，这方面的例子有 PCI Express 和 Hyper Transport，前者有 ×1、×2、×4、×8、×16 和 ×32 多个版本，在第一代 PCI Express 技术当中，单通道的单向信号频率可达 2.5GHz，我们以 ×16 举例，这里的 16 就代表 16 对双向总线，一共 64 条线路，每 4 条线路组成一个通道，二条接收，二条发送。这样我们可以换算出其总线的带宽为 2.5GHz × 16/10 = 4GB/s（单向）。除 10 是因为每字节采用 10 位编码。

四、主板的总线架构

主板总线（BUS）架构其实并不复杂，北桥管理高速设备，南桥管理 IDE，USB，声卡，网卡，FWH 等低速设备，如图 3 – 20 至图 3 – 22 所示。“FWH”是指 BIOS 芯片，固件中心的英文缩写。它是一个编辑好的软件，存储在一个存储器中，靠近南桥或 I/O，大多数有插座。

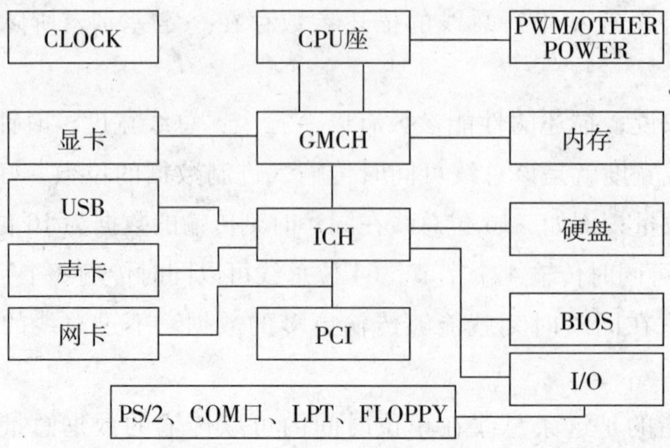

图 3－20　INTEL 总线架构

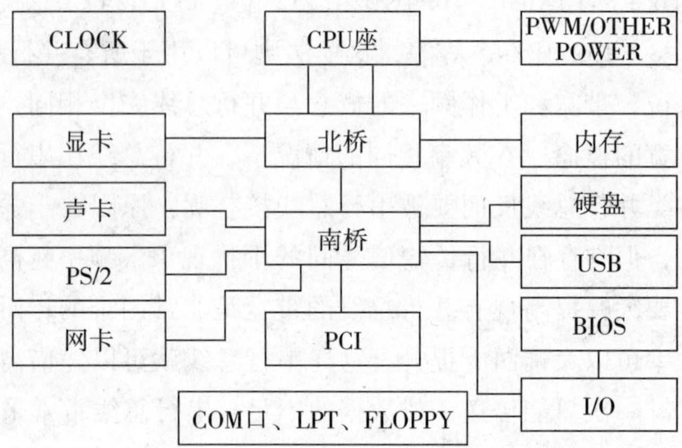

图 3－21　威盛总线（BUS）架构

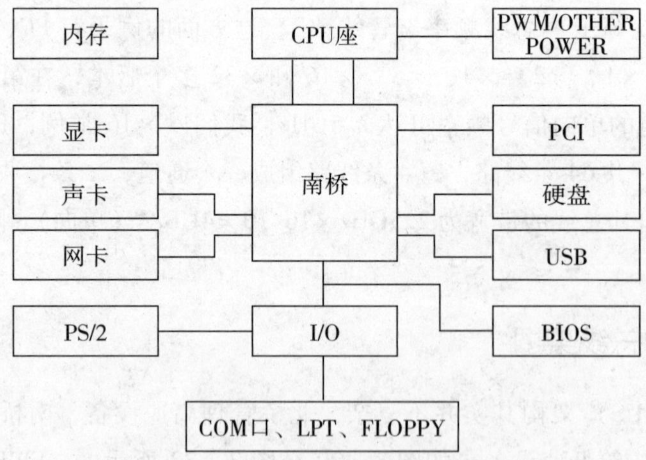

图 3－22　NVIDIA 总线（BUS）架构

项目四　主板电压工作原理与上电时序

【项目目标】

1. 掌握计算机电路基本工作原理
2. 掌握上电时序工作原理

【项目技能】

1. 熟练掌握几个关键测试点的电压值
2. 绘制主板基本上电时序图

第一节　主板开机电路的构成及工作原理

一、开机电路

开机电路又叫软开机电路，是利用电源（绿线和地线短接后被拉低成低电平后，电源其他电压就可以输出）的工作原理，在主板自身上设计的一个电路，此电路以南桥或I/O为核心，由门电路、电容、电阻、二极管、三极管、稳压器等元件构成，整个电路中的元件皆由紫线5V提供工作电压，并由一个开关来控制其是否工作，如图4－1所示。

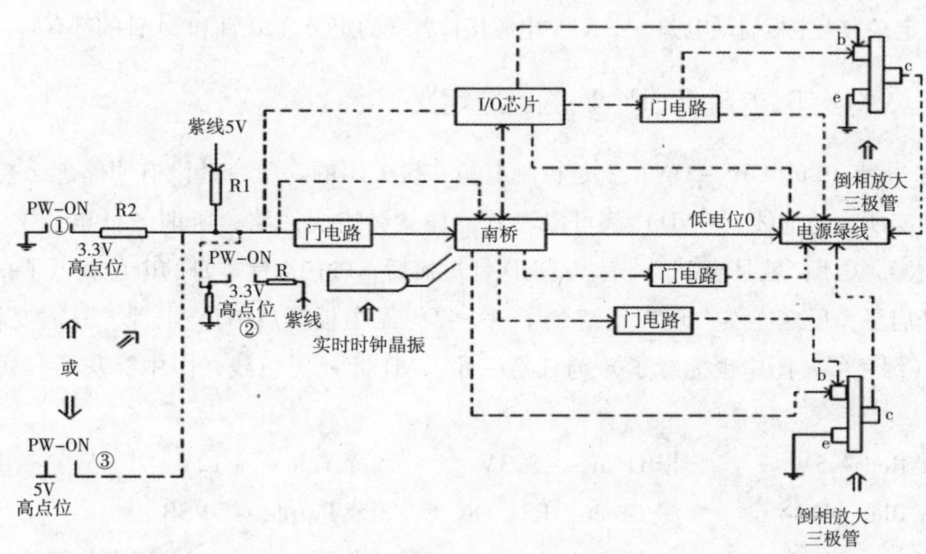

图4－1　开机电路

当操作者瞬间触发开机之后，会产生一个瞬间变化的电平信号，即 0 或 1 的开机信号，此信号会直接或间接地作用于南桥或 I/O 内部的开机触发电路，使其恒定产生一个 0 或 1 的信号，通过外围电路的转换之后，变成一个恒定的低电平并作用于电源的绿线。当电源的绿线被拉低之后，电源就会输出各路电压（红线 5V，橙线 3.3V，黄线 12V 等）向主板供电，此时主板完成整个通电过程。

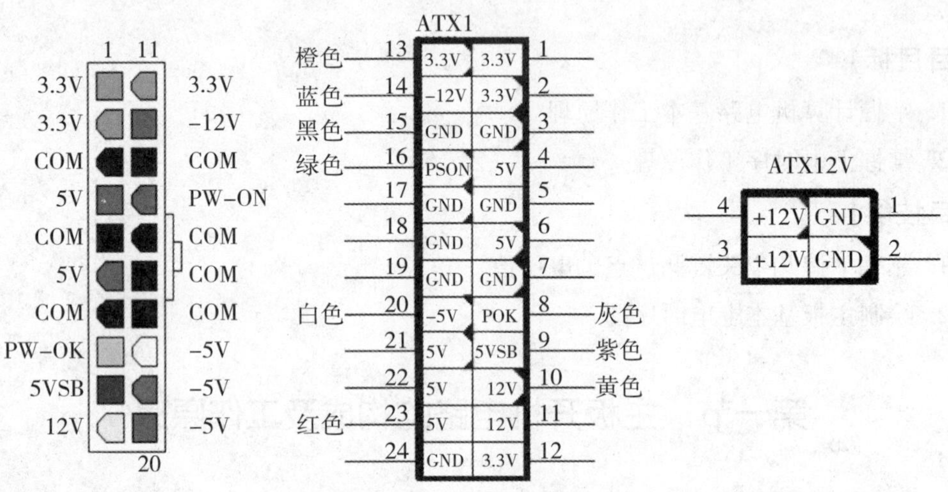

图 4－2　ATX 电源标准排针定义

二、AT 电源

只要能把电源打开就行了，可现在的 ATX 电源都是电位控制开关而非机械开关，这就需要从电源的那一排插线孔中找出可以激活电源的那个针（Pin）。ATX 电源排针（Pin）的标准定义为无主板启动电源——ATX 电源接口各线的定义（20 针和 24 针的都有）。

三、ATX 电源排针（Pin）的标准定义

14 号针（Pin14 PS－ON）就是控制电源开启关闭的。单个针没有回路怎么控制开关，其实所有的地线（GND）都可以与其他任意针组成回路，所谓“低电位”开启，“高电位”关闭，就是当 Pin14 针与 GND 针短接后，Pin 14 针本身的电位就低了，电源也就开启了，反之亦然。现在很清楚了——要想无主板开启 ATX 电源，只需要将 Pin 14 针（绿色线，图中也标绿了）与任意一个 GND 针（黑色线，图中标灰了）短接就可以。

红 Red　+5V　　　　橙 Orange +3.3V　　　　黄 Yellow　+12V

蓝 Blue　-12V　　　　绿 Green　PS_ ON　　　　紫 Purple　+5VSB

灰 Gray PWR_ OK　　白 White -5V　　　　黑 Black　COM　GND　接地

四、20 针电源各个针脚定义

自从 1998 年 1 月公布了 ATX2.01 电源标准后，以后生产的电源都兼容这个标准，只不过各路电压的输出电流在不断增加。我们使用的 ATX 开关电源，输出的电压有 +12V、-12V、+5V、-5V、+3.3V 等几种不同的电压。在正常情况下，上述几种电压的输出变化范围允许误差一般在 5% 之内，不能有太大范围的波动，否则容易出现死机的情况。

表 4-1

标准电压值	电线颜色	最小电压值	最大电压值
+5V	红色	4.75	5.25
-5V	白色	-4.75	-5.25
+12V	黄色	11.4	12.6
-12V	蓝色	-11.4	-12.6
+3.3V	橙色	3.135	3.465

-ATX 12V 电源

4 针（2*2）接口，提供直接电源供应给 CPU 电压调整器，幸好，它没有进一步提升针脚数目，换言之，CPU 的功耗虽大，还是在可控制范围之内。①地线；②地线；③+12V；④+12V

五、主板上的电源插头 ATX 电源输出接口

表 4-2　ATX 电源 20 针输出电压及功能定义表

1	3.3V	橙色	+3.3VDC	2	3.3V	橙色	+3.3 VDC
3	COM	黑色	Ground	4	5V	红色	+5 VDC
5	COM	黑色	Ground	6	5V	红色	+5 VDC
7	COM	黑色	Ground	8	PWR_ OK	灰色	Power OK（+5V & +3.3V is OK）
9	5VSB	紫色	+5 VDC Standby Voltage（max 10mA）				
10	12V	黄色	+12VDC	11	3.3V	橙色	+3.3 VDC
12	-12V	蓝色	-12 VDC	13	COM	蓝色	Ground
14	/PS_ ON	绿色	Power Supply On（active low）				
15	COM	黑色	Ground	16	COM	黑色	Ground
17	COM	黑色	Ground	18	-5V	白色	-5 VDC
19	5V	红色	+5 VDC	20	5V	红色	+5 VDC

测试的方法：为了方便测试读数，我们使用数字万用表20V 直流挡来测试。准备一个10欧姆10W 的电阻，把它接在需要测试的电压输出端，然后使用万用表测试此时的电压输出。因为当开关电源空载时，有的电源可能会空载保护，停止工作；同时也因为负载太轻，输出的电压可能会偏高。

如果测得某一路的输出电压与标准输出有很大的误差时，这个电源将不能被使用，必须被替换。

表4-3　　电源输出排线功能一览表

Pin	1	2	3	4	5	6	7	8	9	10
导线颜色：	橘黄	橘黄	黑色	红色	黑色	红色	黑色	灰色	紫色	黄色

功能：3.3V 提供+3.3V 电源，3.3V 提供+3.3V 电源，地线，5V 提供+5V 电源，地线，5V 提供+5V 电源，地线，Power OK 电源正常工作，+5VSB 提供+5V，Stand by 电源，供电源启动电路用，12V 提供+12V 电源

Pin	11	12	13	14	15	16	17	18	19	20
导线颜色：	橘黄	蓝色	黑色	绿色	黑色	黑色	黑色	白色	红色	红色

功能：3.3V 提供+3.3V 电源，-12V 提供-12V 电源，地线，PS-ON 电源启动信号，低电平-电源开启，高电平-电源关闭，地线，地线，地线，-5V 提供-5V 电源，5V 提供+5V 电源，5V 提供+5V 电源

表4-4　　ATX 电源各路电压的额定输出电流　　（单位：A）

电源各输出端	+5V	+12V	+3.3V	-5V	-12V	+5VSB
额定输出电流	21A	6A	14A	0.3A	0.8A	0.8A

六、PW-OK 信号的形成

PW-OK 信号（在 AT 电源中及部分电源板上称 P.G 信号）为微机开机自检启动信号，为了防止开机时各路输出电路时序不定，CPU 或各部件未进入初始化状态造成工作错误及突然停电时，硬盘磁头来不及移至着陆区造成盘片划伤，微机电源中均设置了 PW-OK 信号。

七、ATX 电源的结构特点

ATX 电源是近年来在电脑中广泛采用的新型电源，它配合 ATX 主板，除了可以手动开关电源外，还支持软件开、关电源以实现远程控制功能。

ATX 电源是在 AT 电源的基础上发展起来的，它的主变换电路也是采用了半桥式开

关电源，但从结构上讲 ATX 电源作了如下改进：

（1）ATX 电源增加了一个辅助开关电源。当 ATX 电源交流输入端一旦有 220V 的交流电时，辅助电源就开始工作，一路经整流 7805 三端稳压器稳压，输出 +5V电压供给 ATX 主板内部一部分在关机状态下要保持工作的芯片，如网络通信接口、电源监控单元、系统时钟等；另一路经整流滤波，输出辅助 +12V 电源，供给 ATX 电源内部 TL494 等芯片工作，为 ATX 电源主变换电路的启动作准备。

（2）综合供电接插件接口不同。ATX 电源采用了 20 脚长方型双排综合插件向主板供电。

（3）输出电压不同。ATX 电源增加了 3. 3V、+5V 供电和一个 PS－ON 控制输入端口，其中，3. 3V 电压主要为 CPU PCI 总线供电。

（4）电源的启动方式不同，ATX 电源一般不设市电开关，而采用 TL494 脉宽控制芯片和 LM339 比较放大器作为其控制的核心。其特点是引用 TL494 第 4 脚的死区控制功能，当辅助电源工作时，一路输出 +5V 到主板，另一路输出 +12V 供给 TL494 电源，经过该芯片内部稳压电路，由 14 脚输出 +5V，并和 13、15 脚相接，再经分压电路到 LM339 电压比较器的反向端，其反向端电压约为 4. 5V。当 PS－ON 为 +5V 时，LM339 输出为高电平 5V，TL494 的 8、11 脚无输出脉冲，主变换电路截止，电源处于休眠状态。当 PS－ON 为 0V 时，输出为 0V，TL494 的 8、11 脚有输出脉冲，主变换电路开始工作。因此，我们不仅可以手动按下主机上的触发按钮开关使 PS－ON 为低电平启动电源，还可以通过程序或键盘等其他方式使 PS－ON 为低电平启动电源，从而使 ATX 电源具有远程控制功能。

第二节 NV 上电时序图

1. 未插电源时主板准备上电的状态

装入电池后首先送出实时时钟①RTCRST#&V_ 3V_ BAT 给 BGA 晶体（Crysal）提供 32. 768kHz 频率给南桥。

2. 插上电源后主板的工作状态

电源的第 9 脚提供 5VSB 电压，由 Q17 低压差三端稳压器转换出 3V DUAL，3V DUAL 再由 U19 电压控制转换 IC 输出②1. 2V DUAL。3V DUAL 和 1. 2V DUAL 同时给 BGA（NF6100）供电。这时 25M 晶体起振，BGA 输出休眠信号④SLP－S5。（注：NV 芯片上电时序是采用的 25M 频率）。

3. 触发后的工作状态

当触发控制面板上的电源按钮后，送出一个低电平触发脉冲信号给 IO

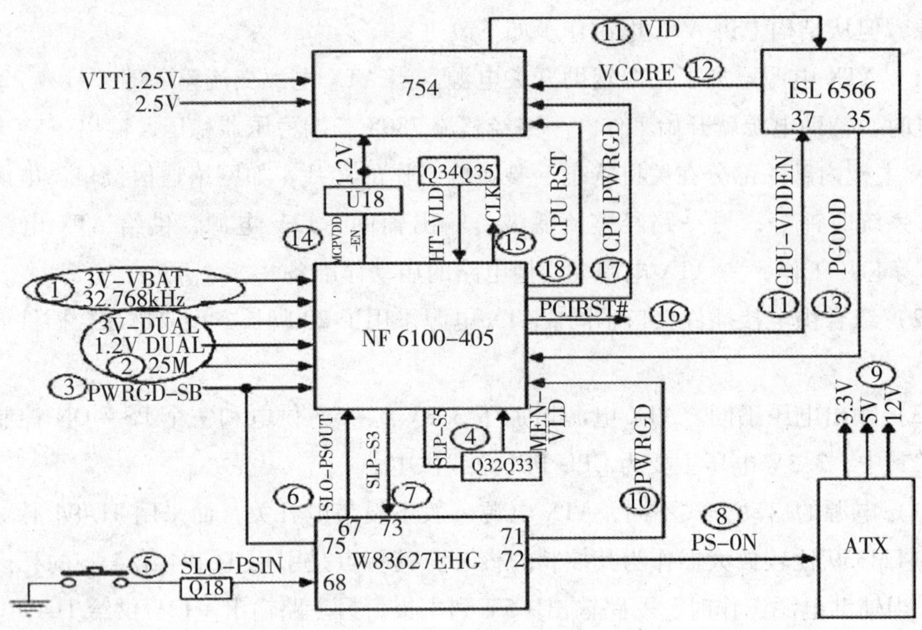

图 4-3　NV　NF6100-405 主板上电时序图

（W83627EHG）的（5）68 脚，IO（W83627EHG）收到一个低电平触发脉冲信号后，IO（W83627EHG）67 脚发出一个低电平信号（6）SIO-PSOUT 给 BGA. BGA 输出（7）SLP-S3（休眠信号）给 IO（W83627EHG）的 73 脚，随即 IO（W83627EHG）72 脚发出（8）PS-ON#开机信号给 ATX 电源的 14 脚，当 ATX 接收到 PS-ON#绿线由 HIGH 到 LOW 后，ATX Power 即送出（9）+-12V，3. 3V，+-5V 数组主要电压。

ATX Power 输出+-12V，+3. 3V，+-5V 电压正常，其他工作电压如，BGA 工作电压 1. 2V. CPU1. 25V 和 2. 5V 等电压也相继输出。

上述工作电压正常后，由 IO（W83627EHG）71 脚输出一个（10）PWRGD 信号给 BGA，BGA 收到 PWRGD 信号后，BGA 就会输出（11）CPU-VDDEN 控制信号给电源管理 IC 6566 的 37 脚，CPU 同时输出（11）VID0-4 的识别电压给电源管理 IC 6566。就会输出 PWM 开关脉冲信号控制 MOS 管轮流导通产生（12）VCORE，VCORE 输出正常，电源管理 IC 6566 的 35 脚就会输出（13）PGOOD 信号给 BGA。BGA 就会输出一个（14）MCPVDD-EN 电压控制信号给 U18（电压转换 IC）的第三脚，第四脚输出 1. 2V-HT 给 CPU 供电，1. 2V-HT 再通过两极开关电路 Q34 和 Q35 输出（15）HT-VLD 信号给 BGA，BGA 收到 HT-VLD 信号后，BGA 就会输出时钟如，（15）PCI-CLK，BIOS-CLK 等，随即输出（16）PCI-RST IDE-RST，（17）CPU-PWRGD，（18）CPU-RST。

第三节　VIA 上电时序图

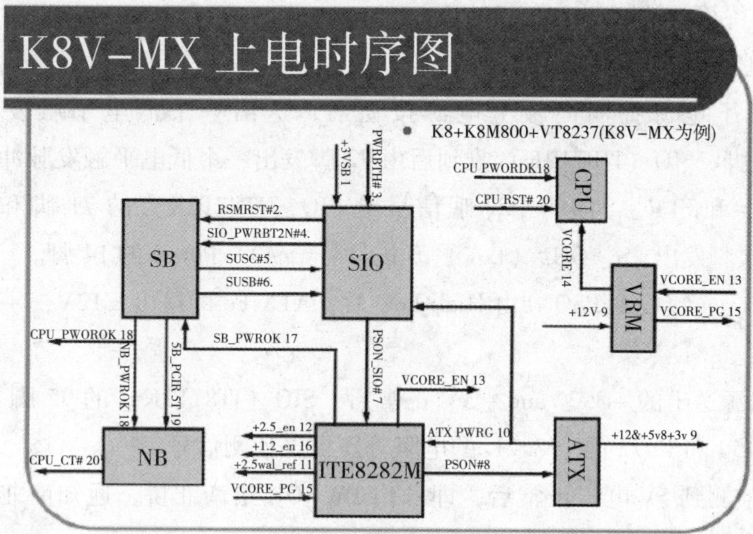

图 4－4　**VIA** 上电时序

第四节　Intel 上电时序图

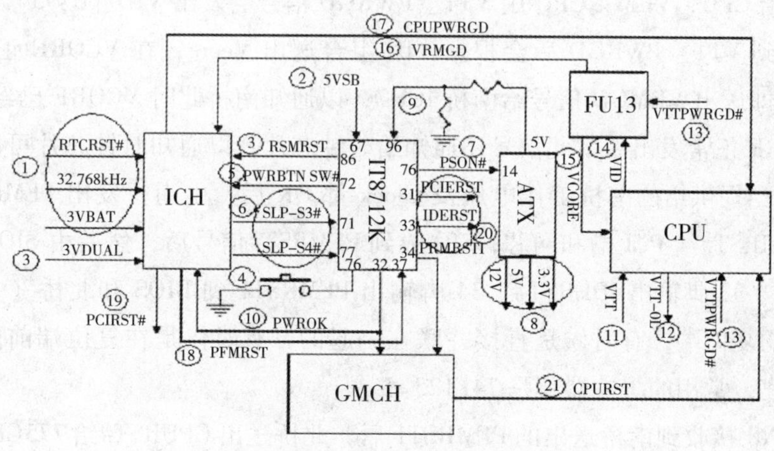

图 4－5　**Intel** 上电时序

1. 未插电源时主板准备上电的状态

装入电池后首先送出实时时钟 RTCRST#&V_ 3V_ BAT 给南桥。晶体（Crystal）提供 32. 768KHz 频率给南桥。

2. 插上电源后的主板动作时序

+5Vsb 正常转换出 +3VDUAL。SIO（IT8712K）67 脚 Check 电源是否正常提供 +5VSB 电压。SIO（IT8712K）85 脚发出 RSMRST#信号通知南桥 +5VSB 已经准备 OK。南桥正常送出待机时钟 SUSCLK（32kHz）。

3. 按下电源按钮后的动作时序

使用者按下电源控制面板上电源按钮后，送出一个低电平触发脉冲给 SIO（IT8712K）5 脚。SIO（IT8712K）收到后由 72 脚发出一个低电平触发脉冲给南桥。SB 送出 SLP_ S3#和 SLP_ S4#两个休眠信号给 SIO（IT8712K）的 71 脚和 77 脚。SIO（IT8712K）76 脚发出 PS_ ON#（Low）开机信号给 ATX Power 的 14 脚。

当 ATX Power 接收到 PSON#由 High Low 后，ATX Po 即送出 ±12V，+3.3V，±5V 数组主要电压。

一般当电源送出的 +3.3Vand +5V 正常后，SIO（IT8712K）的 95 脚 ATXPG 信号由 5V 通过 R450 和 R472 两个 8.2K 的电阻分压提供侦测信号。

SuperIO 侦测到 5V 电压正常后，即送出 PWROK 给南北桥，通知南北桥此时 ATX MainPower 送出 OK。

当 ATX Power 送出 ±12V、+3.3V、±5V 数组 Main Power 电压后，其他工作电压 +1.8V、+1.5V、1.05V、MCH1.2V、2.5V、2.5V－DAC、+5VAVDD、VTT－DDR0.9V 等也将随后全部送出。

当 +VTT_ GMCH 送给 CPU 后，CPU 会送出 VTT_ OL，控制产生 VTT_ PWRGD 信号［High］给 CPU，VRM；CPU 用 VTT_ PWRGD 信号会发出 VID［0：5］。

VRM 收到 VTT_ PWRGD 后会根据 VID 组合送出 Vcore，在 VCORE 正常发出后，VCORE 芯片即送出 VRMGD 信号给南桥 ICH7，以通知南桥此时 VCORE 已经正常发出。

在 VCORE 正常发出后，此信号还通知给时钟芯片，以通知时钟芯片可以正常发出所有 Clock。当提供给的南桥工作电压及 Clock 都 OK 后，由南桥发出 PFMRST#给 SIO 的 37 脚，PCIRST#给 PCI 槽和网芯；SIO 收到 PFMRST#信号后，然后由 SIO 的 31 脚输出 PCIERST#、33 脚输出 IDERST#、34 脚输出 PFMRST1 到 BIOS 和北桥（主板上的很多复位电路的复位端，有时候是直接并联在一起的，有时候是在复位端前面加一个缓冲器进行隔离，常用的缓冲器就是 74F125。）。

在北桥 NB 接收到南桥送出的 PFMRST1 后，北桥送出 CPURST#给 775CPU，以通知 CPU 可以开始执行第一个指令动作（不过要北桥送出 CPURST#的前提是在北桥的各个工作电压 &Clock 都 OK 的情况下）。

项目五　主板的电路构成

【项目目标】

1. 掌握计算机常见供电电路
2. 掌握各关键测试点的电压值

【项目技能】

1. 测量关键测试点的电压值关系
2. 通过测量关键测试点的电压值判断故障

第一节　供电电路

一、ATX 接口

ATX 电源插座提供 +5VSB、±12V、±5V、3.3V（3V），其中，+5VSB 不论在开机关机情况下始终都有，目的是供计算机主板开机电路中的部分芯片使用，实现计算机远程呼唤功能。

ATX 电源中的 PS－ON 主要用来控制 ATX 电源有无输出，当 VPS－ON <1V 时（低电平）ATX 电源被激活，此时，ATX 座分别有 ±5V、±12V、3.3V 电压输出，向主板各级设备供电。当 VPS－ON >4.5V 时，ATX 电源无输出（+5VSB 除外）。强行开机只需将绿色线 14#（或 16#取决于 ATX 的脚位）与任一地短接。

（一）ATX 引脚功能说明

3V：主要供南桥，北桥，内存，部分 CPU 外核电压供电。

5V：主要供给 CPU 核心电压控制芯片，复位电路，USB 接口，键盘，鼠标接口，南桥和二级供电电路。

－5V：无（以前用于 ISA 总线）。

±12V：主要给串口管理芯片。

5VSB：主要用于 CMOS 电路，开机电路，键盘，鼠标电路中。

14#：开机控制脚，低电平有效，高电平关机。

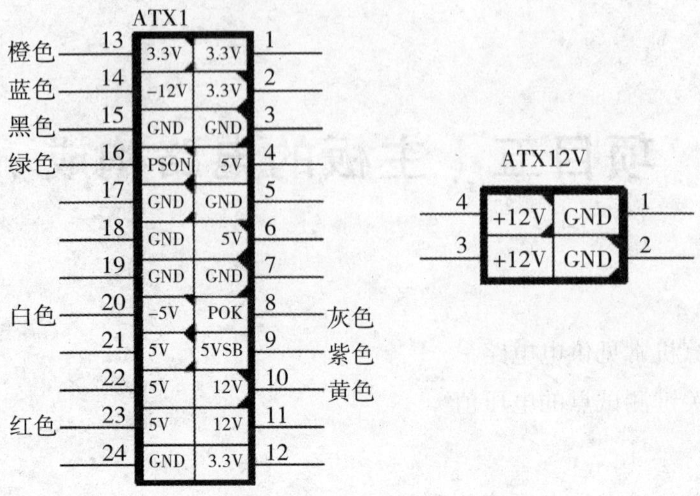

图 5－1　ATX 24PIN 电源标准定义

8#：输出 PG 信号，用于复位电路。

（二）945PL 主板供电简图

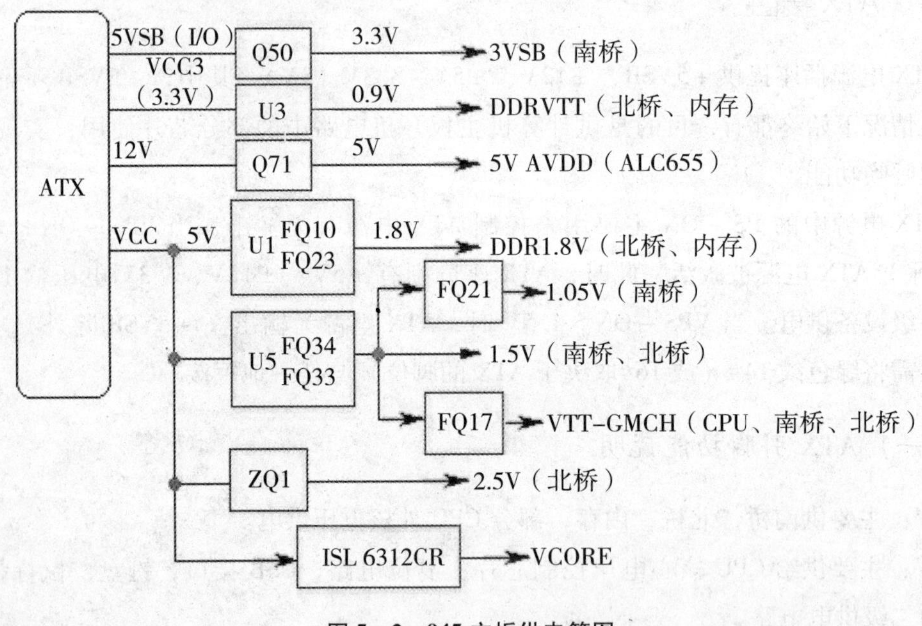

图 5－2　945 主板供电简图

（三）945PL 主板 ATX 电源工作原理

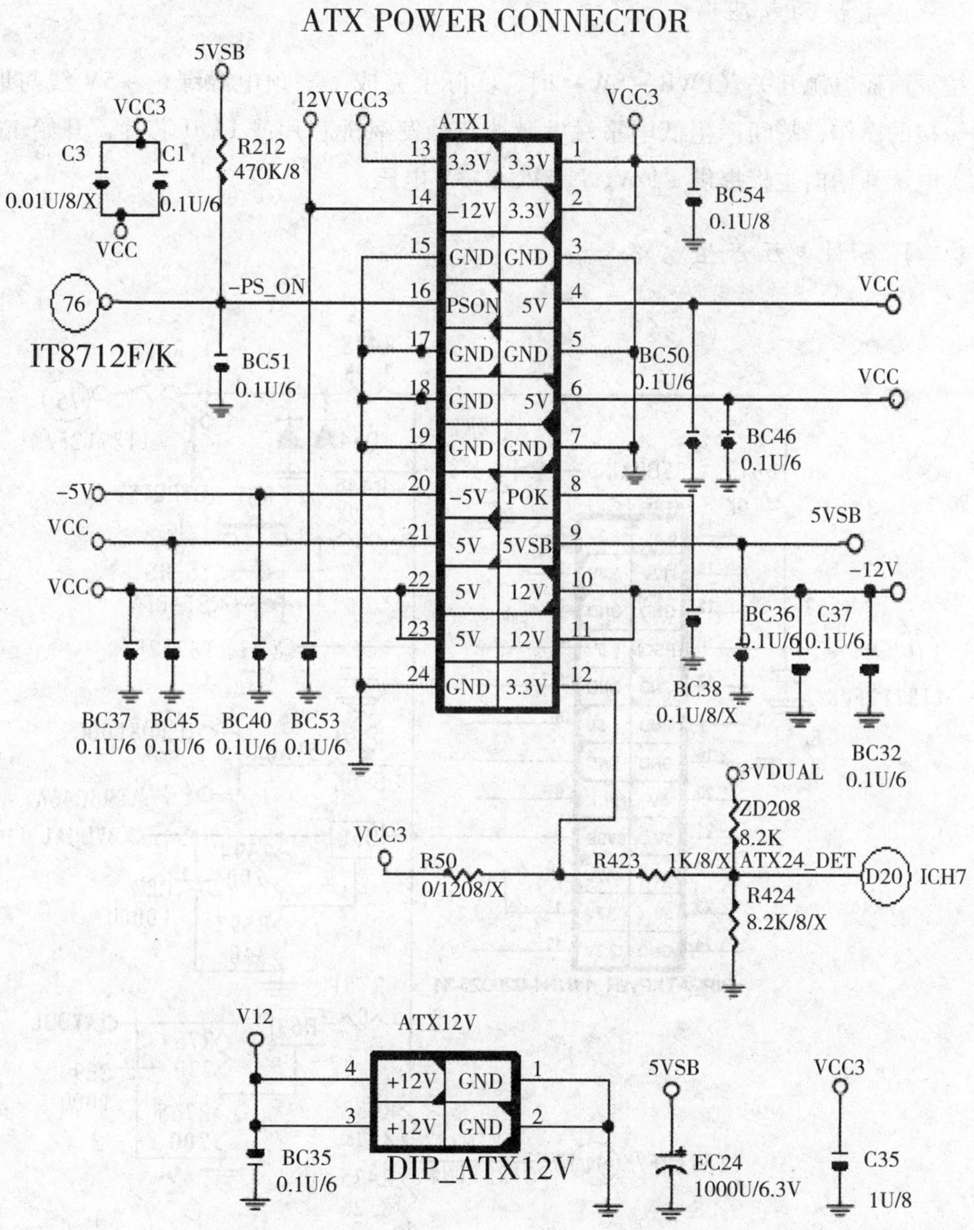

图 5－3 945 主板 ATX 电源工作原理

二、主板的上电工作原理

（一）主板的电压

按下面板电源开关（PWR－SW）时，实际上完成了一项电源绿色＋5V 线与地线瞬间短接的操作，瞬间产生低电平触发脉冲，触发南桥芯片或 I\O 芯片，开始工作，此时，电源开始向主板提供±12V，±5V，3.3V 电压。

（二）各种电压产生电路

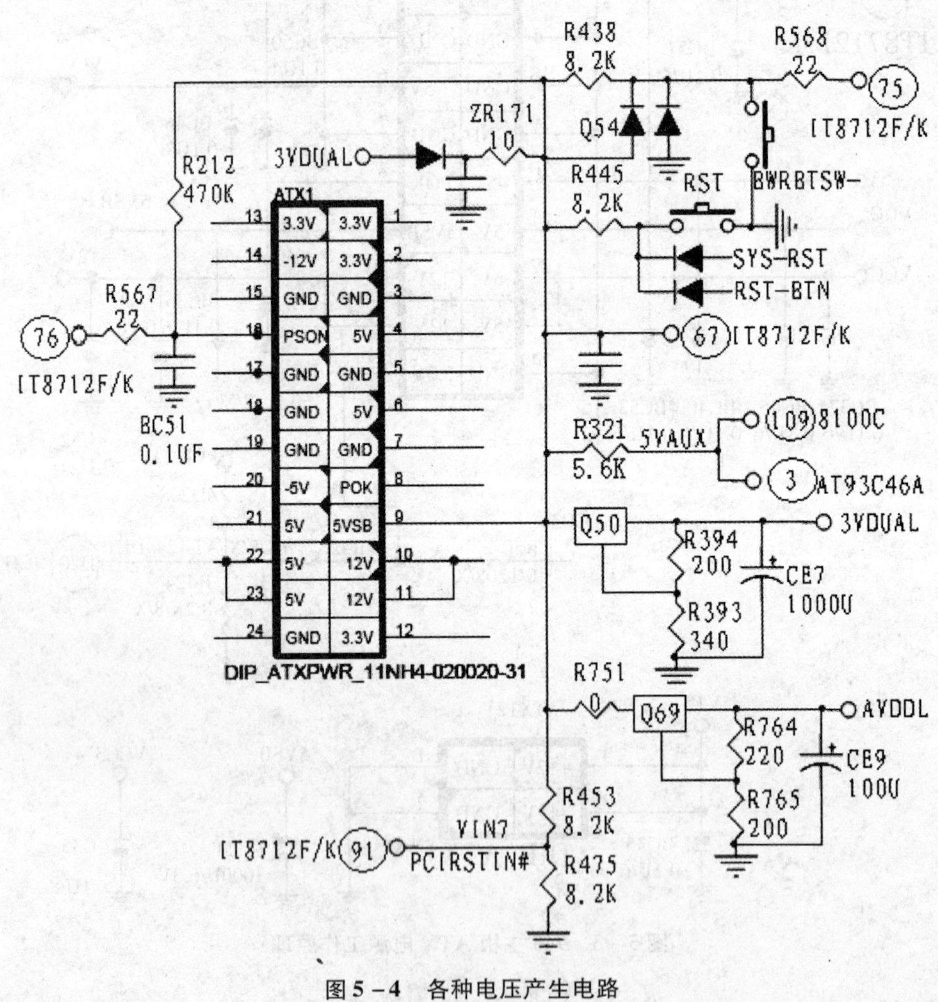

图 5－4　各种电压产生电路

5VSB 通过 Q50 低压差三端稳压器转换为 3VSB 给南桥和网络供电。5VSB 除了给 I/O 还给南桥供电。

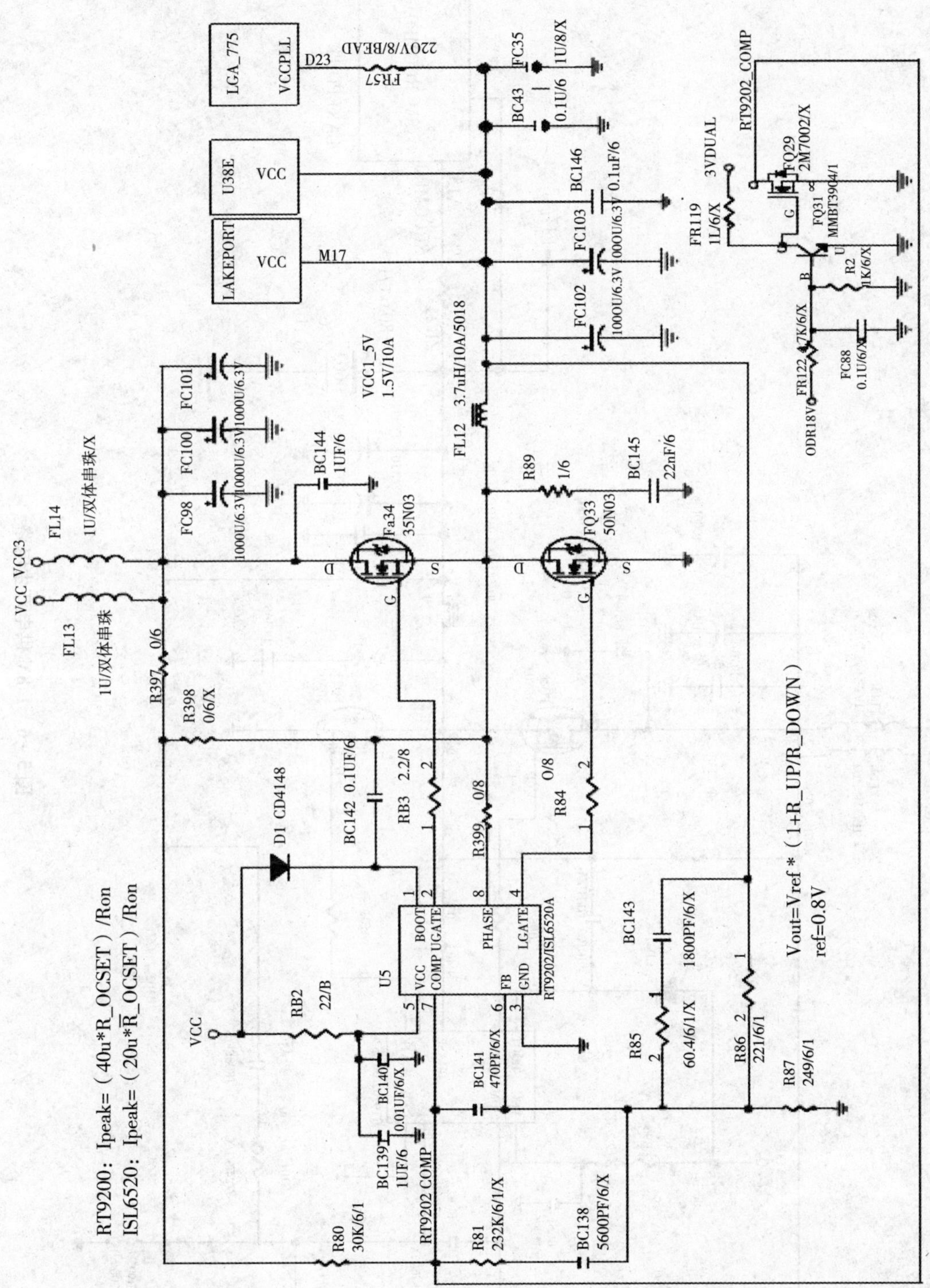

图 5－5 1.5V 电压产生电路

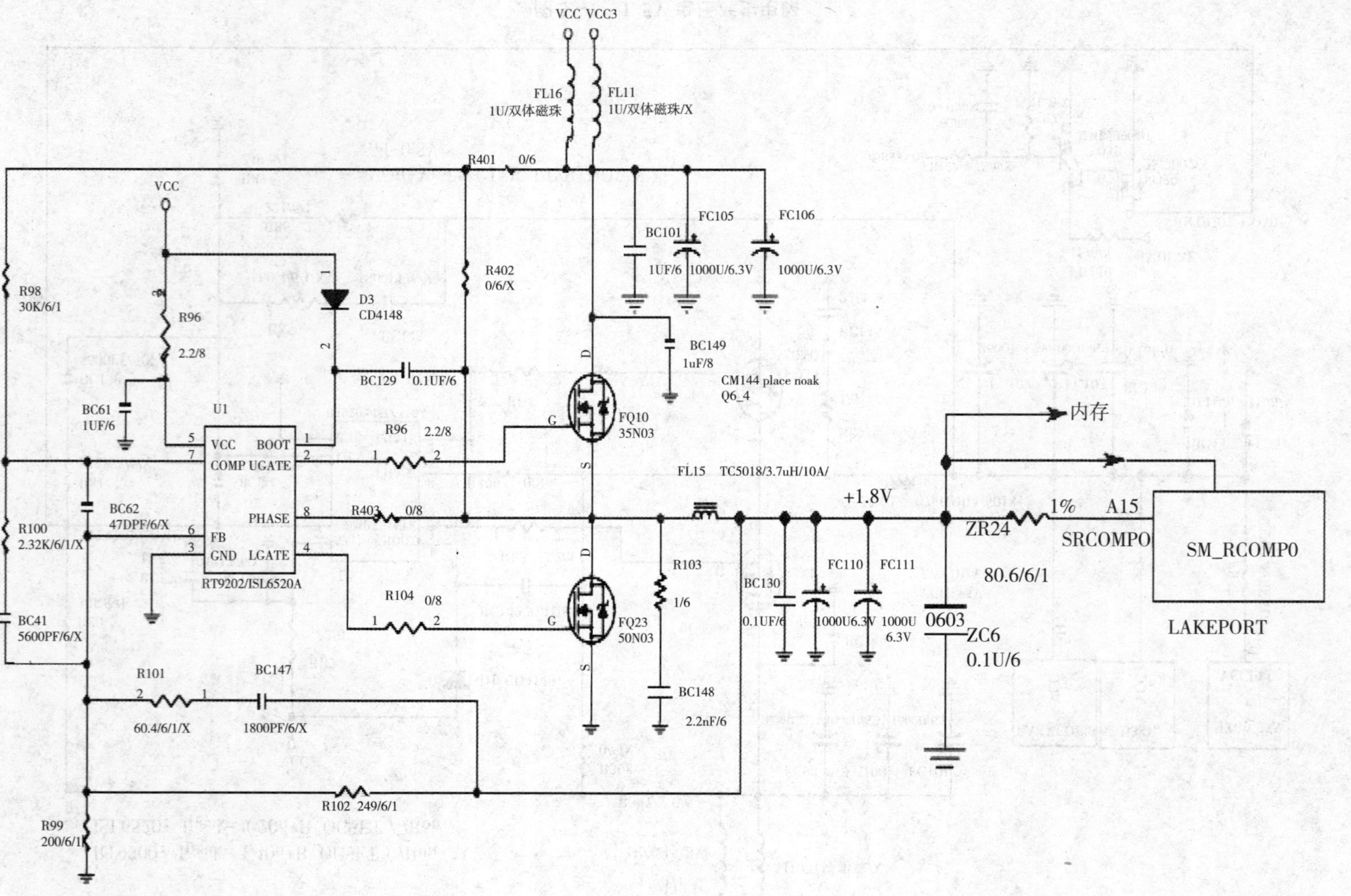

图 5-6　1.8V 供电产生电路

1.2V VTT－GMCH 由 FQ17 和 LM358 运算放大器一起组成线性稳压电路，输出 1.2V 电压。其中 LM358 中 3 脚为其准脚，2 脚为反馈脚，8 脚为供电脚，1 脚为输出脚。

第二节　CPU 电路

一、CPU 的工作原理

CPU 的工作程序在存储器中，CPU 工作时顺次从存储器中读出程序中的指令，并按指令的要求进行工作。CPU 的内部设有指令输入接口。它接收来自存储器的指令。并进行暂存，然后再依次将指令送入译码单元。CPU 所能执行的指令有几百种，例如，可以进行加减乘除等运算指令，可以进行两个数的比较指令，存储器中读取指令，以及往外围设备送出的指令等。指令译码单元解读后，将指令内容送给执行单元，执行单元执行所要求的动作，指令输出执行单元是 CPU 的中枢部分。其中包含有移位寄存器，运算逻辑单元（ALU）等。

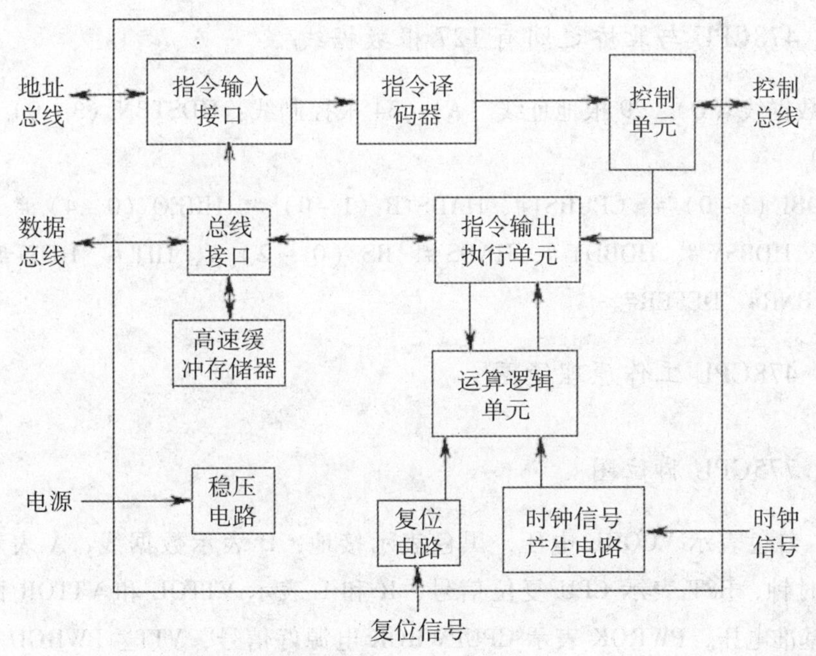

图 5－7　CPU 的工作原理

CPU 的内部结构可分为控制单元、逻辑单元和存储单元三大部分。而 CPU 的工作原理就像一个工厂对产品的加工过程：进入工厂的原料（指令），经过物资分配部门（控制单元）的调度分配，被送往生产线（逻辑运算单元），生产出成品（处理后的数据）后，再存储在仓库（存储器中），最后等着拿到市场上去卖（被应用程序使用）。

二、478CPU 脚位图

（一）478CPU 与南桥之间有 11 根数据线

1：CPUPWROK　CPU 供电正常的信号　2：A20M#　A20 屏蔽信号
3：FERR#　数字协处理器错误　4：SMI#　系统管理中断
5：THERMTRIP#　温度检测　6：IGNNE#　省略数字错误
7：INTR　屏蔽中断　8：STRCLK#　休眠时钟
9：HINT#　中断请求　10：NMI　非屏蔽中断
11：SLP#　CPU　休眠信号

（二）478CPU 与 I/O 之间有 1 根连线

TRCPU：CPU 温度侦测信号

（三）478CPU 与北桥之间有 127 根数据线

64 根数据线（D），29 根地址线（A），34 根控制线：HDSTBN（3－0）#、HDSTBP（3－0）。

#、HDBI（3－0）#、CPURST#、HADSTB（1－0）#、HREQ（0－4）#、HTRDY#、HBREQ0#、HDBSY#、HDBDY#、HADS#、RS（0－2）#、HIT#、HITN#、BPRI#、HLOCK#、BNR#、DEFER#。

（四）478CPU 工作原理简图

（五）775CPU 脚位图

其中，红色表示 VCORE 电压，黑色表示接地，D 表示数据线，A 表示地址线，CLK 表示时钟，RST 表示 CPU 复位信号，R 和 L 表示 VTTOL 和 VTTOR 两路输出，REF 表示基准电压，PWROK 表示 CPUPWROK 电源好信号，VTT_ PWRGD 表示 1.2V 电源好信号。T 表示 CPU 温度侦测信号。

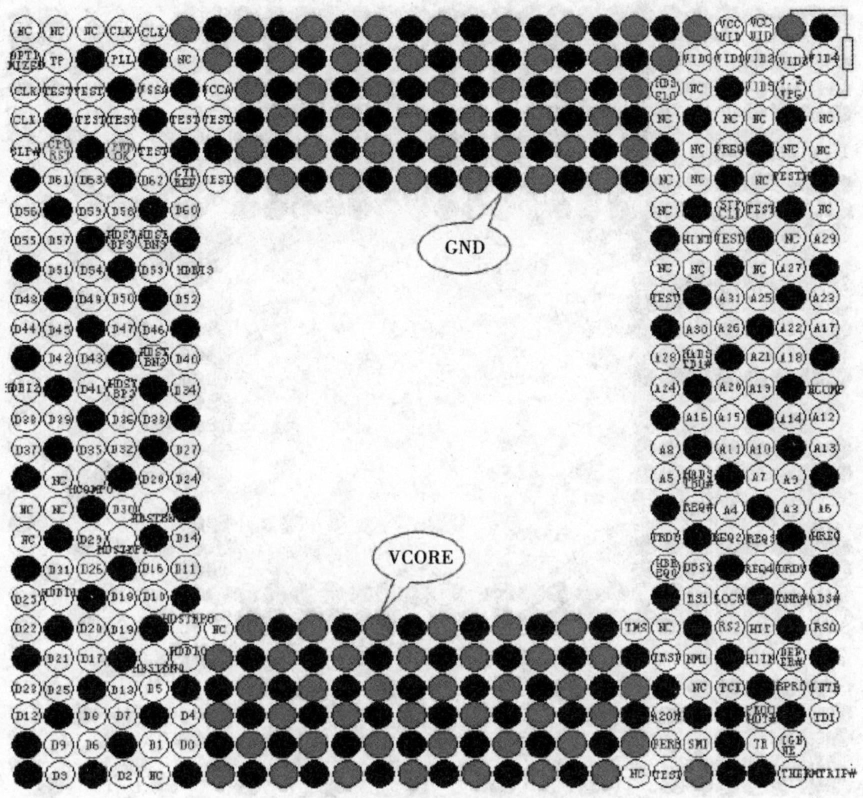

图 5-8 478CPU 脚位图

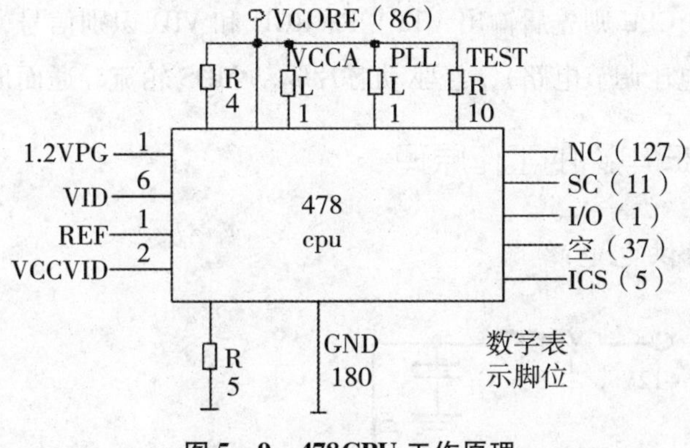

图 5-9 478CPU 工作原理

第三节 VCORE 电路

一、VCORE 的产生时序

开机后 ATX 电源给主板供电，VTT-CPU（1.2V）产生，给 CPU（中央处理器）提

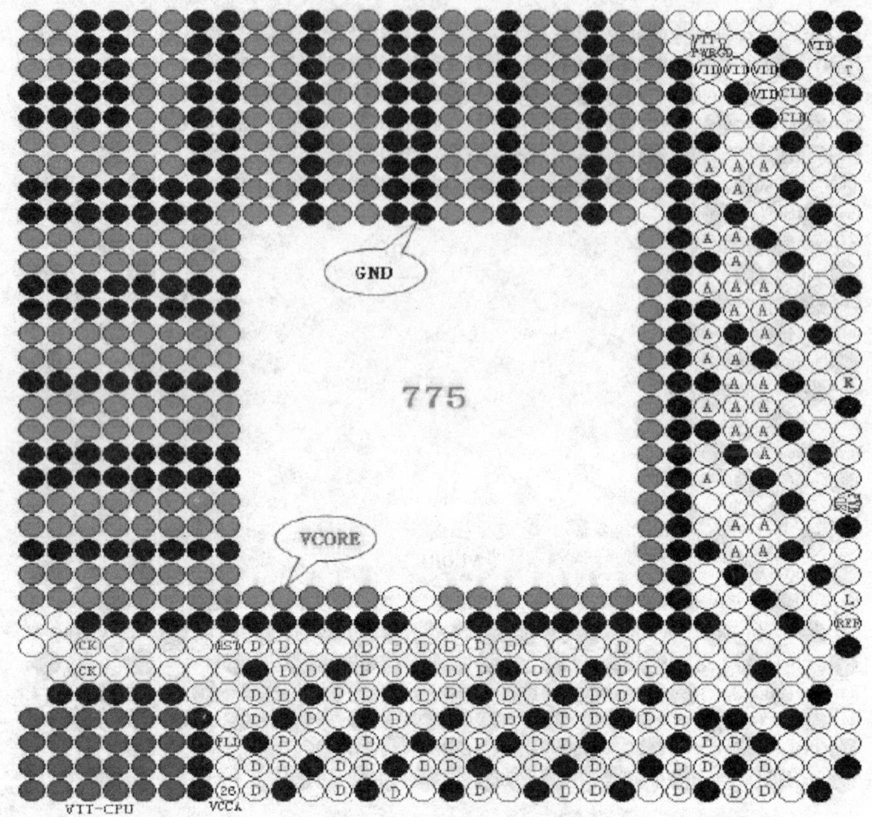

图 5－10　775CPU 脚位图

供 VCC－VID 电压。CPU 则先后输出 VTT－PWRGD 和 VID 识别信号，送给 VCORE 控制芯片（中央处理器电压调节电路），经驱动芯片驱动 MOS 轮流导通而形成 VCORE。

二、　VCORE 电路的工作原理

（一）CPU 的供电电路

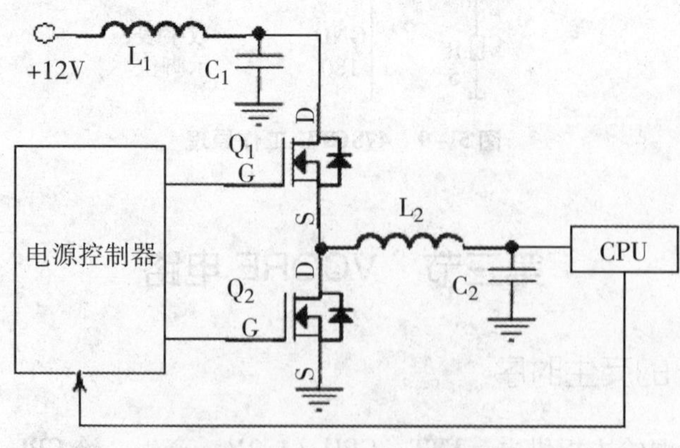

图 5－11　CPU 供电电路

CPU 供电的最终目的是为 CPU 电源输入端提供 CPU 正常运行时所需的电压和电流，这一过程是通过 ATX 电源输出电压经 DC - DC（直流—直流）降压转换后实现的，随着 CPU 性能的不断提升，CPU 对供电的要求也越来越高，高频率大电流的供电要求已成为 CPU 供电的基本趋势。

（二）单相 CPU 供电电路

电源控制器在获得 ATX 电源输出的 + 5V 或 + 12V 供电后，为 CPU 提供电压（此时显示达到 CPU 核心供电要求），CPU 电压自动识别引脚发出电压识别信号 VID 给电源管理器，电源管理器通过控制两个场效应管导通的顺序和频率。使其输出的电压与电流达到 CPU 核心供电要求，实现为 CPU 供电。单相供电需两个场效应管，此外还需许多电解电容。在电源输入端使用大量的电解电容进行去耦，在输出端使用大容量电解电容进滤波就可以得到比较平滑稳定的电压曲线使输出端达到 CPU 供电电压要求。

CPU 两相供电电路，可看作由两个单相供电电路并联构成。其中，大的一个为主控芯片，如 TDA3180，小的一个为从属控制芯片，如 3418（3110）其作用是在获得电源控制器相位控制信号的同时向场效应管发出脉冲信号，各场效应管再遵循一定的顺序进行轮流导通截止，最终经滤波输出核心电压。

其中，场效应管（Q_1、Q_2）的作用是在脉冲信号的驱动下，分时段地导通与截止，将 ATX 电源输送来的供电能量储存在储能电感中。改变场效应管的导通和截止的时间比例，就可以改变输出电压。

储能电感（L_2）的作用是用来储存能量。在场效应管导通时，储能电感用来储存能量；在场效应管截止时，储能电感中的能量就向外部负载释放。

滤波电感（L_1）的作用有两个：一个作用是用滤除 ATX 电源输出电压中含有的杂波信号进入场效应管；另一个作用是阻止 CPU 供电电路产生的杂波信号进入到 ATX 电源中，以免干扰其他电路的正常工作。

PWM 控制芯片的作用有四个：一是产生 PWM 脉冲波形，驱动场效应管工作在开关状态；二是接收 CPU 电压识别电路产生的电压识别码，确定电路的输出电压；三是利用负反馈电路对 CPU 供电电路输出的电压进行监视，使其始终保持在一个稳定的电压值上；四是接收控制电路（南桥芯片或北桥芯片）输出的控制信号，控制 CPU 电源电路工作在相应的控制状态。

滤波电容的作用是将 PWM 电源电路输出的含有波纹的电压。经过电解电容滤除纹波后，得到平滑的直流电送到 CPU 的供电端，防止 CPU 因供电电压的纹波太大而不能稳定工作（死机或不能启动）。

主板 CPU 供电电路最主要是为 CPU 提供电能。保证 CPU 在高频、大电流工作状态下稳定地运行，并且要求 CPU 供电电路具有非常快速的大电流响应能力，以便适应 CPU 在快速的负荷变化中。不会因电流供应不上而无法工作。同时这里也是主板上信号强度最大的地方，处理不好会产生串扰效应而影响到较弱信号的数字电路部分。

在单相供电电路中，电容和电感线圈的规格越高，以及场效应管的数量越多，就代表了供电电路的品质越好。少数高端的超频主板还会采用化学稳定性极好的固态电容，彻底杜绝了电容爆浆现象的发生。

场效应管：MOSFEF 管是金属氧化物半导体场效应晶体管的简称。具有开关速度极快、内阻小、输入阻抗高、驱动电流小（0.1μA）、热稳定性好、工作电流大、能够进行简单并联等特点，非常适合作开关管。

场效应管的工作原理是：当栅极接的负偏压增大时，沟道减少，漏极电流减少。当栅极接的负偏压减小时，耗尽层减小，沟道增大，漏极电流增大。由此可见漏极电流受栅极电压的控制，所以，场效应管是电压控制器件，即通过输入电压的变化来控制输出的电流的变化，从而达到放大的目的。

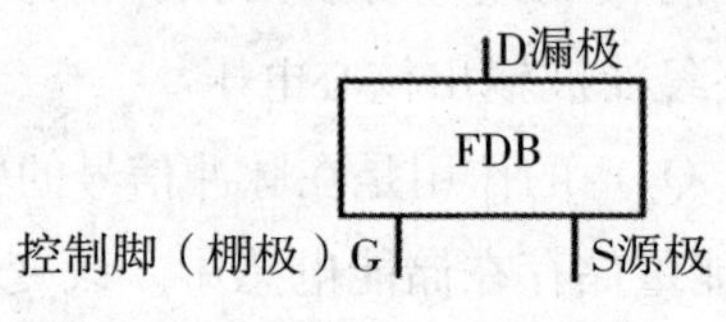

图 5－12　场效应管工作原理

（三）945PL 主板的 VCORE 工作原理分析

FU13（ISL6312CR）是 VCORE 的控制芯片。当芯片 10 脚供电正常，46、47、48、1、2、3、4、5 共 8 个脚分别收到 CPU 发来的识别信号，37 脚输入的 VTT_PWRGD 信号正常（此信号由 CPU 发出），在这三个条件都正常的前提下，VCORE 芯片内部工作，从 32、30 和 26、28 和 39、41 三组输出脉冲控制信号，分别控制三组 MOS 管轮流导通，为 CPU 提供 VCORE 的主工作电压。当芯片侦测到 CPU 的电流电压正常时，便从 37 脚输出 VRMGD 信号发送给南桥，与 IO 发给南桥的 PWRGD 信号一起在南桥内部进行与逻辑，为 CPU 提供一个 CPUPWRGD 信号。这是 CPU 正常工作的一个重要信号。

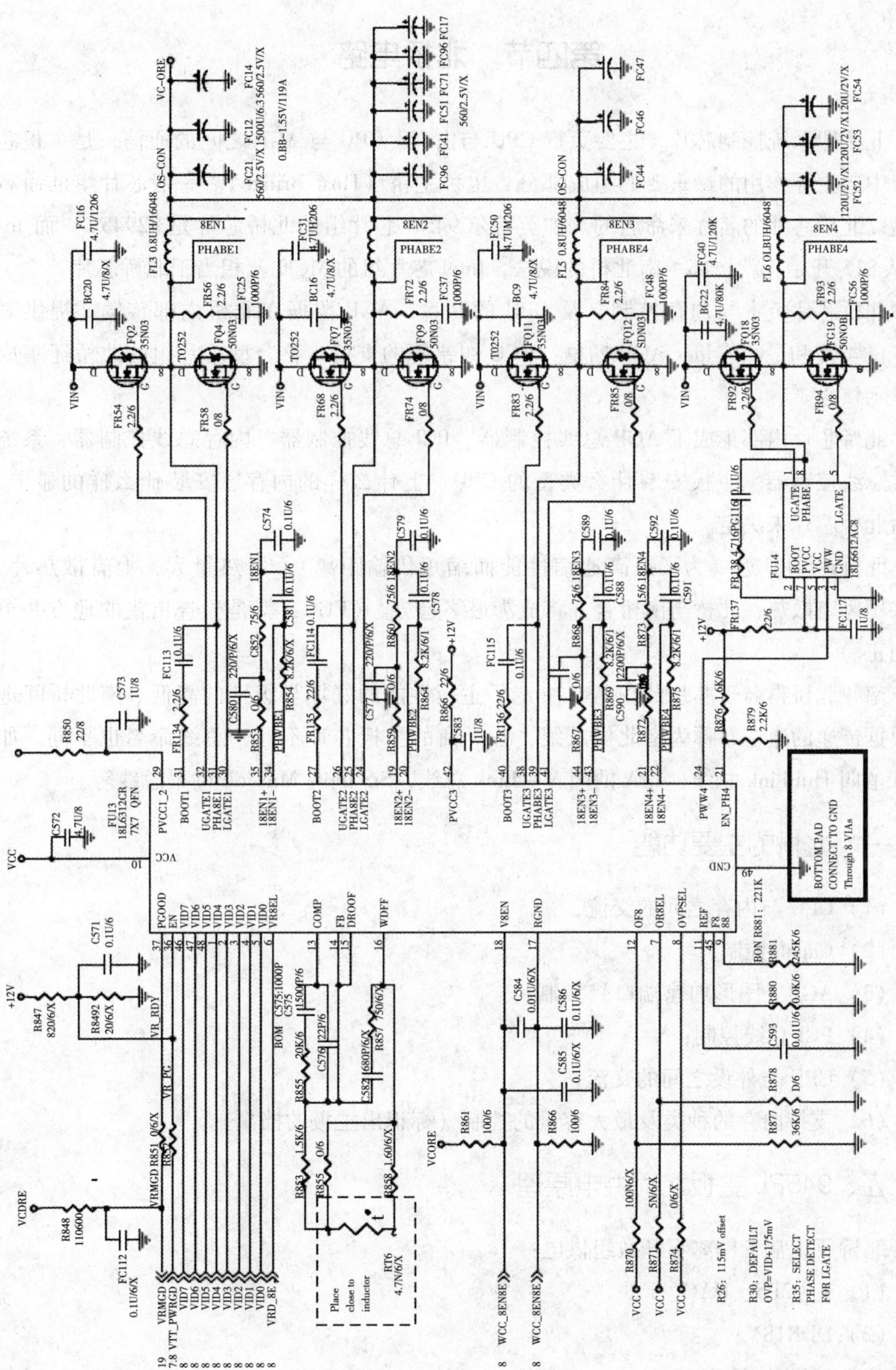

图 5-13 945PL 主板 VCORE 电路

第四节　北桥电路

北桥即系统控制芯片，主要负责 CPU 与内存、CPU 与 AGP 之间的通信，是主板芯片组中起主导作用的最重要的组成部分，也称主桥（Host Bridge）。一般芯片组的命名就是以北桥芯片的名称来命名的。如英特尔 945G 芯片组的北桥芯片是 82945G。而 Intel 从 815 开始，就放弃了南北桥的说法，Intel 芯片组的 MCH 就相当于北桥芯片。

北桥芯片负责与内存控制，及 CPU 的联系，AGP 数据在北桥内部传输，提供对 CPU 的类型和最大容量，AGP 插槽，ECC 纠错等的支持。整合型芯片组的北桥还集成了显示核心。

北桥芯片内部集成了 AGP 总线控制器、PCI 总线控制器、内存总线控制器、系统前端总线控制器。主板安装什么类型的 CPU、上什么样的内存、安装什么样的显卡，都由北桥芯片来决定。

北桥距 CPU 近（为了提高通信性能而缩短传输距离），发热量大，上有散热片，有些用风扇散热，北桥与南桥合并将成为最终趋势。（ECC：就是检查出错的地方并予以纠正。）

南、北桥得名于芯片的位置，决定了主板性能的好坏与级别的高低。南北桥间进行数据传递的通道，称为南北桥总线，各厂商的主板芯片不同，总线命名也不同。如 Intel 的叫 HubLink 总线，VIA 的叫 V－Link 总线，SiS 的叫 MuTioL 妙渠总线等。

一、北桥的主要功能

（1）CPU 与内存之间的交流；

（2）Cache 控制；

（3）AGP（图形加速端口）控制；

（4）PCI 总线控制；

（5）CPU 与外设之间的交流；

（6）支持内存的种类及最大容量的控制（标识出主板的档次）。

二、945PL 主板北桥供电原理

北桥要正常工作离不开数组供电：

（1）V_ 2P5_ DAC_ F；

（2）DDR18V；

（3）VTT_ GMCH；

（4）V_ 2P5_ MCH；

（5）V_ 1P5_ PCIE；

（6）五种锁相环供电。

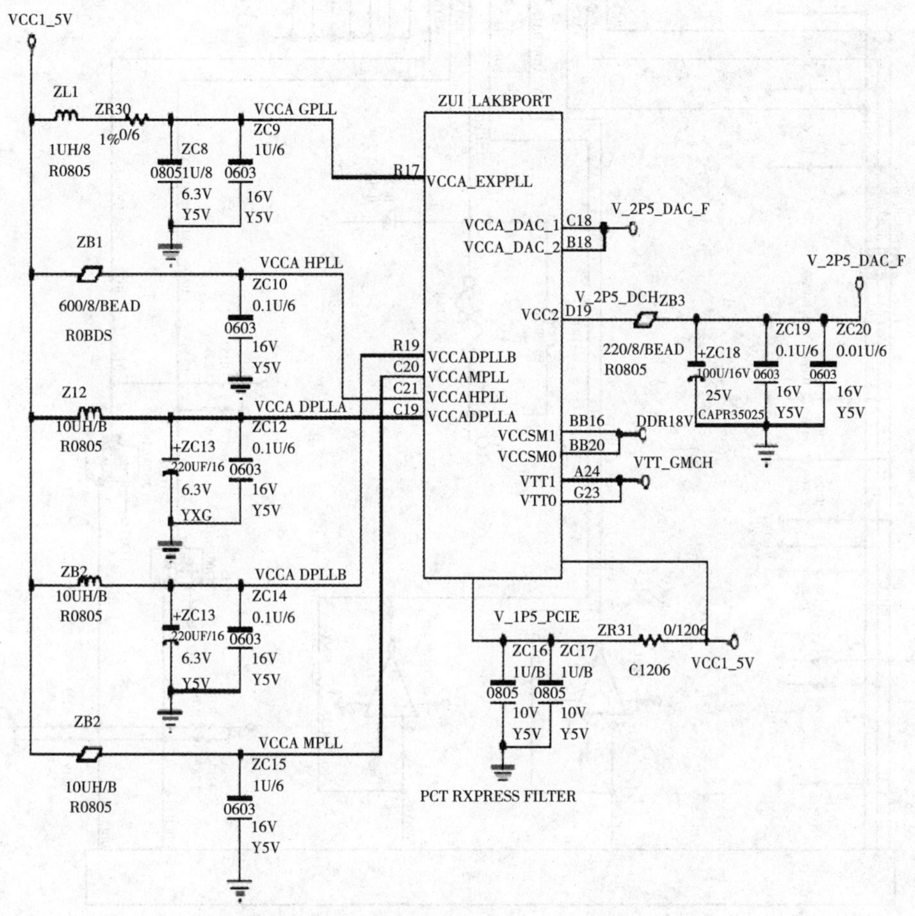

图 5－14　五种锁相环供电电路

三、VGA 接口工作原理

主板上的显卡有集成显卡和独立显卡之分，集成显卡主要集成在北桥芯片的内部，有内置显卡时，优先选择内置显卡装置，若用 AGP 显卡则 1304 脚无同步信号输出，内置 VGA 电路不工作。

主板上的显卡接口电路主要用来将北桥芯片内部图形/图像加速处理器产生的红绿蓝三基色信号、行场同步信号等送到 VGA 插座，再由 VGA 插座与显示器连接，使显示器实时将电脑的处理工作显示出来。

显卡接口电路中的电阻、电容主要起阻抗变换、滤波的作用；二极管起限幅的作

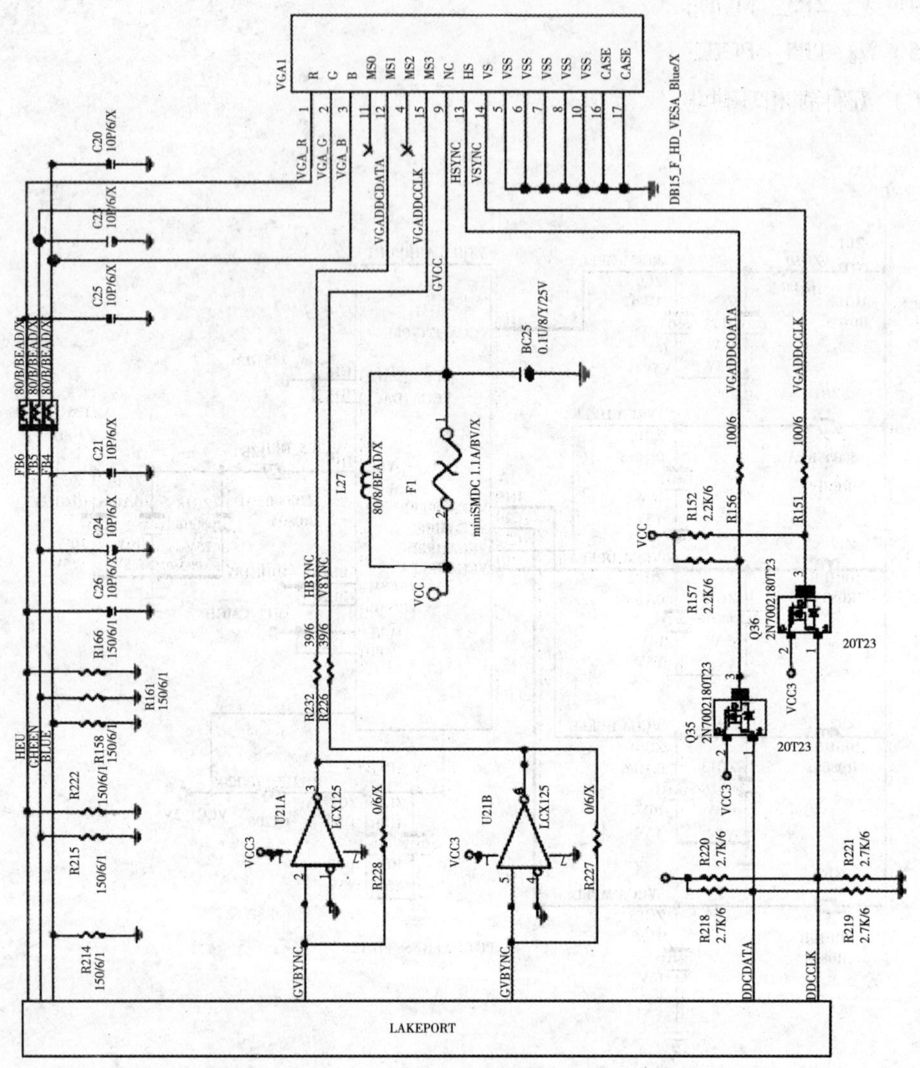

图 5－15　VGA 接口电路

用；电感起到抑制高频干扰的作用。本机没用限幅二极管。

VGA 接口各引脚功能如下：

1、2、3 脚分别为红绿蓝三基色信号输入端，12 脚 VGADA 为 VGA 数据信号，15 脚 VGACK 为 VGA 时钟脚，13 脚 VVSYNC 为场同步信号输入端，14 脚 VHSYNC 为行同步信号输入端，9 脚为 5V 供电，一般空。4、11 脚为空脚，其于均为接地脚。

四、AGP 插槽

AGP 槽重要引脚功能：

AD0 ~ AD31：地址数据线；

C/BE0～C/BE3：命令字节允许信号；

PAR#：奇偶校验信号；

DEVSEL#：设备选择信号；

FRAME#：帧周期信号；

GNT#：总线占用允许信号；

TRDY#：从目标就绪；

IRDY#：目标准备就绪；

CLK：时钟信号；

PERR#：奇偶校验错；

SERR#：系统错误；

INTA#/INTB#：中断请求信号；

STOP#：停止信号。

其中，INTA#、INTB#、INTC#、INTD#四个中断信号被称为四组信号，而 DEVSEL#、FRAME#、IRDY#、TRDY#、STOP#被称为五兄弟。这就是人们常说的四组五兄弟。

五、内存

内存（主存储器）和辅助存储器是存储程序和数据的电子器件。其中内存是电脑运行过程中存储所处理的数据和程序的器件，保存的内容断电即会消失。而辅助存储器是保存处理后的数据和程序的器件，如软盘、硬盘、CD－ROM 等。电脑的输入和输出设备以及辅助存储装置都属于外围设备。

计算机工作之前，先将 CPU 要用的程序和数据调入内存备用。为了提高存储器的容量通常将多个存储器集成电路芯片焊接在一个长条形的印制板上，形成内存条。

内存条上使用的存储器是随机存储器（RAM），可以随机存入或读出数据，目前流行的有 SDRAM 和 DDR SDRAM。SDRAM 是同步动态随机存储器，它与系统总线的时钟同步工作。DDR SDRAM 是倍速动态随机存储器。通常 SDRAM 在一个时钟周期内只传输出一次数据，即只在时钟脉冲上升沿传输。而 DDRSDRAM 可以在时钟脉冲的上升沿和下降沿都传输数据、速率倍增为 2 倍。目前还有一种内存采用 DDRRAM，它是新开发的总线式动态随机存储器，速度快、容量大是它的主要特点。

计算机开机后，存在 ROM 中的 BIOS 程序立即送给 CPU，这是 CPU 的启动程序，启动程序的主要内容是将存储在硬盘中的操作程序调入内存，计算机进入工作准备状态。此时用户可操作键盘或鼠标。调出应用程序进行工作。

工作时，CPU 从内存中顺次读出指令，然后根据指令要求做相应的工作。内存中的指令通过总线接口单元送入 CPU，先送到指令输入单元，然后再送到指令译码单元，对指令内容进行解读。由于指令都是 0 和 1 组成的二进制编码信号，通过对它的解读变成要执行的指令，即将要进行哪项工作。这些工作包括加减乘除的运算指令，二进制数据的比较指令，从存储器中读出数据的指令，向外部设备输出的指令。

内存：是用来暂存数据和程序的。

1. 内存供电工作原理

945PL 天尊板内存供电原理图，如图 5 – 16 所示。

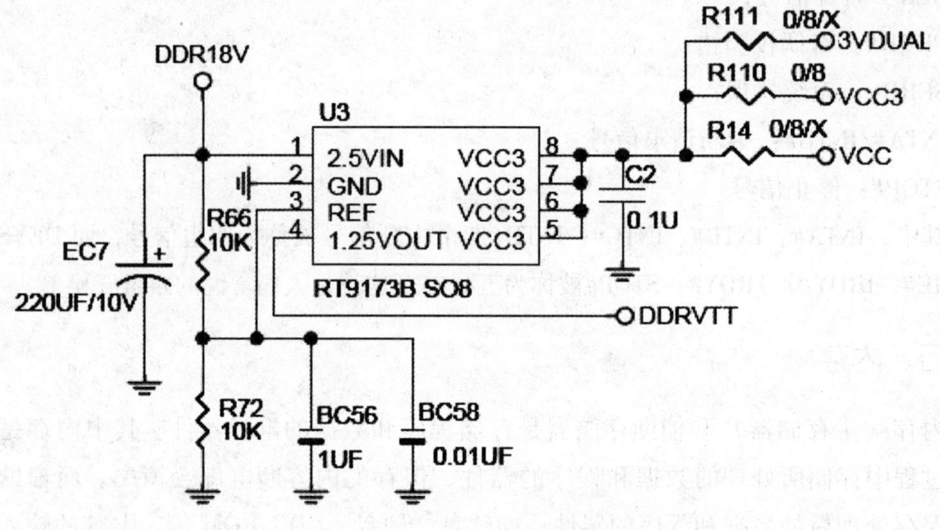

图 5 – 16 945PL 内存供电电路

3V 和 1.8V 为 U3 供电，1.8V 经分压电阻 R66 和 R72 为 U3 的 3 脚提供基准电压，芯片工作，从第 4 脚输出 0.9V 的 DDRVTT 的工作电压。

2. 内存各引脚功能

（1）D0 ~ D62：数据线；

（2）A0 ~ A19：地址线；

（3）CS：片选信号；

（4）CLK：时钟信号；

（5）DCLK：时钟信号；

（6）NC：空；

（7）GND：地线；

（8）VCC3.3V；

（9）VDD2.5V；

（10）CAS：列选信号；

（11）RAS：行选信号；

（12）DQM0 ~ DQM7：校验位；

（13）CB：字节允许信号；

（14）WE#：低电平写信号。

第五节 南桥电路

ICH：南桥芯片（输入及输出控制集成），集成了中断控制器和 DMA 控制器，负责 PCI、软驱、硬盘、USB、鼠标、键盘等外围设备的控制，还对时钟控制器、数据传递方式和高级电源的管理。主管低速设备。

一、南桥的主要功能

（1）PCI、ISA 与 IDE 之间的通道；

（2）PS/2 鼠标控制（间接属南桥管理，直接属 I/O 管理）；

（3）KB（KeyBoard 键盘）控制；

（4）USB（通用串行总线）控制；

（5）System Clock 系统时钟控制；

（6）I/O 芯片控制；

（7）IDE 控制；

（8）IRQ（中断请求）控制；

（9）DMA（直接存取）控制；

（10）RTC 控制。

二、945PL 主板南桥供电原理

ICH7 要正常工作离不开数组供电：

（1）VCCRTC 不上电时由 CMOS 电池提供，上电后由 3VDUAL 提供；

（2）VCCREF 和 V5REF_ SBY 两组基准电压；

（3）1.5V 供电，由 ATX 上的 VCC 通过 U5（RT9202）控制芯片和 FQ34、FQ33 两个 MOS 管一起产生；

（4）3VDUAL，由 5VSB 通过 Q50 低压差三端稳压器转化而来；

（5）VCC3，3.3V 由 ATX 电源接口直接提供；

（6）1.05V，由 1.5V 通过双运算放大器 LM358 和 FQ21 转换而来；

（7）VTT_ GMCH，由 1.5V 通过双运算放大器 LM358 和 FQ17 转换而来；

（8）VCCUSBPLL、VCCSATAPLL、VCCDMIPLL 三种锁相环供电和 V_ 1P5_ PCIE_ ICH 均由 1. 5V 通过电阻或电感转化而来。

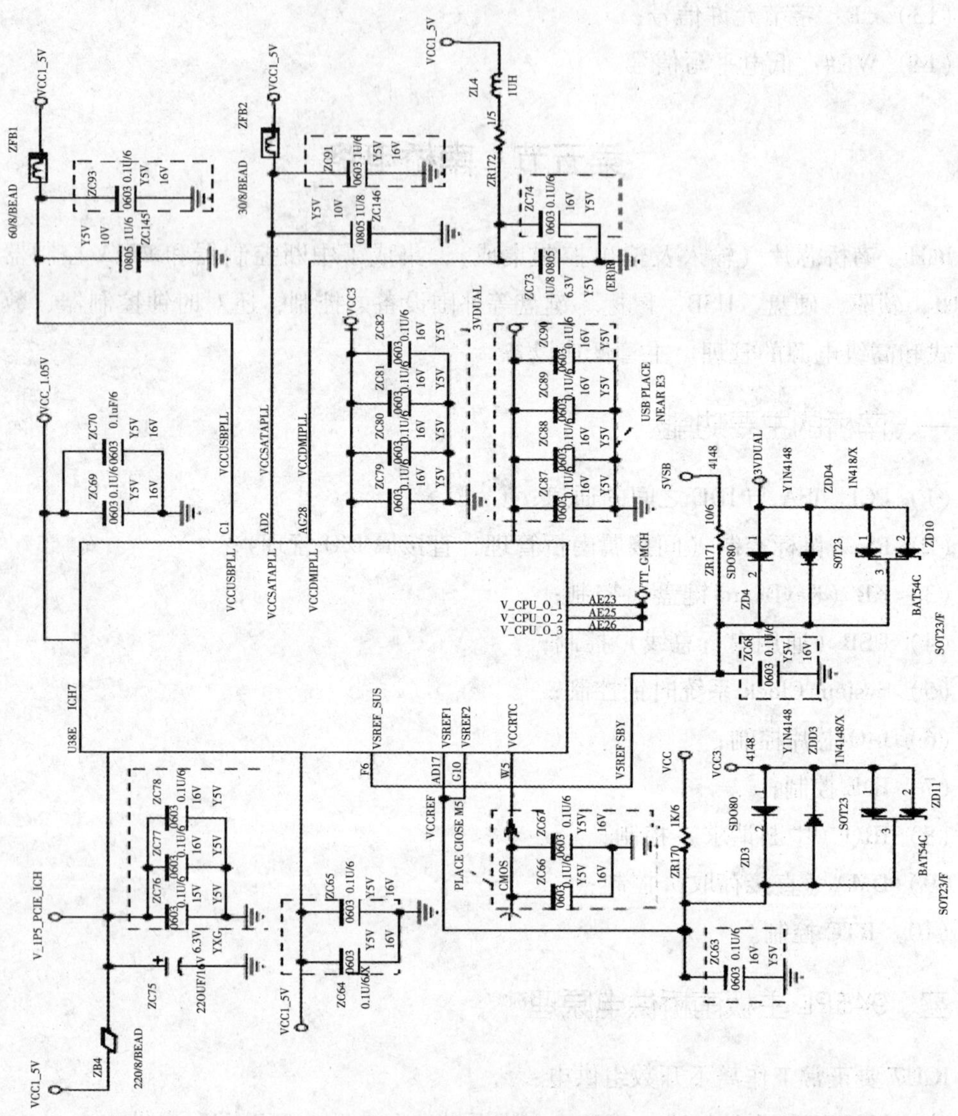

图 5－17　945PL 南桥供电电路

三、USB 的工作原理

USB 接口有前置接口和后置接口两种，前置接口的插针在主板上，由延长线连至面板，后置接口插座直接焊于主板上。

USB 接口的正式名称是 Universal Serial Bus，即通用串行总线，它是一个长方形接口，其优点在于支持热插拔（不用关闭、重启系统就能添加配置设备）和即插即用，而且传输速率快，理论上支持 127 个 USB 设备同时工作。USB 接口标准有两个：USB1. 1 和 USB2. 0，它们之间的最显著的区别在于传输速率不同，USB2. 0 是最新的 USB 设备规范，理论上能达到 480Mbit/s 的传输速率，而 USB1. 1 的理论传输速率仅为 12Mbit/s。USB 设备接口是向下兼容的，这样支持 USB2. 0 设备的 USB 接口同样也支持 USB1. 1 设备。

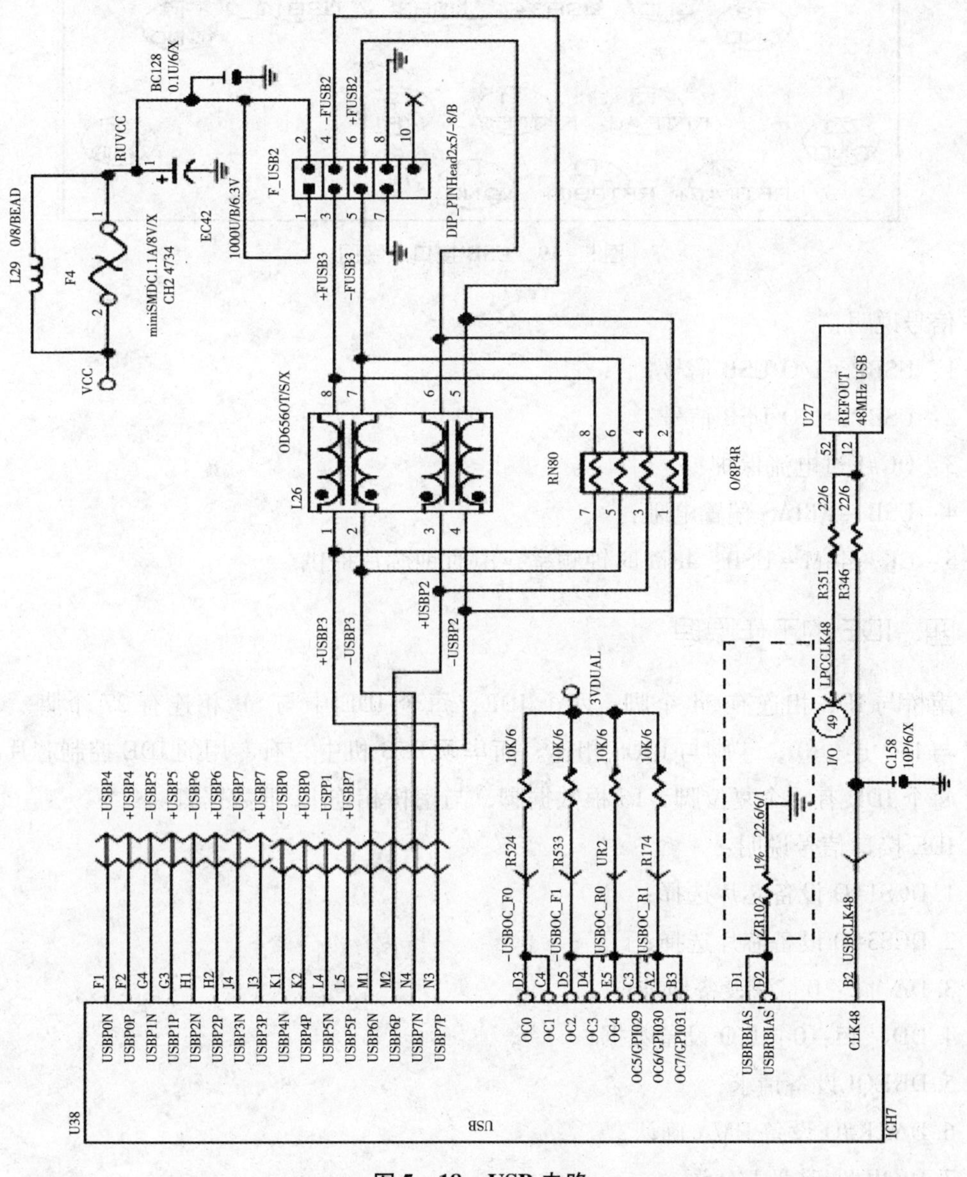

图 5－18　USB 电路

USB 接口中的 4 个引脚分别为电源线 5V、数据输入端 D＋、数据输出端 D－、接地端。电路中的电容电阻电感均有滤波作用。USB 接口一般由南桥芯片直接管理（有些通过 I/O 芯片管理)，USB 接口控制器集成在南桥芯片内部。

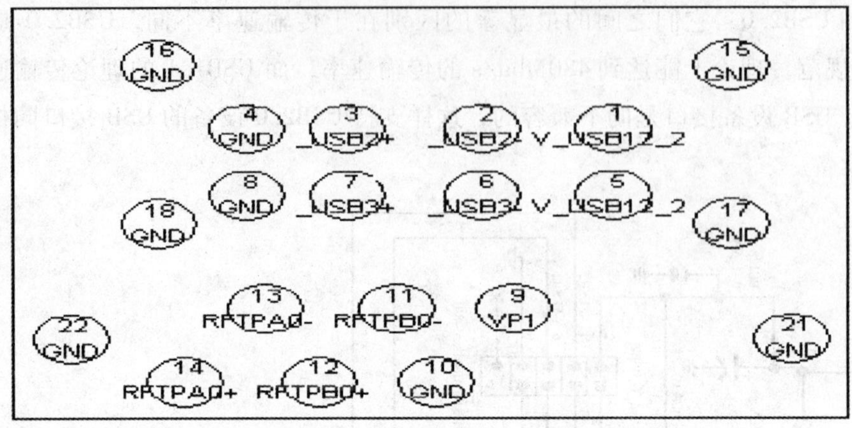

图 5－19　USB 接口底视图

信号说明：

1：USBP＋I/O USB 信号；

2：USBP－I/O USB 信号；

3：OC#I 过电流保护；

4：USB－RBIAS 偏置电阻；

5：CK－48M－USB：48M 时钟频率，由时钟芯片提供。

四、IDE 的工作原理

南桥与 IDE 相连有 54 个脚，两个 IDE，每个 IDE 中与 SB 相连有 27 个脚。①脚 RST 与 I/O 连，③，④脚与 BIOS 相连。而华硕 P5B 机中，有专用的 IDE 控制芯片。其中，每个 IDE 有一个复位脚，16 根数据脚，与南桥相连 12 根数据脚。

IDE 接口信号说明：

1. DCS1#O 设备芯片选择；

2. DCS3#O 设备芯片选择；

3. DA［2：0］O 设备地址；

4. DD［15：0］I/O 设备数据；

5. DREQI 设备请求；

6. DACK#O 设备 DMA 确认；

7. DIOR#O 磁盘 I/O 读；

8. DIOW#O 磁盘 I/O 写；

9. IORDYII/O 通道备妥；

10. INTRQ 中断请求；

11. RESET#复位信号；
12. DASP#硬盘灯信号；
13. CSEL 地址信号使能；
14. DMARQDMA 请求；
15. DMACKDMA 时钟；
16. KEY 无。

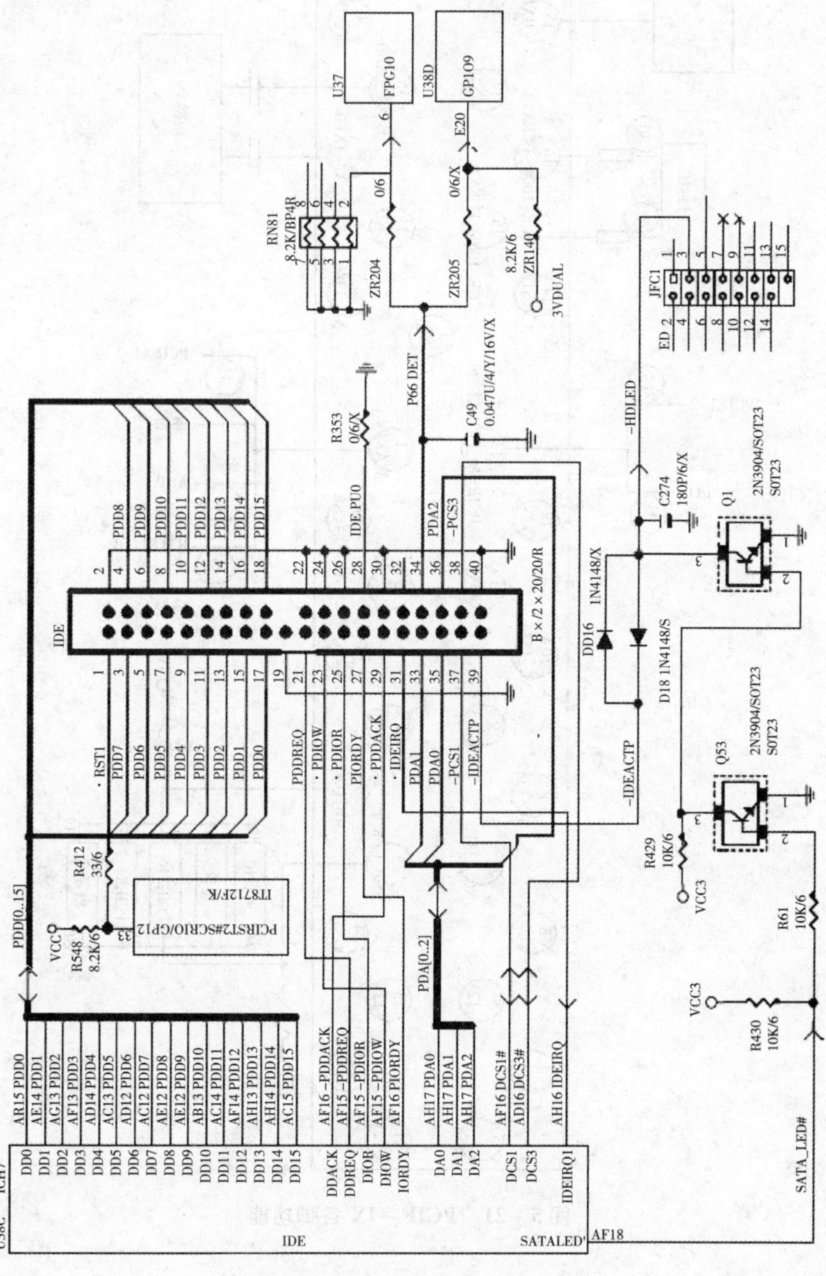

图 5－20　IDE 接口电路

五、PCIE－IX 各脚功能

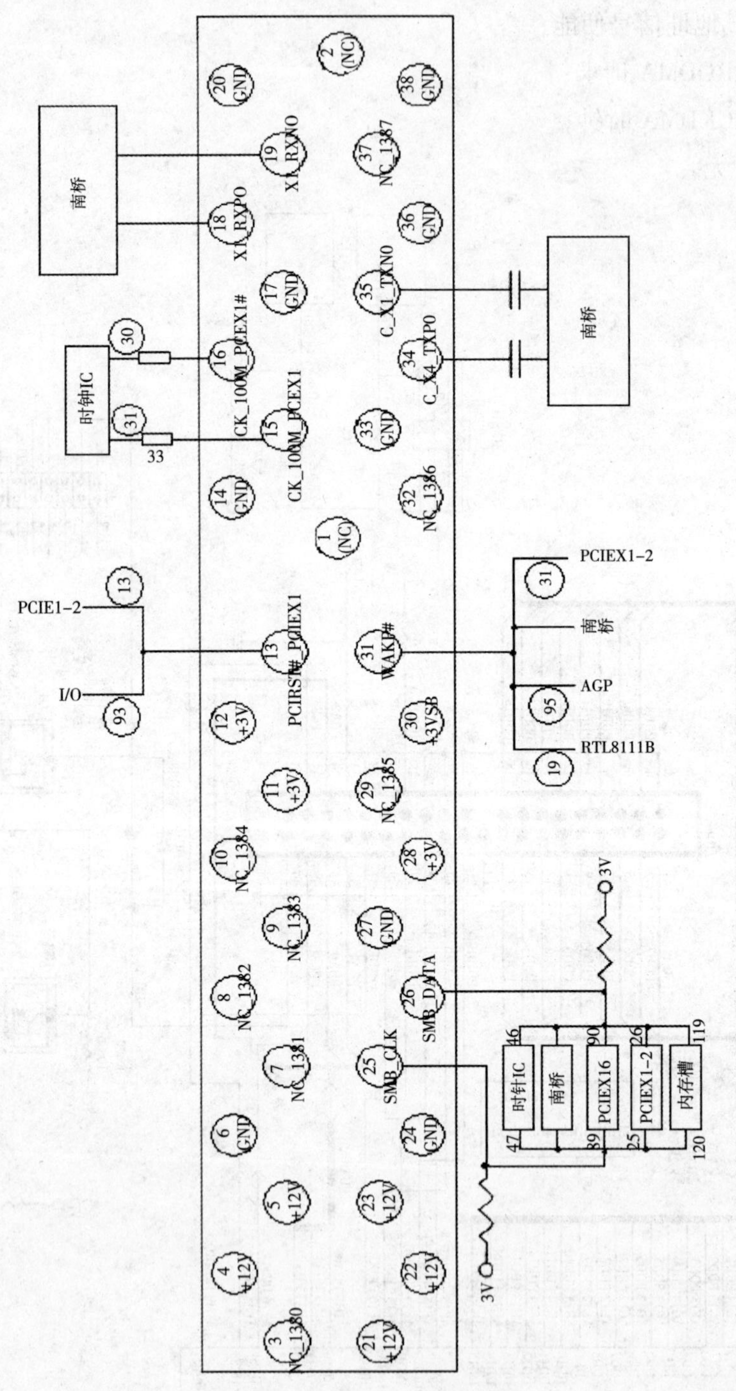

图 5－21　PCIE－IX 各脚功能

第六节 BIOS/CMOS 电路

一、BIOS 定义

BIOS：是基本输入输出系统（Basic Input Output System）的简称，由 BIOS Firmware（固件）和 BIOS 芯片两部分组成，Firmware 代码烧录在主板上的 FLASH ROM 芯片中。它保存着电脑最重要的基本输入输出的程序、系统设置信息、开机上电自检程序和系统启动自举程序。

二、BIOS 的主要作用

首先，是自检及初始化程序：电脑电源接通后，系统将有一个对内部各个设备进行检查的过程，这是由一个称为 POST（Power On Self Test/上电自检）的程序来完成，这也是 BIOS 程序的一个功能。完整的自检包括了对 CPU、640K 基本内存、1M 以上的扩展内存、ROM、主板、CMOS 存储器、串并口、显示卡、软硬盘子系统及键盘的测试。在自检过程中若发现问题，系统将给出提示信息或鸣笛警告。如果没有问题，BIOS 将按照系统 CMOS 设置中的启动顺序搜寻软、硬盘驱动器及 CDROM、网络服务器等有效的启动驱动器，读入操作系统引导记录，然后将系统控制权交给引导记录，由引导记录完成系统的启动。

其次，是硬件中断处理：电脑开机的时候，BIOS 会告诉 CPU 等硬件设备的中断号，当操作时输入了使用某个硬件的命令后，它就会根据中断号使用相应的硬件来完成命令的工作，最后根据其中断号跳回原来的状态。

最后，就是程序服务请求：从 BIOS 的定义可知它总是和电脑的输入输出设备打交道，它通过最特定的数据端口发出指令，发送或接受各类外部设备的数据，从而实现软件对硬件的操作。

三、945PL 主板 BIOS 电路的工作原理

BIOS 电路的作用是将主板中的各种设置信息以及主板支持的硬件信息，保存在 BIOS 芯片中，使主板在断电再重新开机的时候，能够保持上一次设置的信息。下面分析 BIOS 芯片在 945PL 天尊版中各引脚的功能和作用。

U37 的第 1 脚 VPP 为编程电压供电端，一般有 12V、5V、3.3V、0V 之分。第 2 脚为 RST：复位脚，此信号一般由南桥发出，也有由 I/O 或门电路发出。本机中由 I/O 发出。第 3、4、5、6 脚为选通脉冲输入脚，本机通过下拉电阻接地。第 7 脚 WP#：读写

信号控制端，高电平表示允许读信号，低电平表示允许写信号，此信号由南桥发出。第 8 脚为选通脉冲输出脚。第 9、10、11、12、16、26、28 脚接地。第 13、14、15、17 脚为地址数据信号传输脚。第 23 脚 OE#：数据允许输出信号端，低电平有效，此信号由南桥发出。第 24 脚 CS#（CE#）：片选信号控制端，低电平有效，此信号由南桥发出。

当片选信号控制端为低电平时，表示 CPU 准备工作，并发出第一个寻址指令选中 BIOS，命令 BIOS 芯片把 BIOS 程序放到总线上去，执行检测任务。当 OE#信号为低电平时，表明 BIOS 芯片响应 CPU 命令，允许把数据输出到总线上去，执行检测任务。第 25、27、32 脚 VCC：3. 3V 供电脚。第 31 脚 CLK：时钟脚，由时钟芯片提供 33MHz 的时钟频率。

附：BIOS 容量分辨

如：SST　29EE020 之最后二码“20”表示 2MB；Winbond　W29C010 最后二码“10”表示 1MB。

四、CMOS 电路的由来

BOIS 的内部设计必须预留一部分可供使用者调整的设定，这样才能让 BOIS 针对不同系统进行不同的开机初始化设定等。但这些可随时更改 BOIS 的设定内容，势必无法储存在 BOIS ROM 资料区中，必须设计另一个储存区域——BOIS CMOS 区域，这就是 CMOS 电路的由来，它已成为南桥的一部分（整合简化的结果）。

五、CMOS 定义

CMOS：是“Complementary Metal Oxide Semiconductor”的缩写，翻译的本意是互补金属氧化物半导体存储器，指一种大规模应用于集成电路芯片制造的原料。但 CMOS 的准确含义是指目前绝大多数电脑中使用的一种用电池供电的可读写的 RAM 芯片。

金属氧化物半导体结构的晶体管简称 MOS 晶体管，有 P 型和 N 型 MOS 管共同构成的互补集成电路即为 CMOS 电路。

CMOS 是储存芯片，属硬件，它的作用是具有数据保存功能，但不能对存储于其中的数据进行设置。现在大多数厂家将 CMOS 的参数设置程序做到了 BIOS 芯片中。也就是说，BIOS 中的系统设置程序是完成 CMOS 参数设置的手段，而 CMOS RAM 是存放设置好的数据的场所。

六、BIOS 与 CMOS 的区别和联系

BIOS 与 CMOS 的关系准确地说应该是通过 BIOS 设置程序来对 CMOS 参数进行设

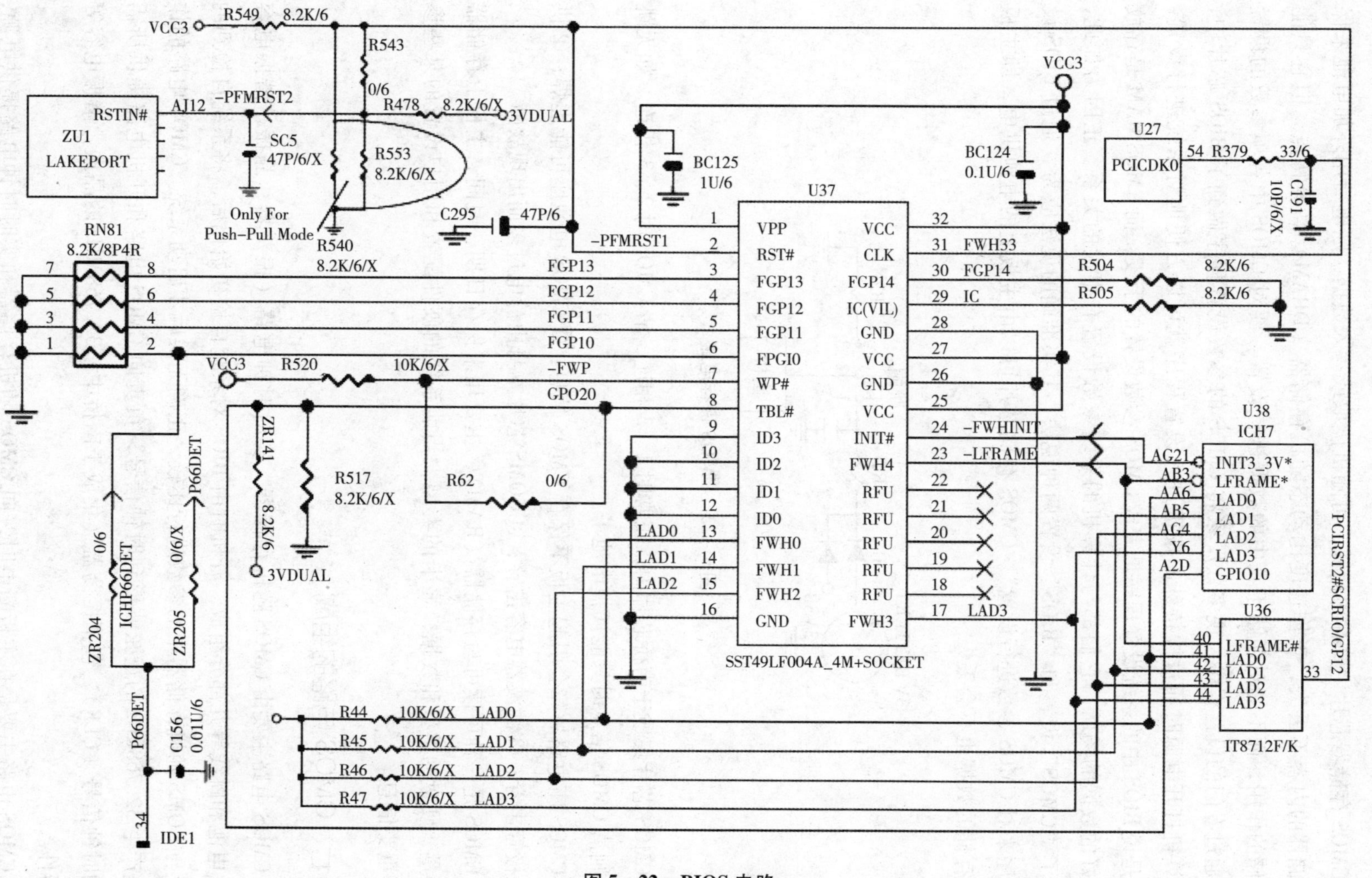

图 5-22 BIOS 电路

VCC3
R549
8.2K/6
R543
0/6
ZU1
LAKEPORT
RSTIN#
AJ12
-PFMRST2
R478
8.2K/6/X
3VDUAL
SC5
47P/6/X
R553
8.2K/6/X
Only For
Push-Pull Mode
R540
8.2K/6/X
C295
47P/6
-PFMRST1
BC125
1U/6
BC124
0.1U/6
U27
PCICDK0
54
R379
33/6
C191
10P/6/X
RN81
8.2K/8P4R
U37
VPP
RST#
FGP13
FGP12
FGP11
FPGI0
WP#
TBL#
ID3
ID2
ID1
ID0
FWH0
FWH1
FWH2
GND
VCC
CLK
FGP14
IC(VIL)
INIT#
FWH4
RFU
FWH3
SST49LF004A_4M+SOCKET
FWH33
IC
-FWHINIT
-LFRAME
LAD3
R504
R505
8.2K/6
FGP10
-FWP
GPO20
R520
10K/6/X
ZR141
R517
8.2K/6/X
R62
0/6
LAD0
LAD1
LAD2
U38
ICH7
AG21
AB3
AA6
AB5
AG4
Y6
A2D
INIT3_3V*
LFRAME*
GPIO10
PCIRST2#SCRIO/GP12
U36
LFRAME#
IT8712F/K
ZR204
ICHP66DET
ZR205
0/6/X
P66DET
C156
0.01U/6
IDE1
R44
R45
R46
R47
10K/6/X

置。CMOS 存储器芯片主要有功耗低，可随机读取或写入数据，断电后用外加电池来保持存储器的内容不丢失，工作速度比动态随机存储器（DRAM）高等特点。但它只能起存储的作用，而不能对存储于其中的数据进行设置。要对 CMOS 中各项参数的设置就要通过专门的设置程序，现多数厂家将 CMOS 的参数设置程序做到了 BIOS 芯片中，在计算机打开电源时通过按特殊的按键进入设置程序就可以方便地对系统进行设置，也就是说 BIOS 中的系统设置程序是完成 CMOS 参数设置的手段，而 CMOS RAM 是存放设置好的数据的场所，它们都与计算机的系统参数设置有很大的关系。正因为如此，便有了“CMOS”设置和“BIOS”设置两种说法，其实准确的说法应为“通过 BIOS 设置程序来对 CMOS 参数进行设置”。CMOS 存储芯片可以由主板上的电池供电，即主板掉电存储的数据也不会丢失。

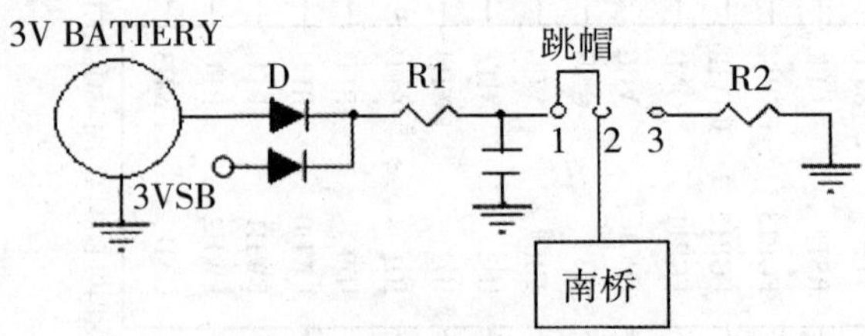

图 5－23　CMOS 保存电路

CMOS 芯片集成于南桥芯片内，正常时 1、2 相连，清 CMOS 时 2、3 相连。如无跳针，则清 CMOS 信息时只能摘掉电池了。

CMOS 座电路故障会引起主板不保存 CMOS 信息：①CMOS 电池座可能虚焊；②供电三极管击穿；③滤波器电容击穿；④COMS 芯片本身由静电过多而出现故障。

CMOS 是一种可读可写存储器（RAM），主要用来保存日期、时间、主板上存储器的容量，硬盘的类型和数据，显卡的类型，当前系统的硬件配置和用户设置的某些参数等重要信息。

七、CMOS 电路的组成

CMOS 电路主要由 CMOS 随机存储器，实时时钟电路（振荡器，晶振，谐振电容等）电池和跳线等几部分组成。开机时由 BIOS 对系统自检初始化后，将系统自检到的配置与 COMS 随机存储器中的参数进行比较，正确无误后才启动系统。CMOS 电路的作用是产生 32. 768kHz 的正弦波形到时钟信号，负责向 CMOS 电路和开机电路提供所需要的时钟信号（CLK）。包括振荡器（集成于南桥中）32. 768MHz 的晶振，谐振电容等元器件。

CMOS 电路主要是在主板断电时，向 CMOS 随机存储器和实时时钟电路提供电源，使 CMOS 随机存储器中的信息不丢失，CMOS 电路一直处于工作状态，可随时参与唤醒任务。电池种类：锂、锰电池。

CMOS 跳线的作用是切断 COMS 电路的供电，清除 CMOS 存储器中的信息，再开机时到 BIOS 只读存储器中读取主板出厂时的默认值。CMOS 跳线有双针跳线和三针跳线。

八、CMOS 电路工作原理

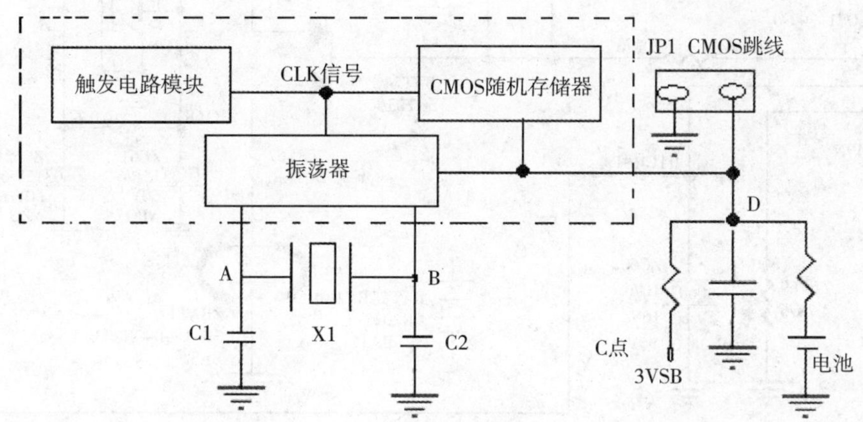

图 5－24 CMOS 电路工作原理

CMOS 随机存储器和实时时钟电路的振荡器内置于南桥内部。X1 有时标注为 Y1 为 32.768kHz 的晶振。C1、C2 为谐振电容。JP1 为两针 CMOS 跳线，BAT1 为主板电池，C 点接 ATX 电源的 3.3V 电源或接 5VSB 通过 1117 低端差三端稳压器转换为 3.3V 提供。当主板接电后，C 点的电压为 3.3V。D 点也为 3.3V。E 点为 3V，比 D 点电压低，这时电流从 D 点流向 E 点开始给电池充电。此时，CMOS 电路由 C 点供电。同时振荡器收到 3.3V 供电时，与 X1、C1C2 连接在一起产生振荡，产生 CLK 信号送往 CMOS 电路，则 CMOS 电路处于通路状态，并随时准备参与唤醒任务。当主板开机后，COMS 电路会根据 CPU 的请求向 CPU 发送开机自检程序，准备开机。当主板断电后，瞬间 C 点 D 点电压变低，当低于 3V 时，E 点的电压比 D 点的高，电池从 E 点流向 D 点，此时主板电池开始向 CMOS 电路供电，保证 CMOS 电路工作，CMOS 存储器中的信息量不丢失。

下面谈谈 CMOS 电路在 945PL 主板中的工作原理。

3V 电池通过 ZR167（4.7K）电阻限流，ZD2 三脚转换二极管转换，三路输出：一路送往南桥，做 CMOS 电路的工作电压；一路送往 IO，作为对电池电压高低的侦测；一路送往 CMOS 跳针，通过跳帽的连接送往南桥，为南桥内部 CMOS 电路提供保存数据的控制信号。RTCRST#：实时时钟复位信号。ZY1：32.768kHZ 晶体，ZR168 稳频电阻，ZC61 \ ZC62 谐振电容，一起与南桥内部 CMOS 电路组成振荡电路，产生

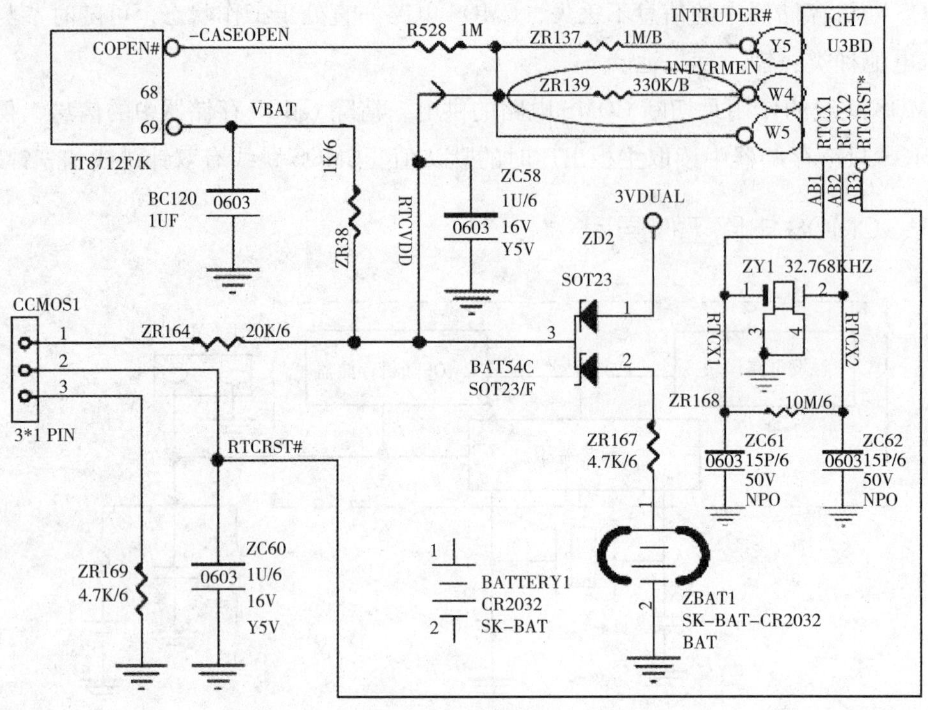

图 5-25　CMOS 工作电路

32.768kHZ 的正弦波信号。为南桥内部的 CMOS 电路和电源触发电路提供 32.768kHZ 的时钟信号。ZR169 为泄放电阻，当 CMOS 跳帽接 2 脚和 3 脚时，实时时钟复位信号通过 ZR169 对地放电，CMOS 内部的资料消失，即我们常说的 CMOS 清零。

CMOS 电路不正常可出现各种各样的故障现象，比如 CMOS 不保存、开机不上电、开机不稳定、自动重起、C5 当机等。

九、CMOS 电路故障的检修思路

（1）目检：看 PCB 有无断线，有无少件，跳帽是否跳错位置，ZD2 上有无不明显黑点等。

（2）测 V2，若小于 2.8V，查电池、ZD2、跳帽跳错或氧化、I/O、SB，取下跳帽测 1 点阻值很小或为零，查滤波电容正常，可判 I/O 或 SB 损坏。当 V1≥2.8V 时，查 RTCRST 实时时钟信号电压有无 3V，无则查 ZR164（20K）限流电阻，高频旁路电容 ZC20 及 SB 不良，这是导致不上电的常见原因。

（3）以上电压都正常，则测晶体两脚有无电压和频率。有电压无频率换晶体 ZY1、谐振电容 ZC61、ZC62 及稳频电阻 ZR168，若无电压或晶体一脚有电压 3V，另一脚无电压 0V（在对地阻值正常时）均可判 SB 坏。

（4）放电清零，重新设置 CMOS。

第七节　I/O 电路

I/O 芯片直接管理各种输入输出设备，其芯片内部集成了最基本的输入输出控制器。有的 I/O 芯片还负责参与触发电路，并且 I/O 芯片引脚和 BIOS 芯片以及南桥芯片都直接相连。I/O 芯片中的某一引脚短路都会造成 BIOS 和南桥芯片不能正常工作，从而导致整个主板瘫痪，如主板找不到键盘、键盘报警、串并口失灵或是软驱读写不正常等现象，可判 I/O 芯片出现不同程度的损坏。

常见的 I/O 芯片：使用较多的 I/O 芯片是华邦科技（Winbond）的 W83627 芯片，它提供了两个最高 921Kb/s 的高速串行端口（COM 口）支持串行红外线通信，支持 SPP、BPP、EPP、ECP 的并行端口（打印口），符合微软 PC－97 硬件设计的标准，并支持 ACPI 高级电源管理的功能，可使系统资源高效地自动配置，支持键盘，鼠标的 ON－NOW 唤醒等功能。

IT8716FS 是 ITE（联阳）公司相当成熟的传感器控制芯片之一，是一种标准的 I/O 芯片。该芯片采用 128 针 PQFP 封装，PS/2 键盘、鼠标、串口、并口、驱软等都通过 IT8716FS 连接 ICH 芯片的，支持 24MHz、33MHz 的设备，同时也支持完整的硬件监控功能。I/O 的主要功能基本相同。

一、W83627EHG 工作图

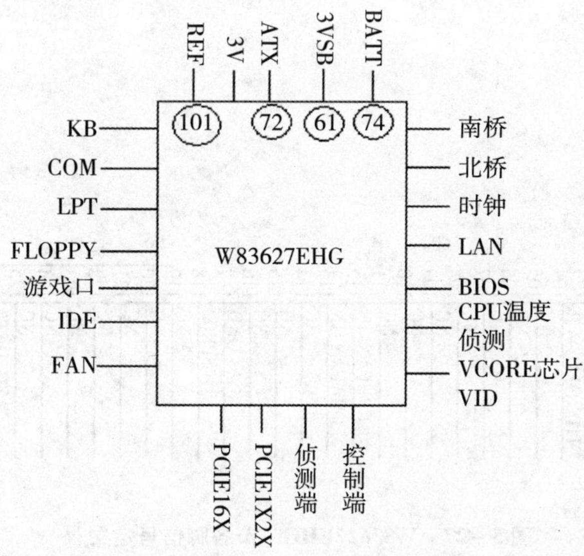

图 5－26　W83627EHG 工作图

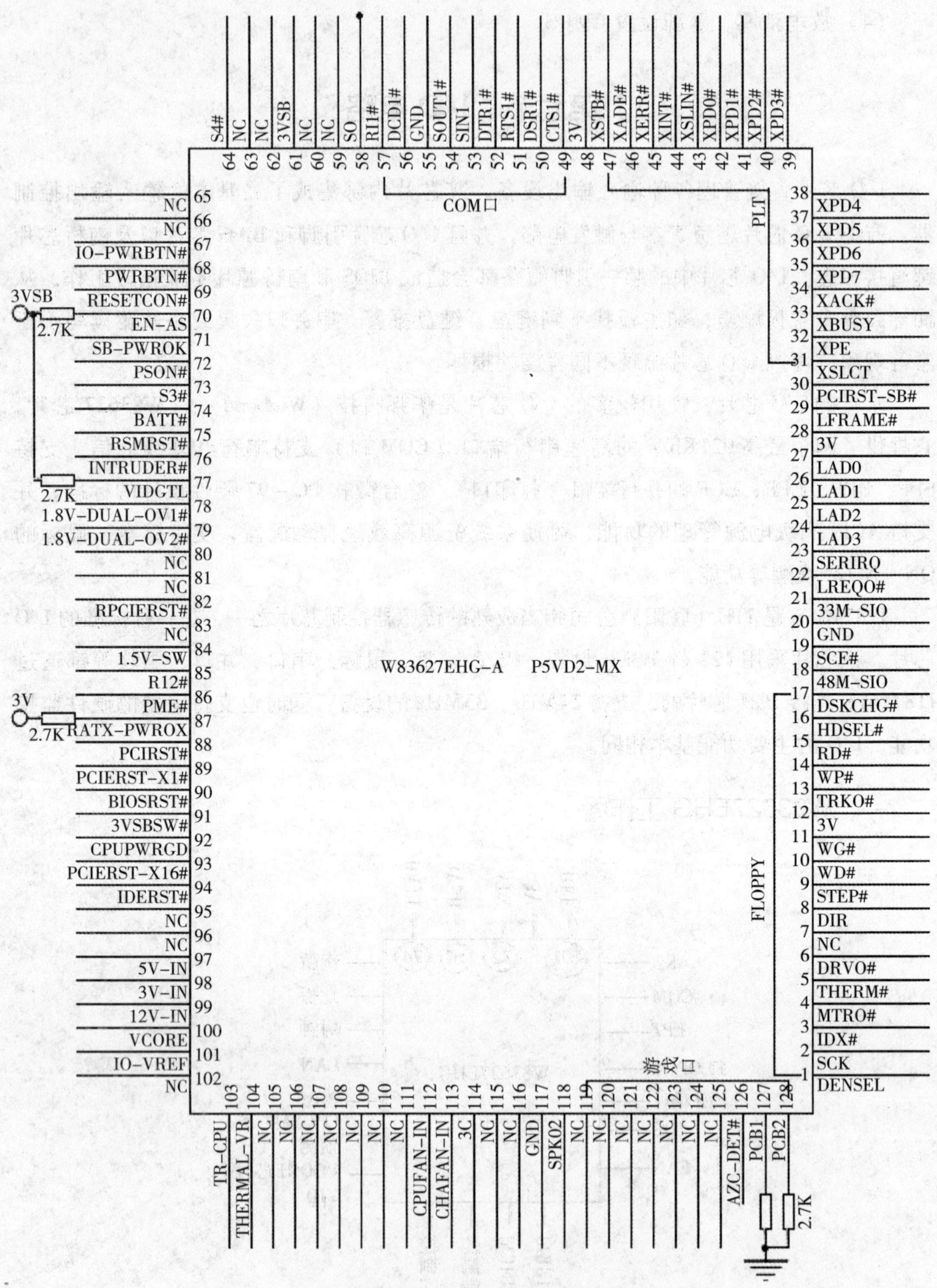

图 5－27　W83627EHG－A 各脚信号定义

其他 I/O 的引脚定义：

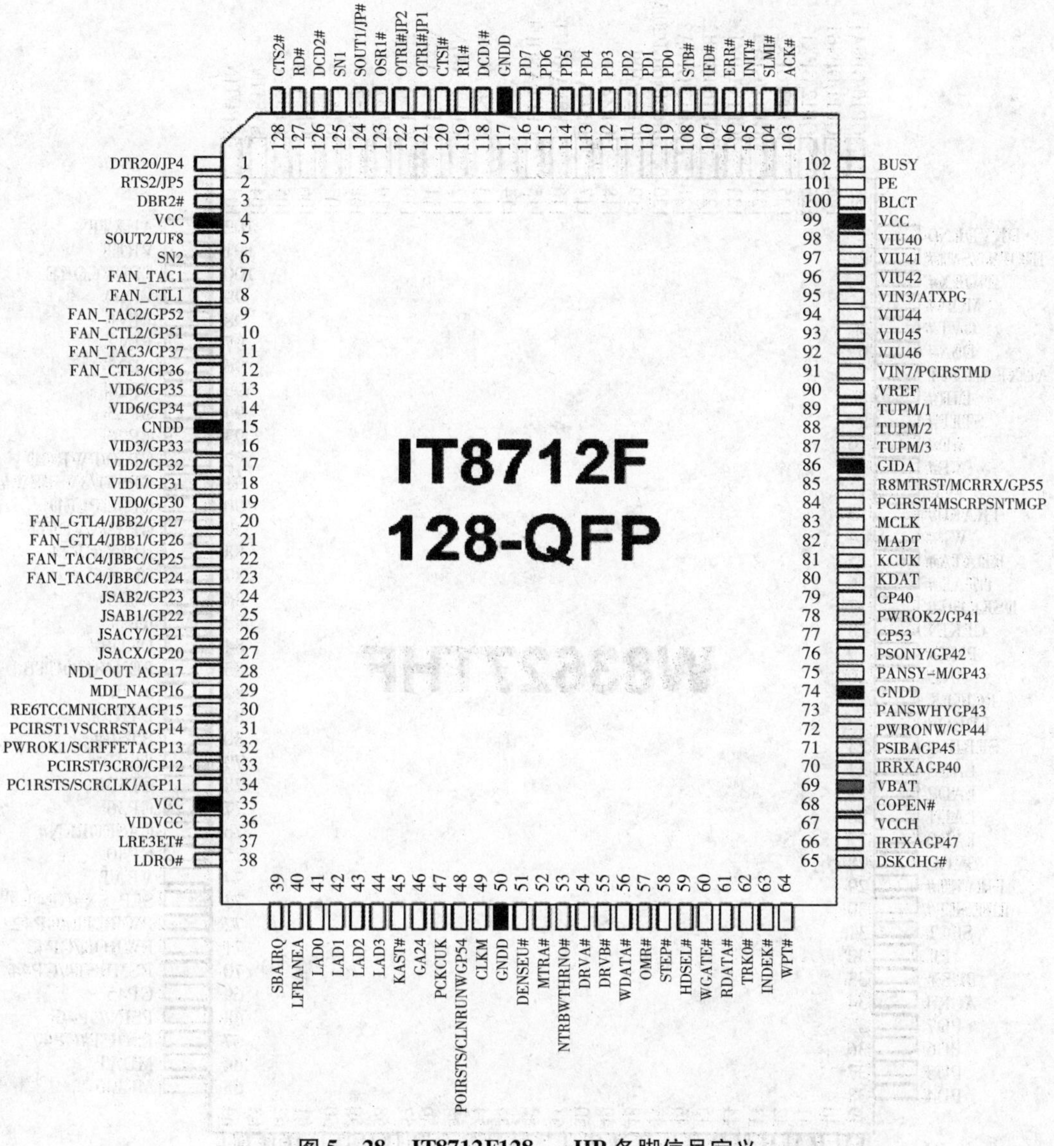

图 5－28　IT8712F128－αHP 各脚信号定义

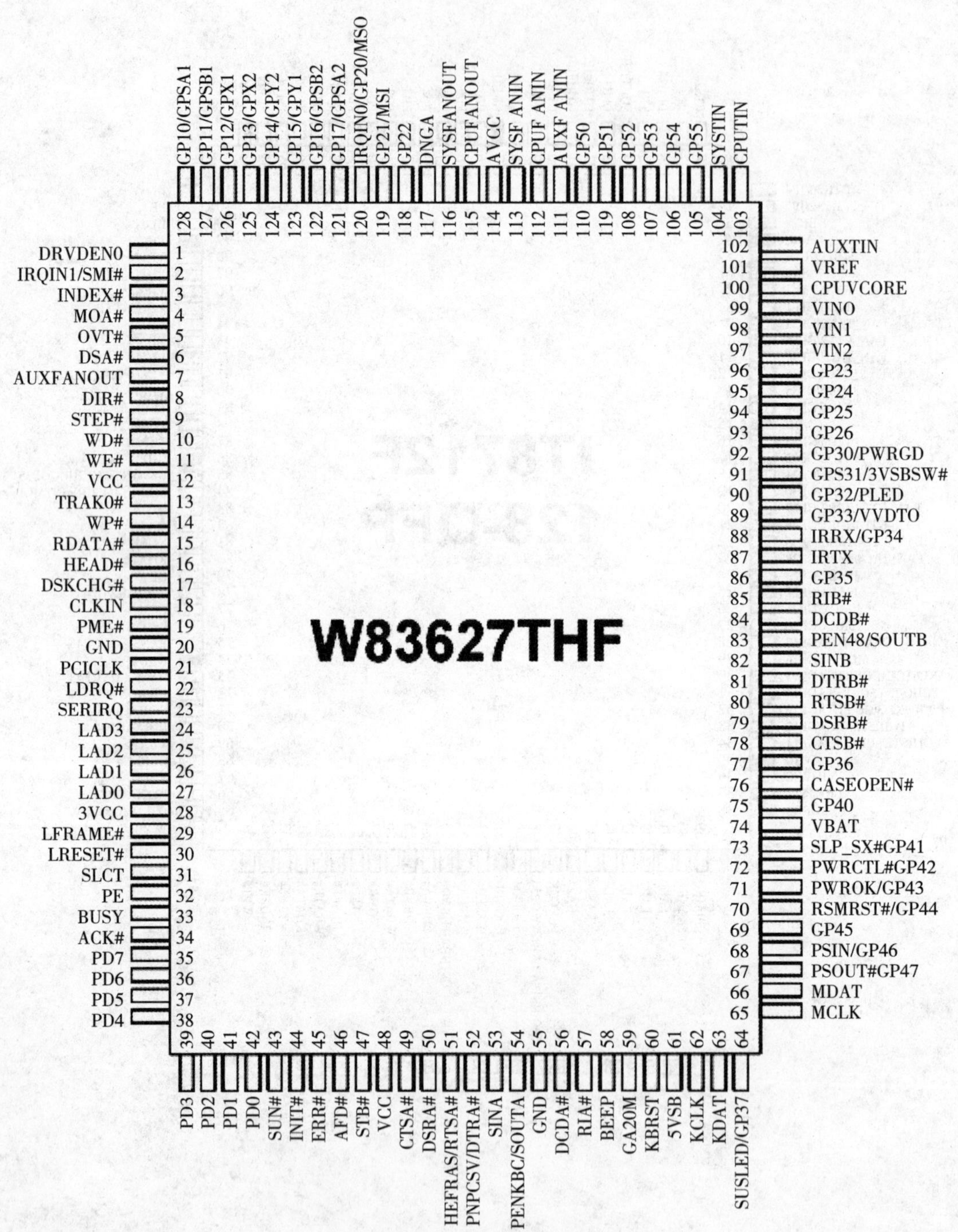

图 5－29　W83627THF 各脚信号定义

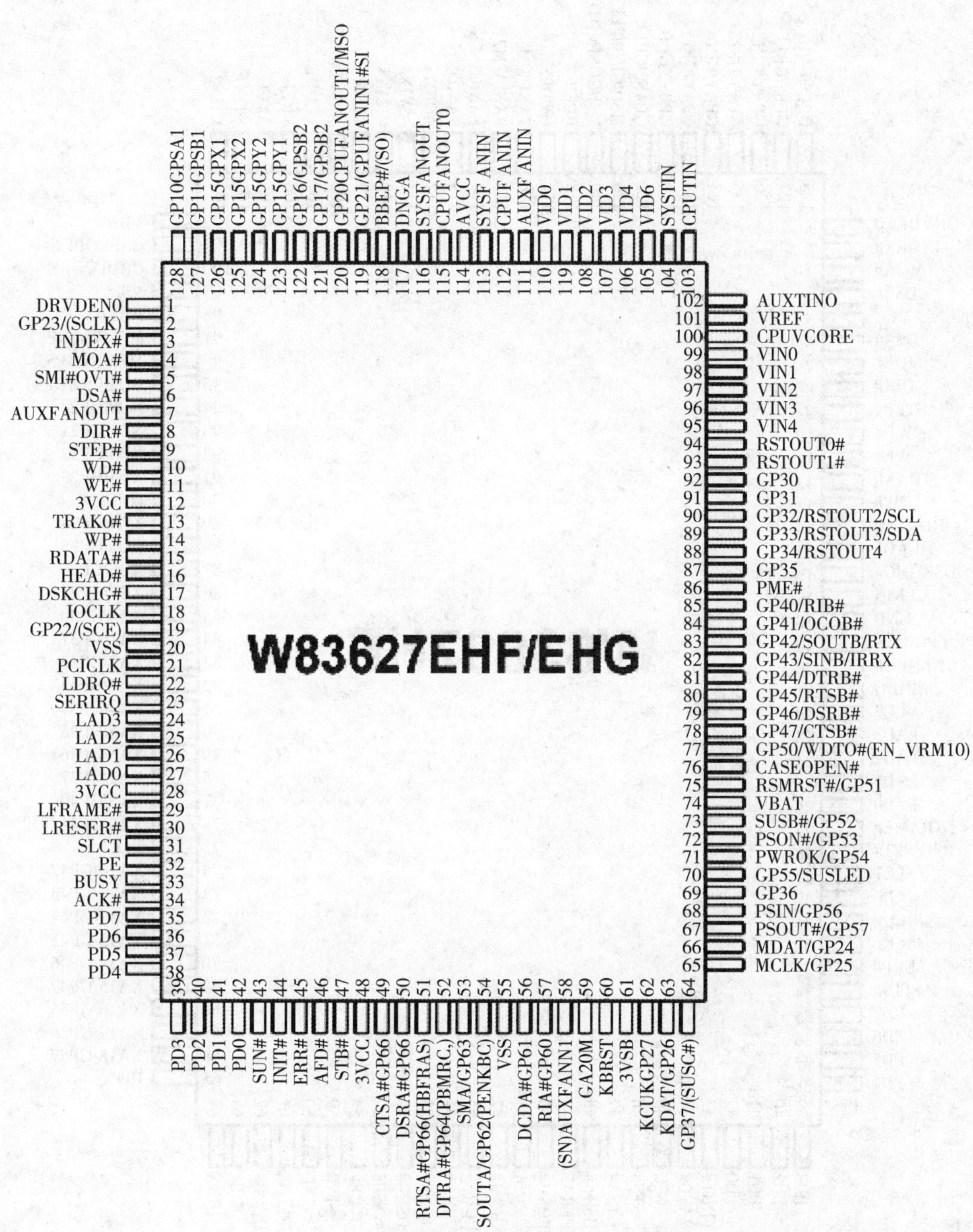

图 5－30 W83627EHF/EEG 各脚信号定义

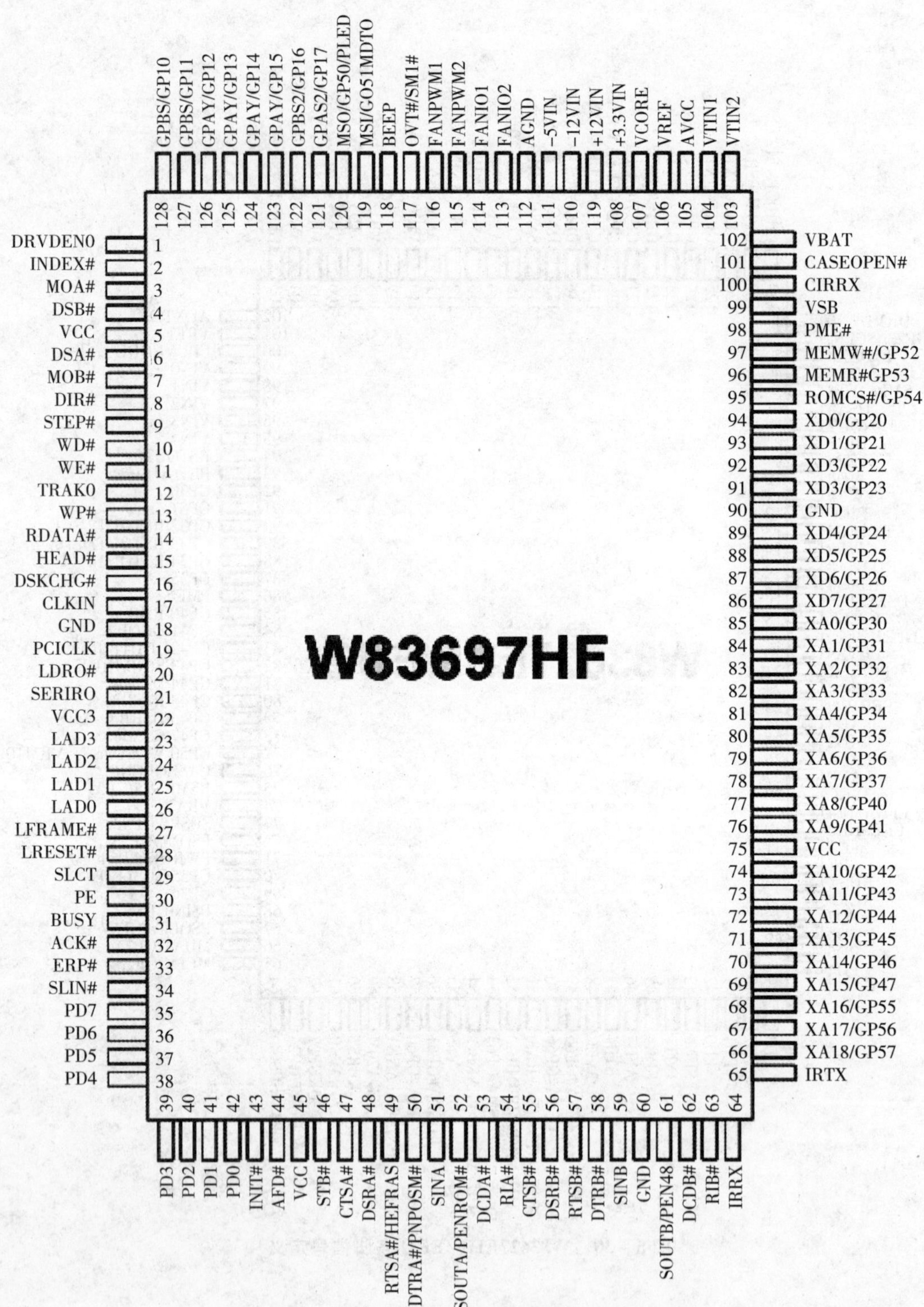

图 5－31　W83697HF 各脚信号定义

二、软驱工作原理

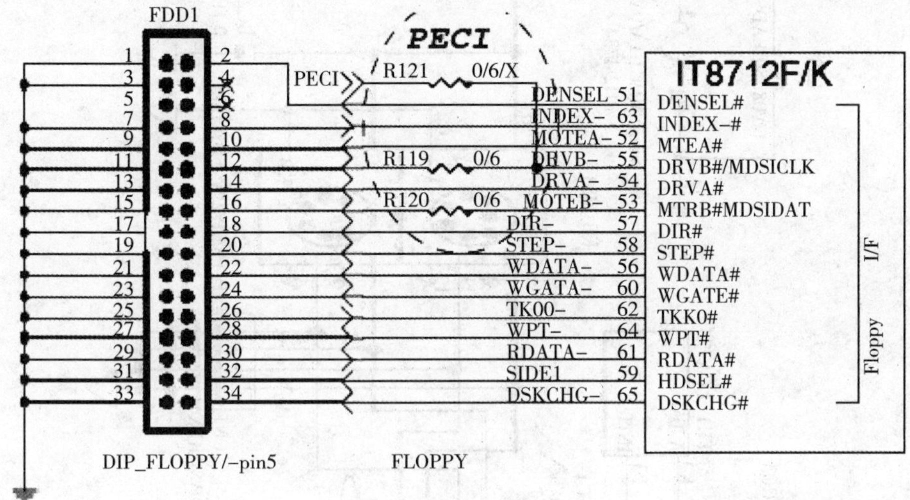

图 5 - 32　FLOPPY 工作电路

三、PS/2 的工作原理

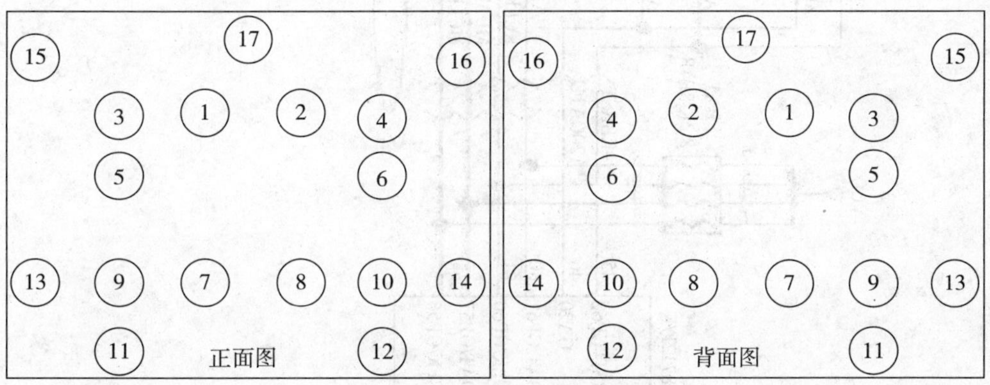

图 5 - 33　PS/2 正反面引脚图

信号说明：

1：KDAT - L：数据线（键盘）；

2：KCLK - L：时钟线（键盘）；

3：MDAT - L：数据线（鼠标）；

4：MCLK - L：时钟线（鼠标）。

键盘、鼠标插座上只有 4 个脚起作用，键盘、鼠标电路上的时钟信号和数据信号

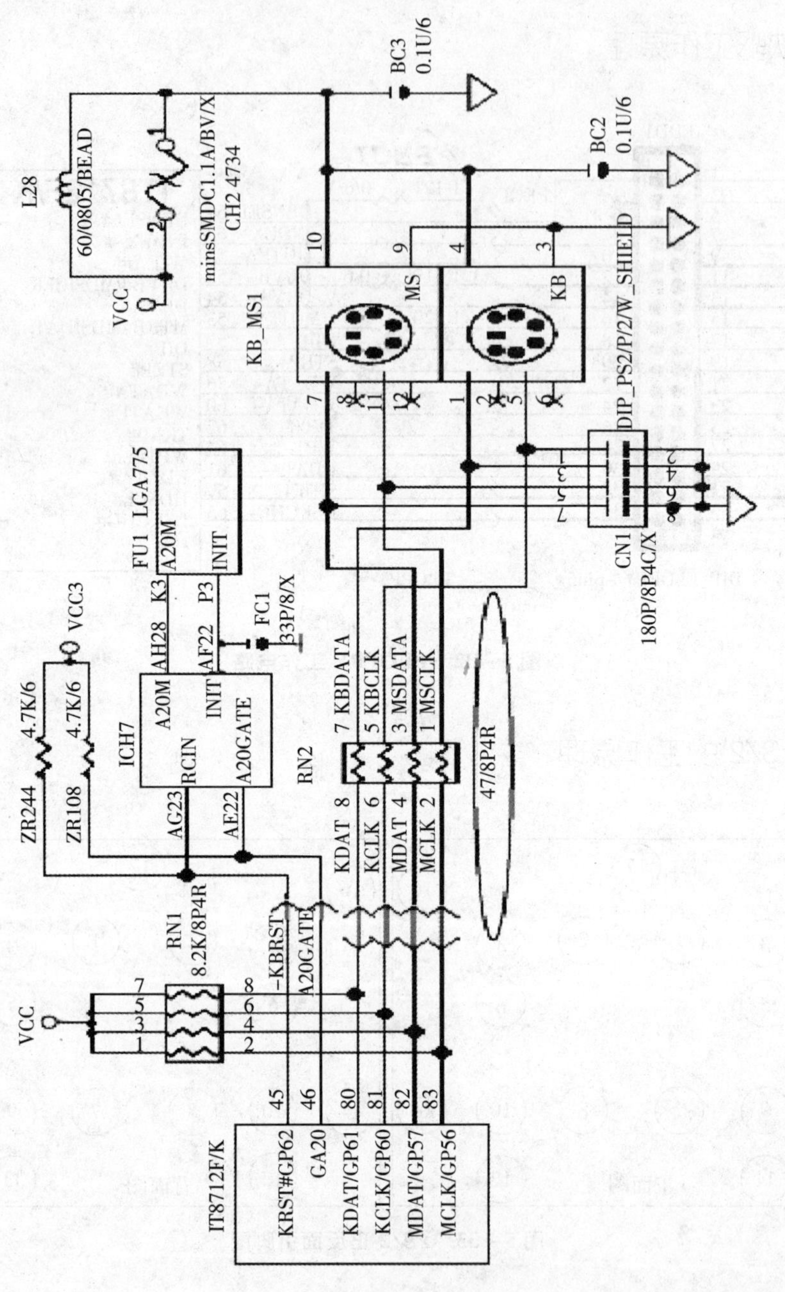

图 5-34 PS/2 电路

一般由 I/O 或南桥输出。其中，RN1 为上拉电阻，提升信号幅度，CN1 为滤波电容，提高抗干扰能力。RN2 起信号耦合、整形、抗干扰的作用，有时用电感代替。F3 为保险电阻，用来防止负载短路时烧坏 ATX 电源。

四、打印口（LPT）

并口是计算机中一个非常重要的外部设备接口，常用来连接打印机，扫描仪等设备，并口可以实现数据的同时输入和输出。目前使用的并口一般为 EPP 和 ECP 两个标准。并口又叫并行接口，所谓“并行”是指 8 位数据同时通过并行线进行传送，这样数据传送速度大大提高，但并行传送的线路长度受到限制，因为长度增加，数据也就容易出错。

并口各引脚功能：

STROBE：选通

DATA0－DATA7：数据线 0－7

ACKNLG：确认

BUSY：忙信号

PE：缺纸

SLCT：选择

AUTO FEED：自动换行

ERROR：错误

INIT：初始化

SLCT IN：选择输入

GND：地线

打印口不过电的检修思路：

1：看外观：打印接口有无断针，PCB 有无断线。

2：打阻抗：测打印接口各脚的对地阻值和脚与脚之间的阻值。

3：放电清零：CMOS 设置为 EPP。换 BIOS。

4：测 5V 供电。

5：卸排容测排阻换 I\ O（南桥很少损坏）。

五、COM 口

COM 口又称为 RS－232 口，异步口或 CM 通信口，其中两个串口芯片由 ±12 通过两个二极管供电。串口芯片一端连向 I/O 芯片，一端连向串口，几个排容。CN7、CN8 连向串口与串口芯片之间起滤波作用，用来改善数据传输信号质量。

COM 口又叫串口，（串行接口）PC 机一般有两个串行口，少则一个，多则 8 个。串行口与并行口区别在于它的数据和控制信息是一位接一位传送出去，虽速度慢但传送距离较并行口更长。主要用于连接外置的调制解调器，串口鼠标（已淘汰）手写板

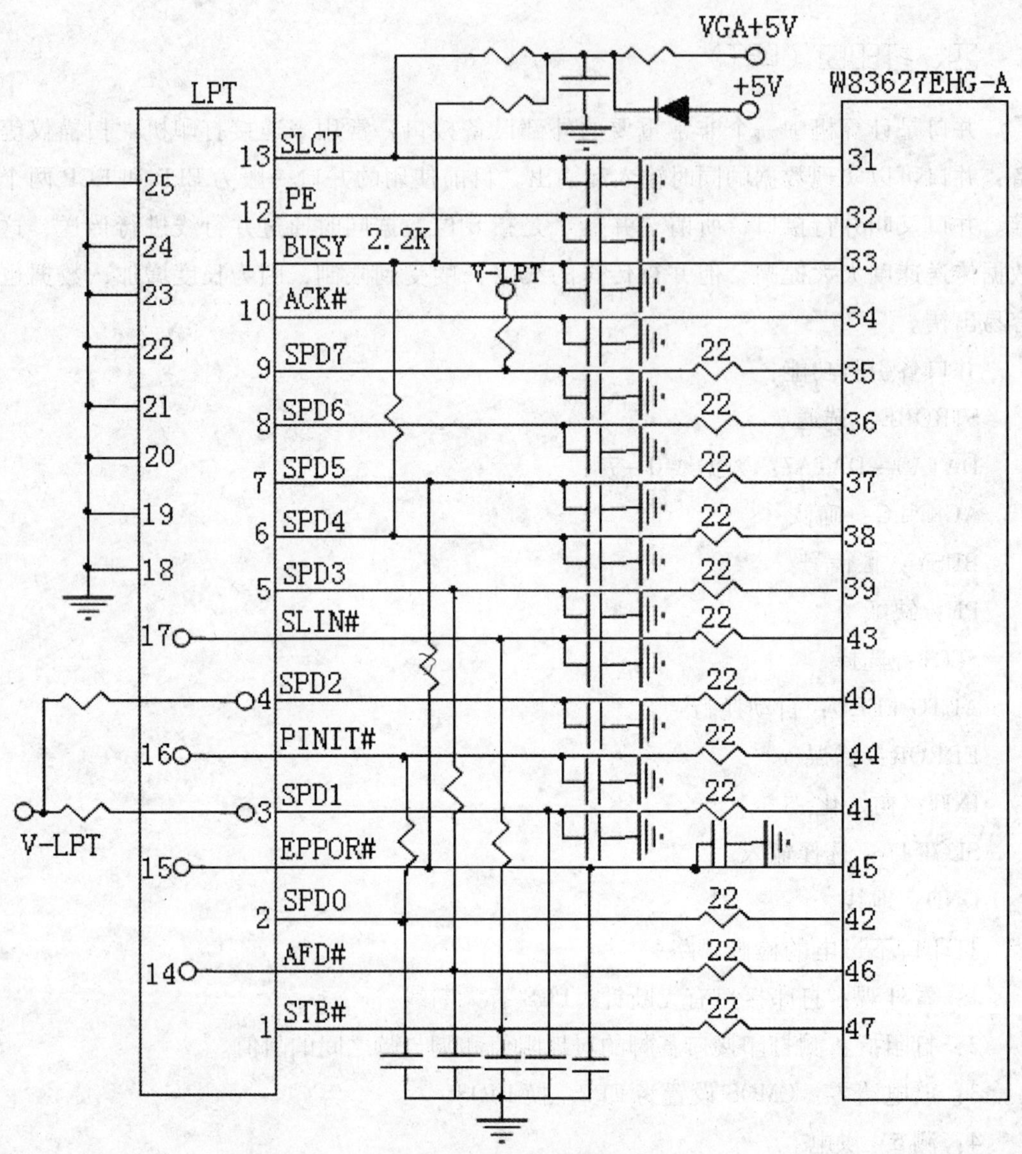

图 5－35　LPT 工作原理

和工控设备。

串口电路主要由 9 针插座，串口管理芯片 75232。I/O 芯片 83627EHG－A 及南桥芯片 82801ER 中的串口数据控制器组成。其中 ±12V 由两个二极管供电。另外还有一组 +5V 供电。

故障点：D 坏/CN 坏/COM 口断针/75232 坏/IO/SB，软件方面查 BIOS 内容错误。重新刷 BIOS 或重新优化。

COM 端口引脚的定义

COM 端口引脚的功能：

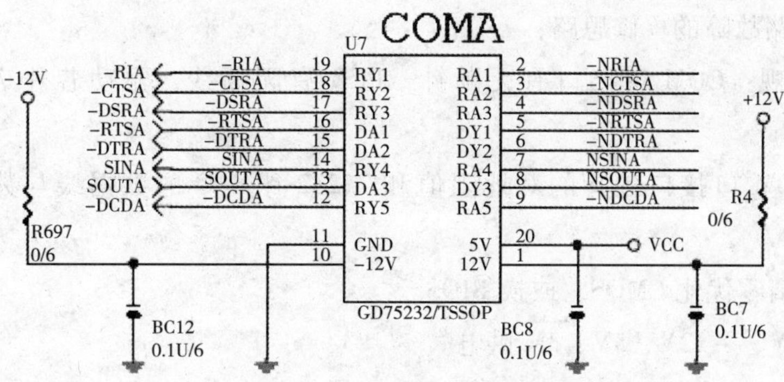

图 5－36　COM 端口引脚定义

1：载波检波 DCD。

2：接收数据 RXD。

3：发送数据 TXD。

4：数据终端就绪 DTR。

5：信号地线 SG。

6：数据就绪 DSR。

7：请求发送 RTS。

8：清除发送 CTS。

9：振铃指示 RI。

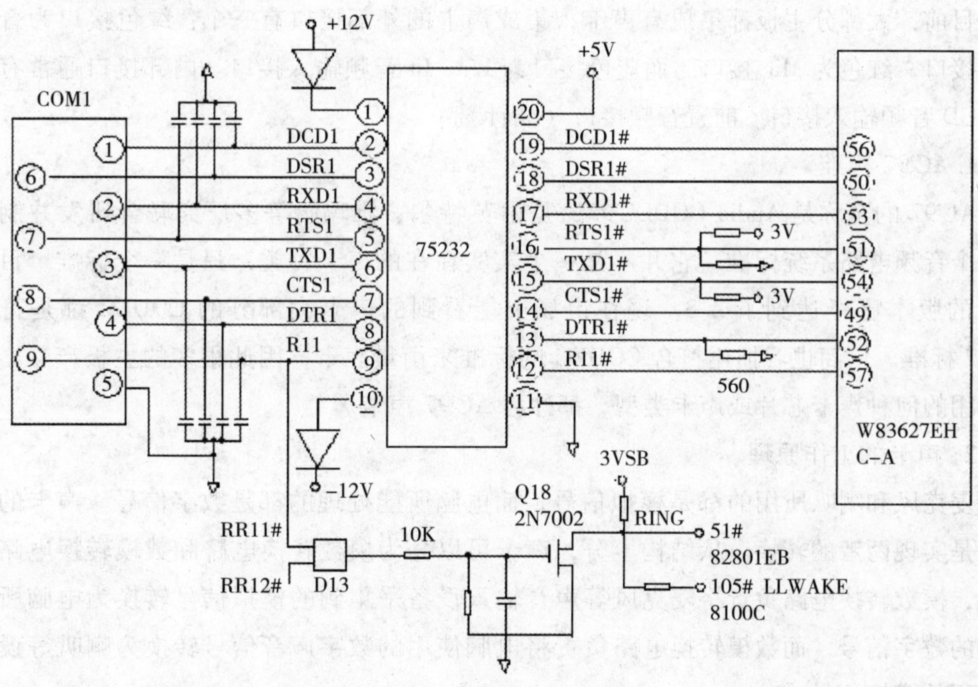

图 5－37　COM 端口引脚功能

COM 口电路故障的检修思路：

（1）看外观：COM 口接口有无断针，PCB 有无断线，驱动芯片 75232 有无烧毁等。

（2）测 COM 口接口各脚的对地阻值和 75232 跟 I/O 的数据线与数据线之间的阻值。

（3）放电清零优化 CMOS，或换 BIOS。

（4）测 12V、-12V、5V、3V 供电。

（5）换 75232 和 I/O。

（6）查中断信号控制电路。以二极管 D13 易损坏（COM 口不过很少坏 SB）。

COM 口电路的常见故障例举：

（1）COM 口测不过。换 BIOS 或排容或 75232 或 I/O。

（2）当 D0。560 下偏电阻开路。

（3）优化后当 D0。换 75232。

（4）单测一个可过，两个同时测则不过。换 D13。

（5）“OO”或“FF”。测 SB 的 1.05V 供电变为 0.7V，查 75232 损坏所致。

第八节　声卡电路

目前，大部分主板都集成有声卡，集成声卡的外部接口有三个：绿色接口为音频输出接口，红色为 Mic 接口，而蓝色接口为 Line In 音频输入接口。内部接口通常有两个：CD 音频输入接口、前置音频接口（插针）。

1. AC’97 标准

AC’97 的全称是 Audio CODEC’97，是由英特尔、雅玛哈等多厂商联合研发并制定的一个音频电路系统标准。它并不是一个实实在在的声卡种类，只是一个标准。目前最新的版本已经达到了 2.3。现在市场上能看到的声卡大部分的 CODEC 都是符合 AC’97 标准。厂商也习惯用符合 CODEC 的标准来衡量声卡，因此很多的主板产品，不管采用的何种声卡芯片或声卡类型，都称为 AC’97 声卡。

2. 声卡的工作原理

麦克风和喇叭所用的都是模拟信号，而电脑所能处理的都是数字信号。声卡的作用就是实现两者的转换。从结构上分，声卡可以分为模数转换电路和数模转换电路两部分，模数转换电路负责将麦克风等声音输入设备采集到的模拟信号转换为电脑所能处理的数字信号，而数模转换电路负责将电脑使用的数字声音信号转换为喇叭等设备能使用的模拟信号。

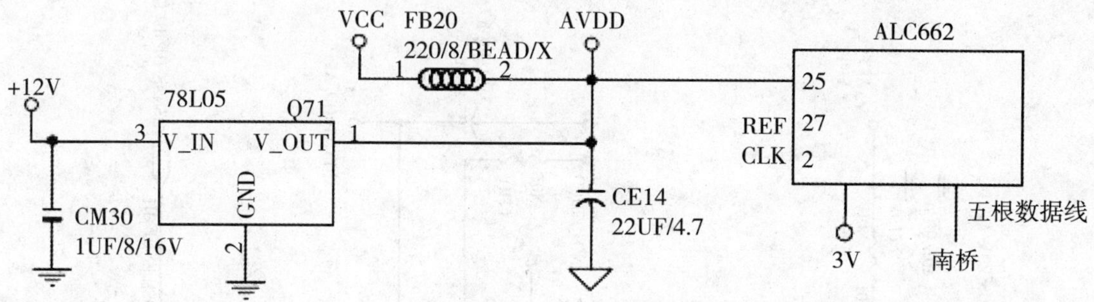

图 5－38　ALC662 工作原理简图

AC－Link 接口信号说明：

（1）11 脚 RST#。O 由南桥驱动，对声音芯片进行初始化。

（2）10 脚 SYNC O 这个同步信号，由南桥发出一个固定的 48kHz 的频率给声音芯片。

（3）6 脚 BIT－CLKI 时钟输入信号。

这是一个由 Codec 产生一个 12. 288MHz 串行数据时钟给南桥。

（4）5 脚 Sdout O 串行数据输出。

由南桥发出数据到 Codec。

（5）8 脚 SDIN I 串行数据输入。

由 Codec 发出数据到南桥。

ALC662 声卡芯片的应用电路图。

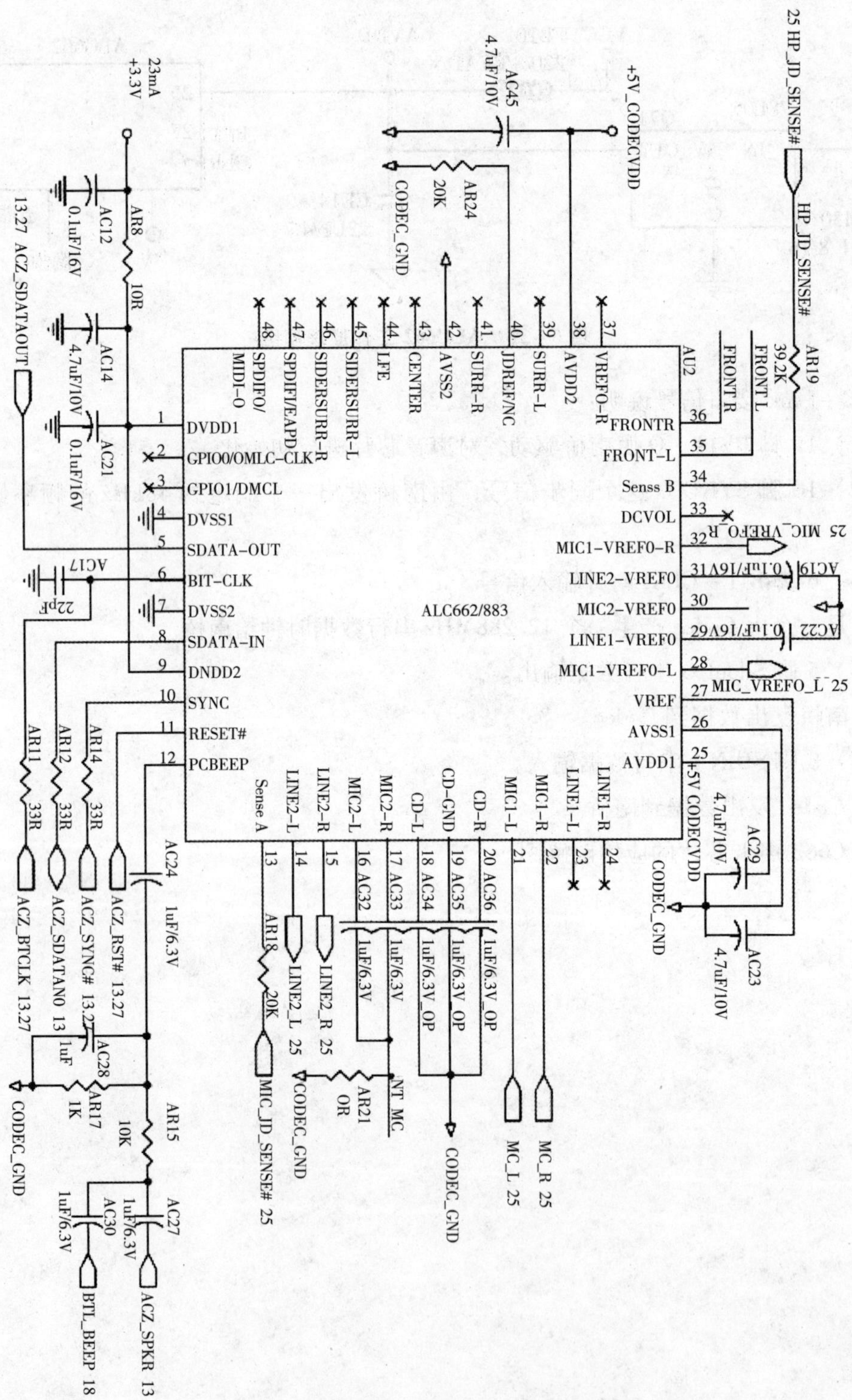

图 5－39　ALC662 声卡芯片应用电路

第九节 网卡电路

网卡又叫网络适配器，是局域网中最基本的部件之一，是连接计算机和网络的硬件设备，无论是双绞线连接、同轴电缆连接，还是光纤连接，都必须借助网卡才能实现数据的通信。

1. 网卡的主要工作原理

网卡是整理计算机上发往网线的数据，并将数据分解为适当大小的数据包之后向网络上发送出去。

网卡主要有两大功能，一是读入由网络设备所传输过来的数据包，经过拆包，将其变成电脑可以识别的数据，另一个功能是将电脑设备发送的数据，打包后输送至其他网络设备中。

对网卡而言每一个网卡都有一个唯一的网络地址，是网卡产生厂家在生产时输入ROM（只读存储器）中的，我们称之为 MAC 地址（物理地址），且保证绝对不会重复。

我们日常使用的网卡都是以太网网卡，按其传输速度来分可分为：10M/100M 网卡及千兆（网卡）。

2. RTL8100C 各引脚定义

3. 网芯上的重要信号功能

AD［31：0］：地址数据复合信号。

PC/BE［3：0］：匯流排指令位元组开启控制信号。

DEVSEL#：外部设备选择信号。

FRAME#：与 ICH 沟通资料是否继续传输控制。

IRDY#：初始化完成。

TRDY#：目标完成。

STOP#：停止继续信号，终止信号。

PAR：计算查看同位元。

PERR：同位元错误信号。

REQ：请求信号（PCI）。

SERR#：侦测 PCI 装置信号（系统错误信号）。

PME#：PCI 电源管理作用。

REQ（A～　）#：PCI　DMA 的请求信号。

GNT（A～　）#：PCI　DMA 的响应信号。

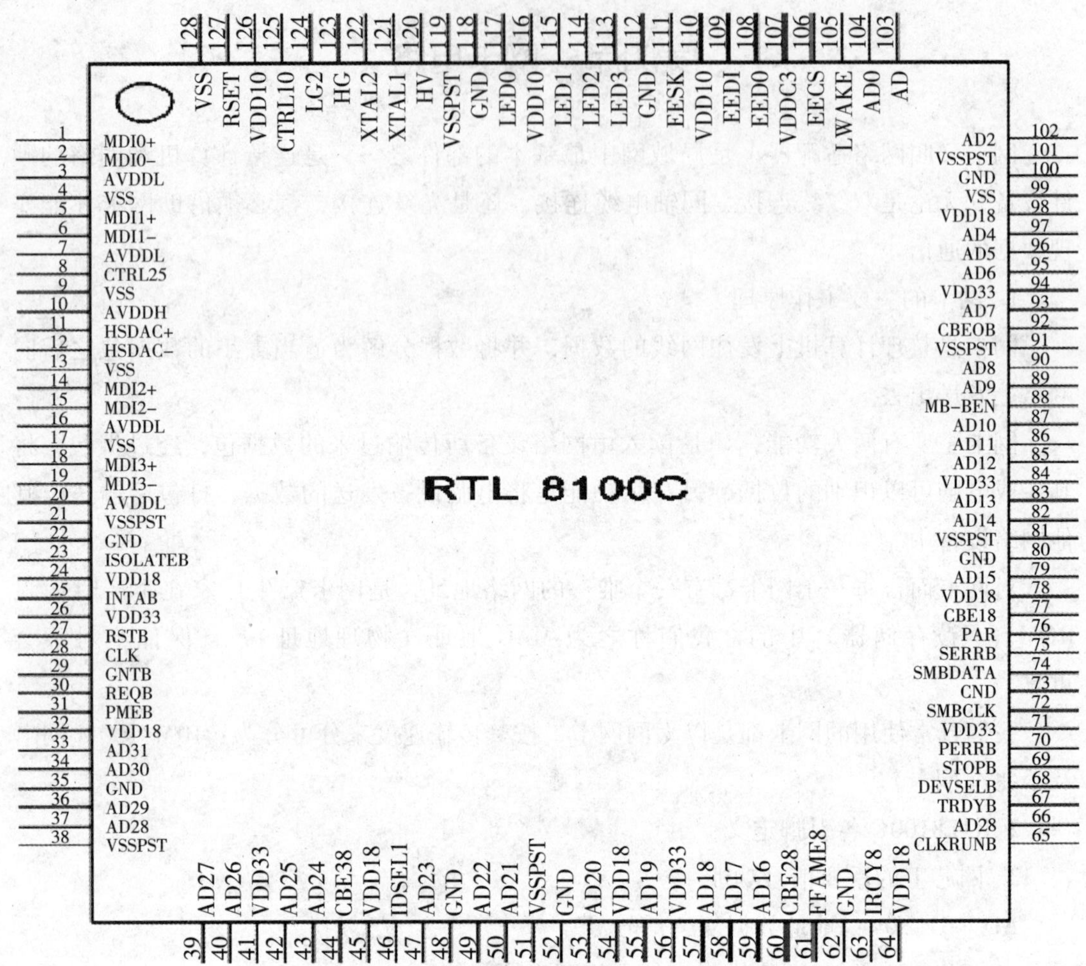

图 5－40 RTL8100C 各引脚定义

INT#：中断请求信号。

LANCLK：网络时钟信号。

ESK：EPPROM 时钟。

EEDI：EEPROM 数据输入。

EEDO：数据输出。

EECS：片选信号（有效时 EEPROM 被选择）。

4. 网芯的工作条件

（1）工作电压 3V，2. 5V，127 脚电压。

（2）时钟频率 33MHz，25MHz。

（3）EEPROM。

（4）PCI 总线。

5. 带灯网络头外部连线工作原理

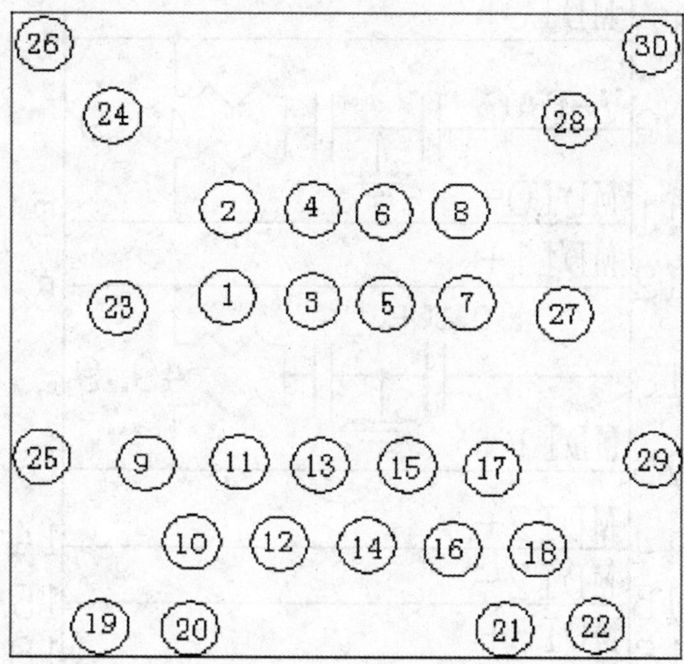

图 5－41 LAN－USB 接口底视图

6. 双绞网络线水晶头接法

100M 双绞线接头的标准接法

号码	信号定义	线对颜色
1	TX＋	橙白
2	TX－	橙
3	RX＋	绿白
4	未用	蓝
5	未用	蓝白
6	RX－	绿
7	未用	棕白
8	未用	棕

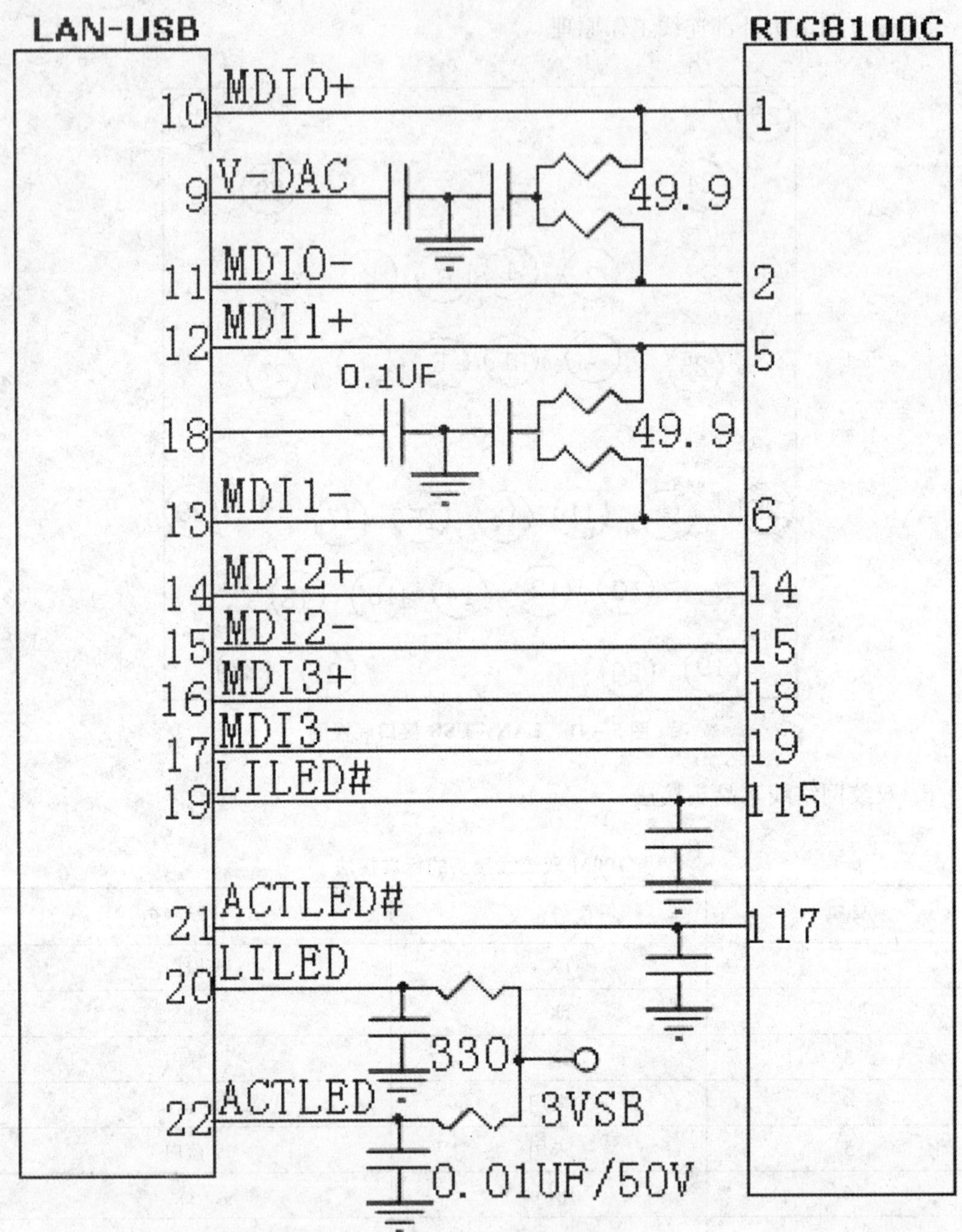

图 5-42 LAN-USB 工作原理

7. RTL8201 网卡芯片的应用原理

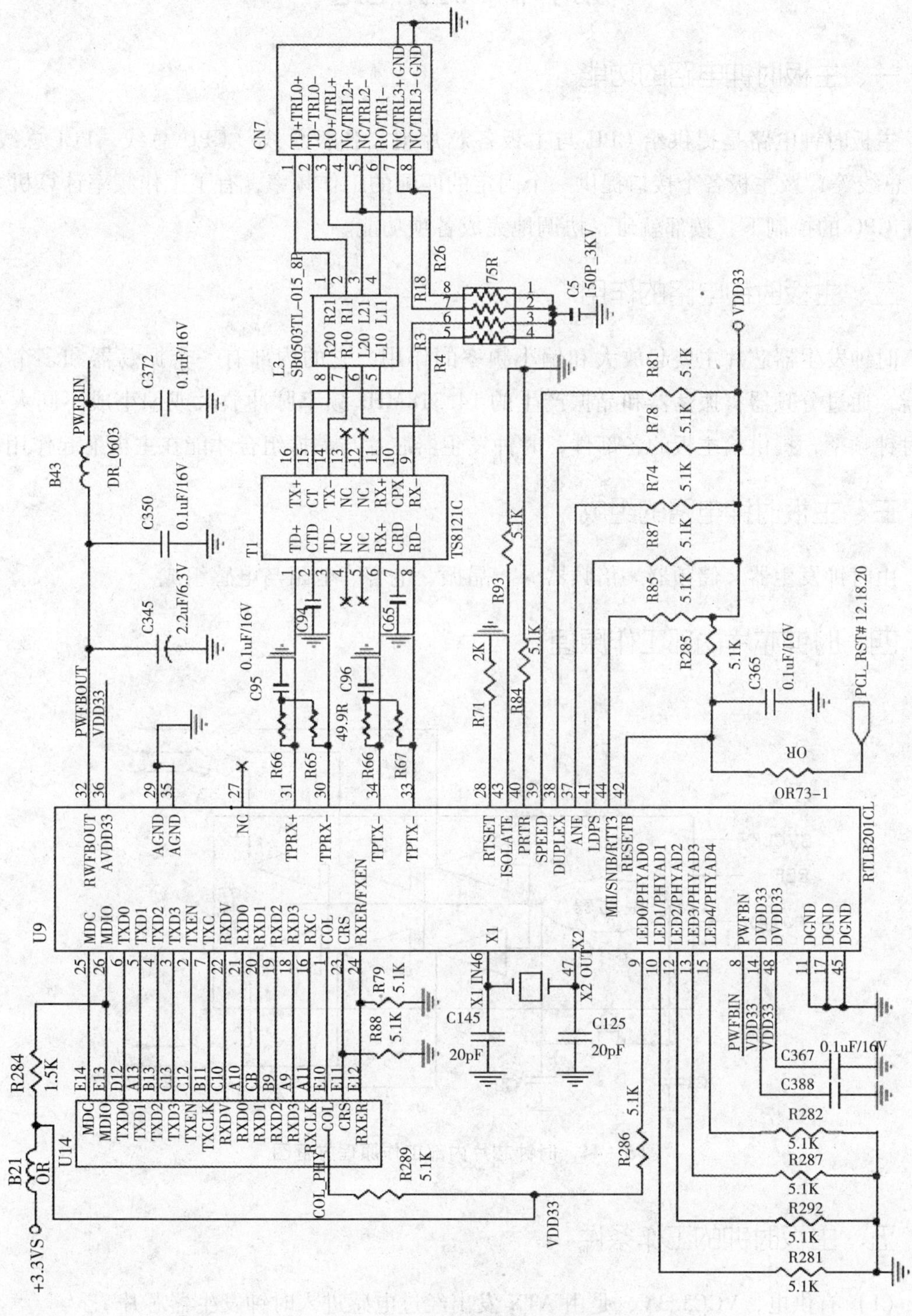

图 5－43 RTL8201 应用原理

第十节　时钟电路

一、主板时钟电路的功能

主板时钟电路是提供给 CPU 与主板各芯片组，各级总线（CPU 总线，PCI 总线，ISA 总线等）及主板各个接口提供一个固定的匹配的工作频率，有了工作频率计算机才能在 CPU 的控制下，按部就班，协调地完成各项功能。

二、主板时钟电路的作用

时钟发生器芯片主要起放大和偏小频率的作用，它的内部有一个振荡器和多个分频器，通过分频器将振荡器和晶振产生的 14.318MHz 频率脉冲放大或偏小成不同大小的时钟频率，提供给主板的各部件，时钟发生器芯片与晶振组合才能在主板上起作用。

三、主板时钟电路的组成

由时钟发生器<储频器·倍频器>、晶振、电容、电阻与电感组成。

四、时钟芯片内部工作原理

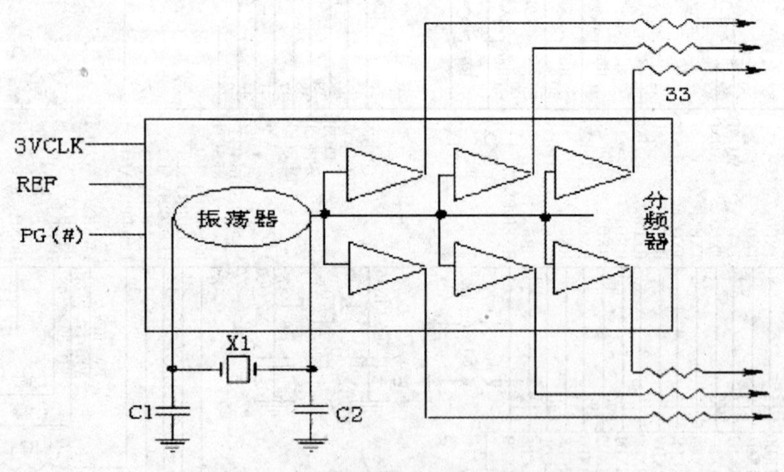

图 5-44　时钟芯片内部工作原理方框图

五、主板时钟的工作条件

（1）有供电，VCC3.3V，是由 ATX 发出经过电感进入时钟发生器芯片。

（2）有 PG 信号，PG 信号是由 VCORE 控制 Q19 使其导通，将时钟发生器的 17 脚拉低作为控制信号。

（3）14.318MHz 要起振，它其实是一个频率产生器，它主要把传进去的电压转化为频率信号输送给主板上的各个工作部件。

提示：时钟发生器芯片的各个引脚中，连接电阻的为频率输出引脚（电阻一般标注 220 或 330，表示阻值为 22Ω 或 33Ω）；连接电容或电感的为芯片供电引脚。

六、主板时钟电路工作原理

当主板加电，VCC3.3V 直接向时钟发生器芯片提供电压，此时 14.318MHz 基准频率开始起振。当 VCORE 正常后，VCORE 发出 VTT－PWRGD#作为控制信号将发生器芯片的 17 脚电压拉低，这时时钟发生器内部开始工作，将基准频率按需要放大或偏小的后送给主板的各部件。

七、时钟频率的分布图

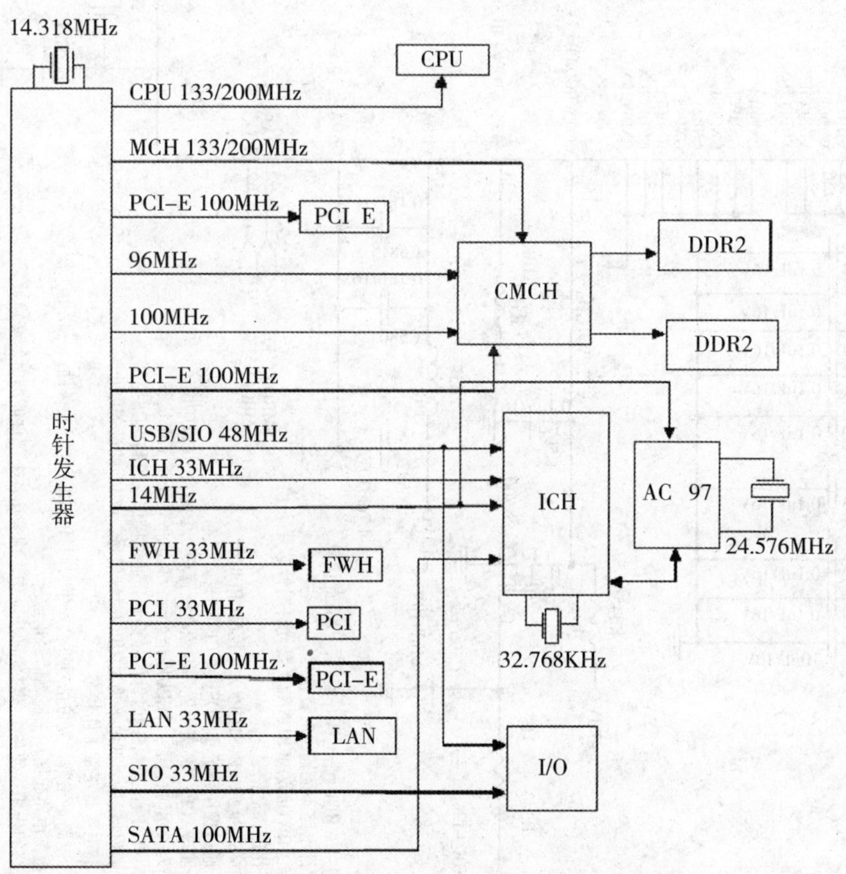

图 5－45 时钟频率分布图

400mA
+3.3V
B58
OR_0603
CLKGEN_VDD
C586 10uF/10V
C587 0.1uF/16V
C582 0.1uF/16V
C593 0.1uF/16V
C590 0.1uF/16V
C591 0.1uF/16V
C589 0.1uF/16V
C585 0.1uF/16V
C584 0.1uF/16V
U20
VDDREF
VDDPCI
VDDPCI
VDDZ
VDD48
VDDCPU
VDDPCIEX
VDDPCIEX
GNDREF
GNDPCI
GNDPCI
CNDZ
GND48
GNDCPU
GNDPCIEX
CNDPCIEX
R345 4.7K
VTTPWRGD
VTTPWRGD/PD#（CLK_STOP#）
Q43 2N7002
C597 0.1uF/16V
R343 1K
29 VCDRE_CLK_EN#
C596 0.1uF/10V
R199 10K
（CPU_STOP#）RESET#
B57 OR
C582 4.7uF/10V
C580 0.1uF/16V
C581 0.1uF/16V
VDDA
GNDA
5.18 SMBDAT_EC
5.18 SMBCLK_EC
SDATA
SCLK
CPUT_L0
CPUC_L0
CPUT_L1
CPUC_L1
PCIET_L0
PCIEC_L0
PCIET_L1
PCIEC_L1
PCIET_L2
PCIEC_L2
PCIET_L3
PCIEC_L3
PCIET_L4F
PCIEC_L4F
PCIET_L5F
PCIEC_L5F
SATACLKT_L
SATACLKC_L
ZCLK0
ZCLK1
FSL0/REF0_2x
FSL1/REF1_2x
FSL2/PCICLK0_2x
FS3/PCICLK1_2x
FS4/PCICLK2
（PECSTOP#）/PCICLK3
MODE/PCICLK4
（PECLKREQ1#）/PCICLK5
（PECLKREQ1#）/PCICLK6
PCICLK7
SEL24_48#/24_48MHz
12MHz
CPU_CLK_BCLK 5
CPU_CLK_BCLK# 5
NB_H_CLK_DP1 7
NB_H_CLK_DN1 7
NB_PCIE_CLK_DPO 7
NB_PCIE_CLK_DNO 7
VB_PCIE_CLK_DP3 17
VB_PCIE_CLK_DN3 17
SATA_CLK_DP 14
SATA_CLK_DN 14
NB_Z_CLK0 9
SB_Z_CLK1 12
NB_REF_CLK0 9
SB_REF_CLK1 13
SB_PCI_CLKD 12
CLK_Debug BD 18.20
LPC_PCI_CLK 18
USB_CLK_12M 14
X1
X2
Y6
14.318MHz
C277 33pF
C271 33pF
RTMB70T-670_TSSOP-56P
33R电阻叫限电阻、耦合电阻、分压电阻不等，不良时，可导致相关电路不正常工作
1：VTT-PWRGD#是电源好信号，没有此信号，时针电路不能输出时针信号。
2：PD#（PWD#或PWRDNN#）是允许时针芯片是否工作的控制信息。
3：CPU-STP#（CPU-STOP#）是控制CPU时针信号，通过操作系统和BIOS控制CPU时针信号，实现ACPI“高级配置和电源高级管理”中的关闭CPU功能，低电平为关闭时针信号，CPU停止运行，高电平是正常工作状态。
4：PCI-STOP#：控制PCI时针信号控制，通过操作系统和BIOS控制PCI上的硬件设备，低电平为关闭PCI时针信号，PCI上的设备停止运行，高电平是正常工作状态。
5：时针电路不正常，复位信号不会产生，时针电路工作三大条件：一供电工厂；二OSC振荡电路起振；三控制信号正常。
时针电路的作用：使各个部件能同步工作，用来让各个部件能准时的交换数据

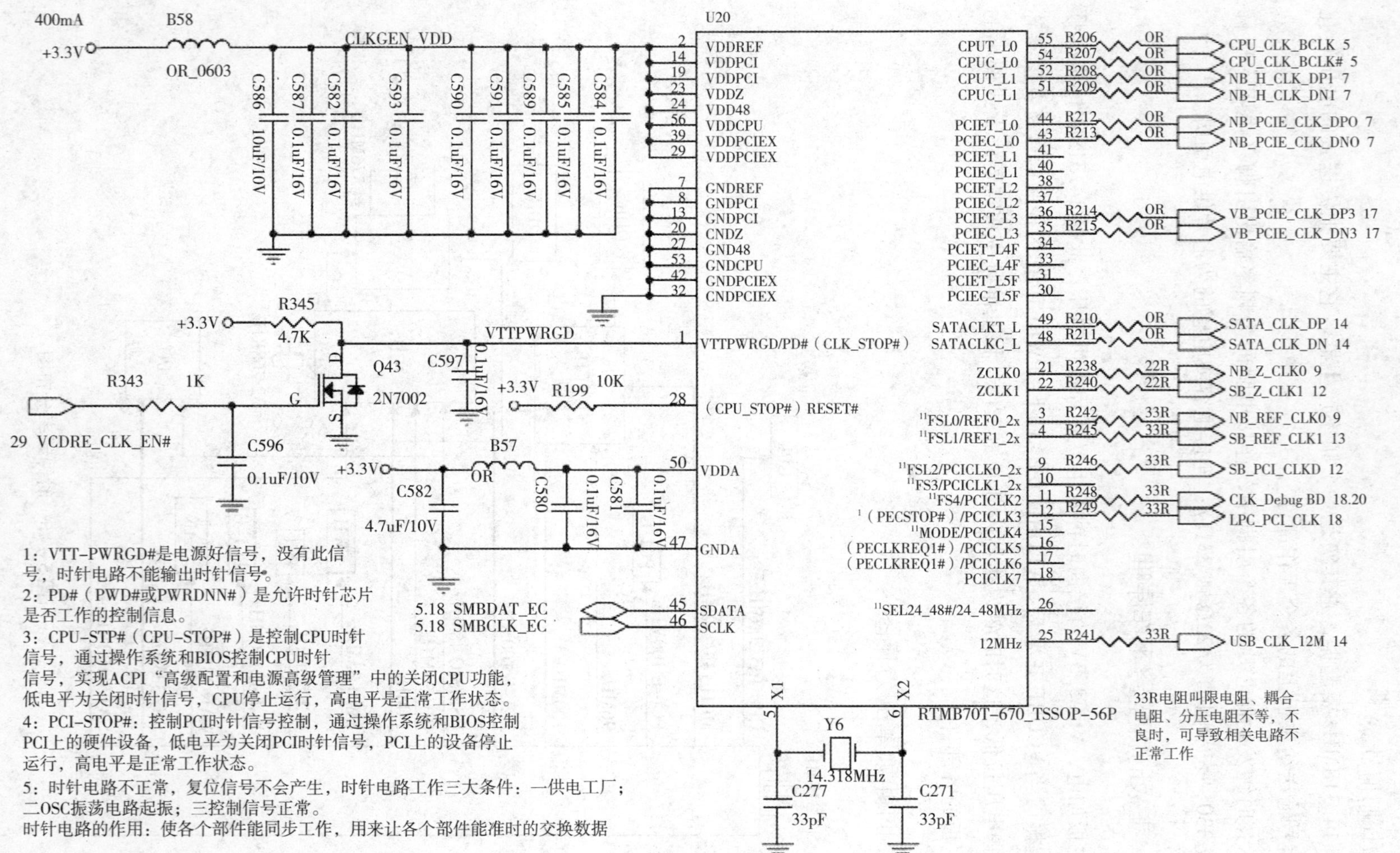

图 5-46　时钟芯片电路

第十一节　复位电路

一、复位的定义

主板复位的主要目的是使主板及其他部件进入初始化状态，对主板进行复位的过程就是对主板及其他部件进行初始化的过程。复位电路一般以南桥为中心，在供电、时钟正常后才开始工作。复位信号是主板工作必须的三大信号之一，故障时将导致主板无法开机。

主板的复位电路主要由 ATX 电源第八脚、复位开关（RESET 键）、74 门电路、南桥、电阻和电容等元器件组成，复位电路有两种：一种是手动复位电路，另一种是自动复位电路。

手动复位电路就是电脑主机前面板上的复位按键（又称热启动按键），按下这个复位按键并松开后，就会产生一个低电平复位信号。

自动复位电路的复位信号由 ATX 电源⑧脚输出的 PG（POWER GOOD）信号经过处理后得到。

二、945PL 主板复位

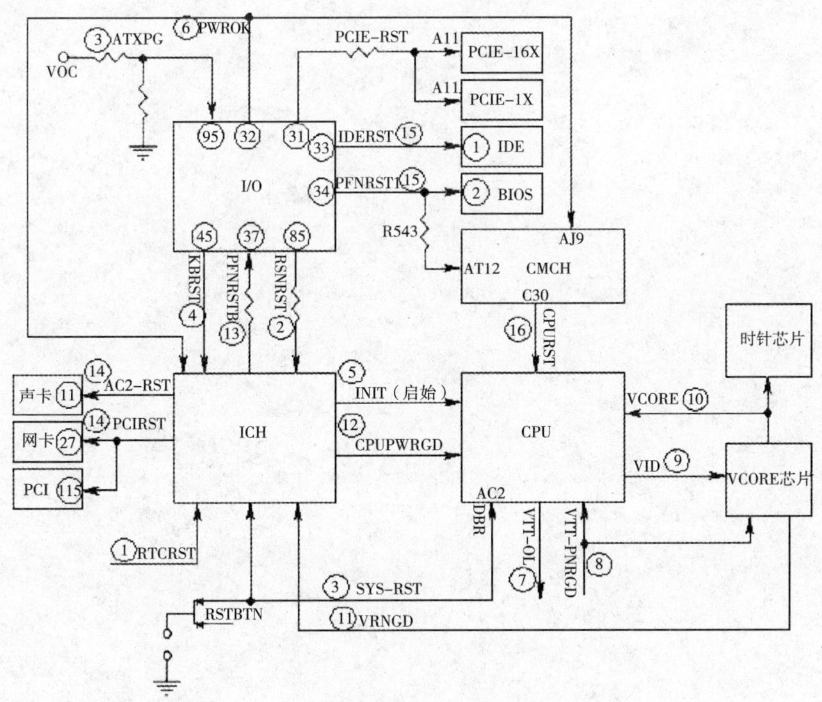

图 5－47　复位工作原理

ATX 电源的第八针脚在开机瞬间此延迟过程表现为 0～1 变化的过程，此 0～1 变化的脉冲信号直接或间接（通过门电路）作用于南桥，使南桥复位。南桥再将 PG 信号或 PWROK 信号进行转换，分解成不同的复位信号，直接或间接通过门电路或电子开关发出，加入后级的各处所需。瞬间短接复位开关，在开关的高电平端产生一个低电平信号，此信号直接或间接作用于南桥，使南桥强行复位后，又强行复位其他设备和模块，实现计算机重启。

项目六　主板维修流程

【项目目标】

1. 建立并理清维修思路
2. 熟悉主板维修的基本流程

【项目技能】

1. 熟练掌握几个关键测试点的电压值及其相互之间的联系
2. 熟练掌握由元器件、芯片或主板功能部件等引起的主板故障

第一节　H61 主板关键测试点

如图 6－1 所示。

图 6－1　H61 主板电压关键测试点

第二节　H61 上电时序

如图 6－2 所示，按数字顺序进行开机检测。

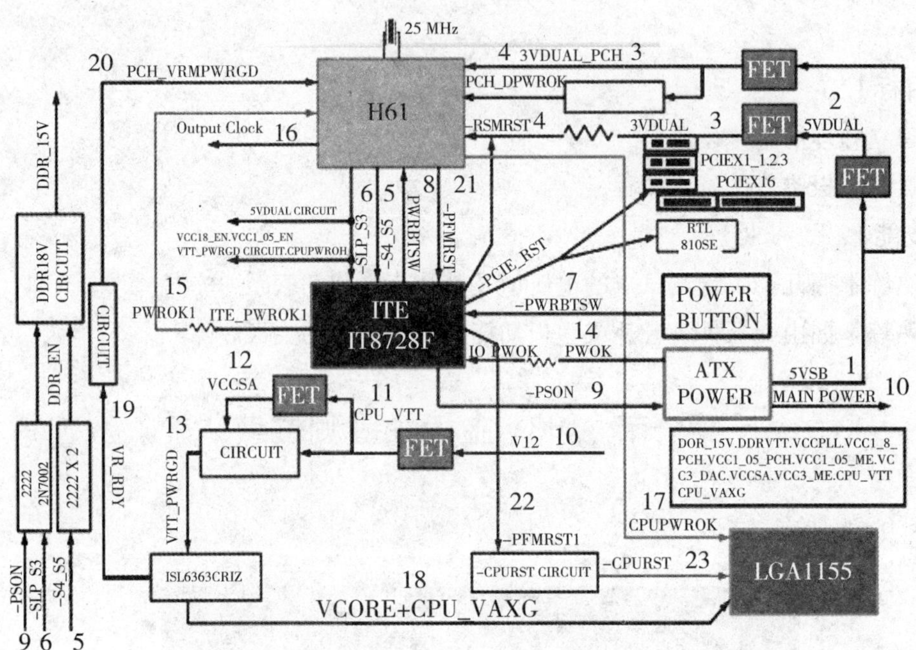

图 6－2　H61 上电时序

第三节　INTEL 主板开机原理

（1）装电池得到 VCCRTC、RTCRST#、32.768kHz 三个。

（2）插上电源得到 3VSB、RSMRST#。

按开机之前供电和信号叫待机条件；按开机之后的信号叫触发信号。

（3）按下开关产生三个触发信号：

PWRBTN#、SLP_ S3#、PSON#

INTEL 主板开机有五大待机条件、三个触发信号。

VCCRTC	RTCRST#	32.768kHz	3VSB
实时时钟供电	实时时钟复位	实时时钟晶振	待机 3.3V
肖特基二极管	BIOS 跳线帽	32.768 晶振	PCI 插槽 A14 脚
RSMRST#	PWRBTN#	SLP_ S3#	PWON#

待机好信号　　开机信号　　上电允许　　电源开启

IO 脚　　IO 脚　　IO 脚　　IO 脚

第四节 NVIDIA 主板开机原理

（1）装上电池得到 +3.3V_ VBAT、32.768kHz、RTCRST#

（2）插上电源得到 3VSB/5VSB、+3V_ DUAL、25MHz、PWRGD_ SB

（3）按下开关产生六个触发信号

PWRSW#、PWRBTN#（SLP_ S5#、MEM_ VLD < 内存电压好 > 需要开启内存供电）、SLP_ S3#、PSON#

3VSB/5VSB　　+3V_ DUAL　　25MHz　　PWRGD_ SB　3V/5V 待机　　3V 待机　　桥的晶振　　待机电压好信号

PWRSW#　　PWRBTN#　　SLP_ S5#　　MEM_ VLD　　SLP_ S3#　　PSON#

电源开关　开机信号内存上电　内存供电好　上电允许　电源开启

第五节 AMD 主板开机原理

装电池—插电源—按开关

（1）装上电池得到 VBAT、32.768kHz

（2）插上电源得到 3VSB/5VSB、S5_ 3.3V、RSMRST#

（3）按下开关产生四个触发信号 PWRSW#、PWRBTN#、SLP_ S3#、PSON#

PWRSW#　　PWRBTN#　SLP_ S3#　PSON#

电源开关　开机信号　上电允许　电源开启

第六节 主板维修流程

区域划分——H61 主板为例　如图 6-3 所示。

注：1 是 CPU VCORE 电路；2 是网卡电路；3 是声卡电路；4 是 I/O 电路；5 是 +1.05V电路；6 是南桥电路；7 是 BIOS 电路；8 是内存 1.5V 电路。

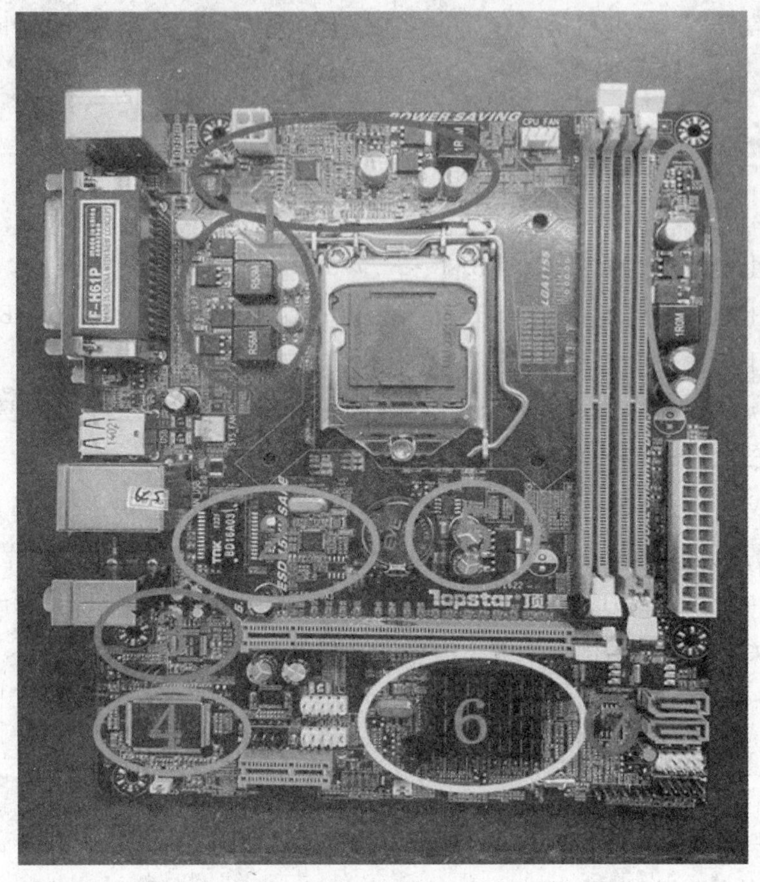

图 6-3　H61 主板区域划分

第七节　维修思路和技巧

一、一看、二测量、三对比

(1) 目检：目检功力深，可以使效率提升。

(2) 量对地阻值：上电前需量供电端的对地阻值是否短路，以防烧 CPU。

(3) 明确故障现象：检查板子为什么不良现象，通过测试的方法加以判断。

(4) 先易后难：由故障现象分析问题的难易程度，容易的先修，相同问题点的先修。

(5) 对比分析：针对量测的信号进行比较后，确定问题点是由什么原因造成的。

(6) 深入分析：测试问题点，搞清楚更细节的当机原因，针对不同的现象，进行有目的的维修。

(7) 查故障时要先外部元件后查桥，怀疑桥有问题时，同样遵从先南桥然后北桥的原则。

(8) 爱护治具：保护治具等设备，是准确而快速判断故障的前提。

二、目视、量测、比对的要点

(1) 目视要点：目视零件是否开路、短路、脚翘、冷焊、位移、反相、撞件、错件、PCB 断线、跳帽跳错或少上等。

(2) 量测要点：用二极管挡判开路或短路否，上电时序找故障范围，示波器测信号找故障点。

(3) 比对要点：当在目视量测过程中发现可疑之处，可用好板目视比对，量测比对。

三、维修思路和技巧

不上电可分为“主动式”不上电和“被动”式不上电两种类型。其中“主动”式不上电就是上电部分电路由于不能正常动作或损坏造成的没有下达上电指令 PSON#的现象。特征是 PSON#不能被拉低。“被动”式不上电，指的是部分电路电压的负载过大或短路造成了电源的过流保护断电现象。特征是 PSON#能拉低，但电压无输出（5VSB 除外）。技巧：上电部分的关键测试点：PSON#信号。此信号连 ATX 电源的 14 脚，不上电时为高电平，上电时为低电平。我们可以用导线人为短路 14 脚对地，进行强行开机。若能开机，判上电部分故障；若不能开机，判负载故障。按图 6 -4 进行检修。

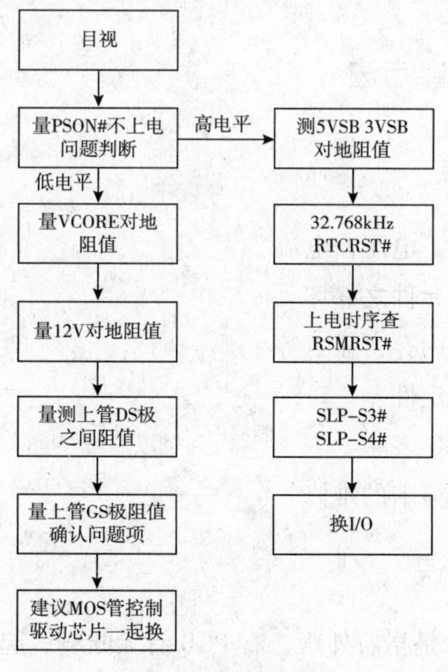

图 6 -4 检修流程

第八节　主板检修方法与技巧

一、主板检修方法

（1）系统设置排障

（2）诊断软件测试

（3）直观观察法

（4）清洁法

（5）敲击法

（6）插拔法

（7）系统最小化法

（8）查杀病毒法

二、电脑硬件检修的基本原则

（1）先软件后硬件

（2）先外设后主机

（3）先电源后部件

（4）先简单后复杂

三、主板常用的维修方法

（1）观察法

（2）对比法

（3）测量法：测电阻，电压，电流

（4）代换法：判怀疑元件之好坏

（5）拔插交换法：如内存，显卡等

（6）升温法：判热稳定性差

（7）按压法：判 Open

（8）软件诊断法，如显卡的维修

四、主板维修六字诀

（1）看：所谓“看”是指看外观，看 PCB 有无断线、起泡，看有无缺件、错位等现象，看电容有无漏液，看芯片有无烧糊痕迹，看小功率三极管、MOS 管、二极管上面有无不明显黑点等。

（2）找：所谓“找”是指找变更资料，找 BIOS 升级版本。各种机型有各自的通病，而这些变更资料无异是医治这些通病的一剂良方，有时不用维修，只要做一下变更，便可收到立竿见影、手到病除的功效。

（3）量：所谓“量”是指量主板各关键点对地阻值，与好机对比寻找故障点。

（4）测：所谓“测”是指测主板各关键点电压，与好机对比寻找故障点。

（5）换：所谓“换”是指换 BIOS，包括刷 BIOS 与放电清零重新设置 CMOS。

注意：部分机型换 BIOS 后要重新刷网络条码，刷与不刷的区别在于看网络芯片旁边有无一个八个脚的 EEPROM 存储器，若有则无须刷条码，若没有则必须重新刷条码。

（6）顺：所谓“顺”是指顺着上电时序的检修思路，查找故障点。

五、自动断电举例

（1）是有一个或多个重要电压没有产生或出现异常的断电保护，这要关注南桥周边电压和 AGP1.5V、VCORE 等。可能是关机电路的部分信号电平出现定义错误的意外断电，这要考虑与上电关机有关系的信号，如 PSON#、PWRBNT#、PME#等。

（2）“00”（FF）

特殊代码“00”和“FF”及其他起始码有三种出现情况。

①已由一系列其他代码之后再出现“00”或“FF”，则主板 OK。

②如果将 CMOS 中设置无错误，则不严重的故障不会影响 BIOS 自检的继续，而最终出现“00”或“FF”。

③一开机就出现“00”或“FF”或其他代码并且不变化则为板没有运行起来。一种是由于 CPU 没有工作造成的“00”，我们称为全 0，它一般是 CPU 的工作条件没有形成，如 VCORE 电压、CPURST、CLK 等，还有一些是南桥/北桥坏造成的总线挂起；另一种“00”，CPU 已经工作了，但是没能正常运行下去属于【CO、DO】之前的代码，一般由数据或地址在传送过程中丢失或被修改引起的。

技巧：量 VCORE、CPURST 判“00”为何种类型。无电压则按上电时序查故障，属于第一种“00”；有电压则查数据线，属于第二种“00”。

第九节　故障维修分析

一、键盘、鼠标故障维修

键盘、鼠标接口出现故障时，一般有下面几种情况。

（1）键盘或鼠标有一个不能使用；

（2）键盘、鼠标都不能使用；

（3）键盘、鼠标有时可以使用，有时不能使用。

二、键盘、鼠标故障的维修方法

（1）更换 BIOS。

（2）测量 +5V 供电是否正常再量对地阻值（正常 400 欧左右）。

（3）检查键盘接口外观（经过拔插后造成接口磨损）。

（4）测量数据线对地阻值（正常 680 欧左右），可判断 I/O 是否良好或 PCB 开路、短路。

（5）查 I/O 的时钟、I/O 与南桥之间的连线（串行中断 SERIRQ 信号）。

（6）查 CPU 座的 K1 位 LINT0 信号，与南桥的 INTR 屏蔽中断信号连接。如果这两点开路影响键盘正常使用。

（7）如以上经查后未发现异常，可拆除与数据线连接的电容或排容，再进行测试（在维修中存在较多因电容或排容不良引起不抓键盘鼠标的，而测量对地阻值正常）。背面引脚图和相连排阻排容电路图如图 6－5、图 6－6 所示。

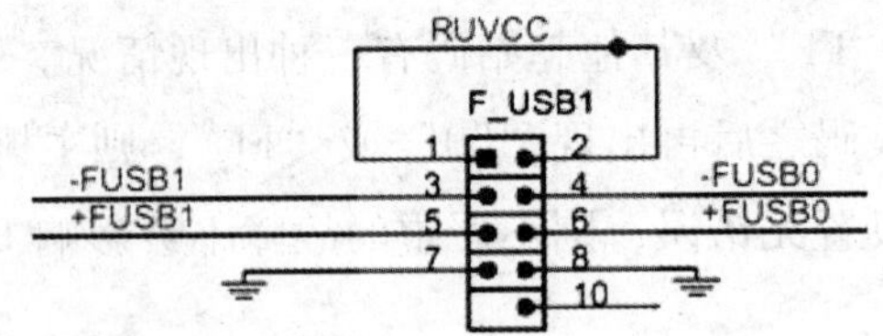

图 6－5　PS/2 背面引脚和工作原理

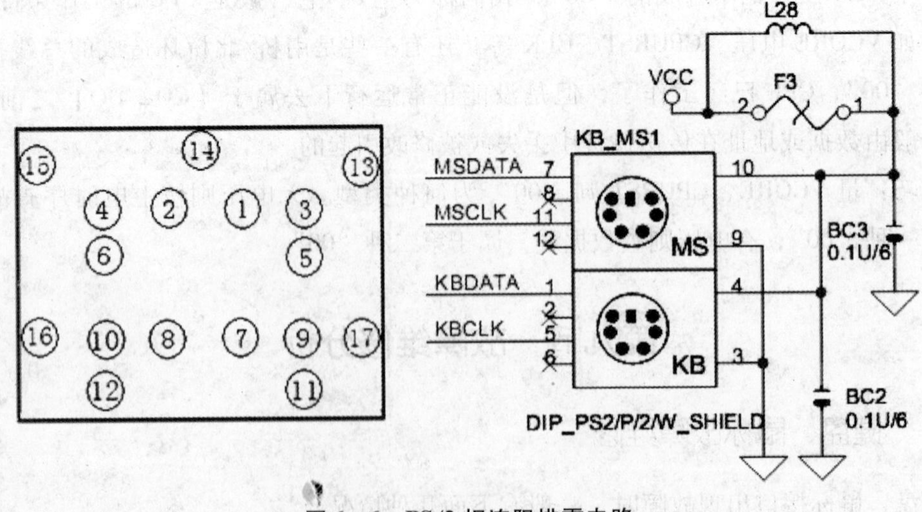

图 6－6　PS/2 相连阻排零电路

三、维修案例分析

现象 1：键盘有时可以使用，有时不能使用

检修：

（1）首先检查键盘的 +5V 供电：通过万用表量它的对地阻值和示波器探测电压都正常，排除了电压引起的可能性；

（2）检查了键盘插头与键盘接口接触良好；

（3）测量键盘接口与 I/O 之间连接的数据线对地阻值时，发现该数据线的对地阻值有时正常有时值大，通过对此线跟线查找，发现与 I/O 相连接的 470 欧排阻（有的主板用电感）焊接不良，有空焊的现象。用电烙铁加锡后阻值稳定，经过测试故障排除。

分析：由于排阻的焊接不良导致阻值不稳定，引起键盘有时可以使用，有时不能使用的不良现象。这种故障经常遇到，在维修过程多注意。

现象 2：不抓 USB 故障维修维修方法

（1）换 BIOS；

（2）MOS 清零、优化；

（3）量 +5V 供电电压及对地阻值 360 欧左右是否正常；

（4）检查 USB 接口是否完好测量 USB 接口数据线对地阻值（正常 500 欧左右）判断南桥是否良好；

（5）南桥的 48MHz 时钟是否正常；

（6）南桥的 USB 过流侦测电路、USBRBIAS 偏置电阻正常否。

附图：6－7

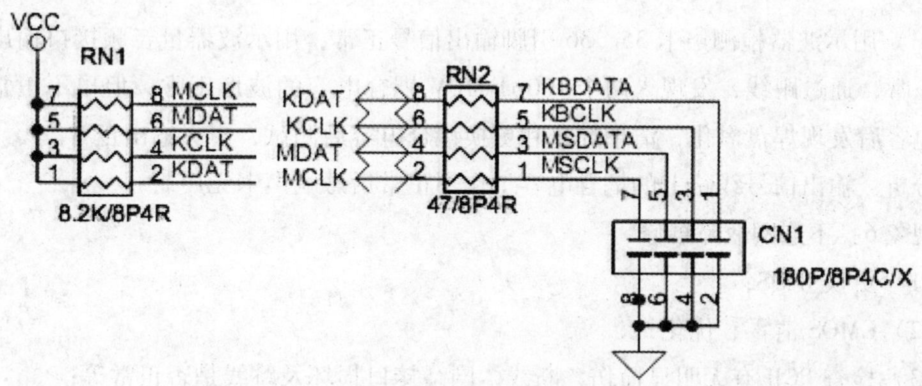

图 6－7 USB 偏置电阻图

现象3：不抓USB

检修：按维修方法中的（1）、（2）、（3）步骤维修无法排除故障，用示波器测查南桥48MHz时钟时，发现时钟芯片该信号已输出，但测该点对地阻值较大，怀疑南桥没有接收到该信号，跟查线路发现PCB开路，接线测试，不抓USB的故障排除。

分析：芯片组要满足电压、时钟、复位这三条件才能工作，南桥在电压正常下，少48MHz时钟到南桥主板能正常开机工作，因为此时钟信号只是供给南桥内部的USB电路工作的时钟频率。

现象4：无声故障维修

（1）更换BIOS；

（2）CMOS清零、优化；

（3）检查主板有无明显撞伤、芯片有无烧糊、少跳帽、维修过的地方还要检查有无连锡与错件、接口是否不良等；

（4）检测声卡第1脚的3.3V供电、25脚的5V供电电压及其对地阻值是否正常；

（5）查时钟信号以及声卡的35、36脚2.5V的输出电压是否正常；

（6）量音频接口各引脚阻值是否正常；

（7）量声卡芯片到南桥之间的五根数据线的阻值；

（8）声卡芯片的滤波电容不良，也将引起有杂音或无声的故障，且通过对地阻值较难量出异常，通常将外围的滤波电容更换即可解决问题。

现象5：无声音输出

（1）查主板上的Audio音频跳线和CMOS设置中的“Audio AC 97”选项设置都正常；

（2）接着按照XP无声检修方法中的（1）、（2）、（3）、（4）、（5）步骤维修没发现异常；

（3）用示波器检测声卡35、36引脚输出信号正常，用示波器量音频接口输出脚波形不正常，通过跟线，发现入两个100μF#16V耦合电容的波形正常，但出不正常，拆下该电容后发现焊盘氧化，清理焊盘和更换耦合电容后测试，声音输出正常。

分析：输出信号线路上的耦合电容工作不正常后影响声卡无声。

现象6：不连网故障维修

（1）更换BIOS；

（2）CMOS清零、优化；

（3）检查PCB有无明显撞伤、断线、网络接口损坏及跳线是否正常等；

（4）测量网卡芯片的3.3VSB、3.3V、2.5V供电电压；

（5）查25.000MHz是否起振；

（6）检查网络 ID 号（物理地址）是否正常；

（7）检测网卡芯片第 27 脚的 RST 信号、28 脚 33MHz 时钟是否正常；

（8）测量网卡芯片的 1、2 脚和 5、6 脚（发送与接收数据包）对地阻值；

（9）测量网络接口各引脚阻值是否正常并判断网络接口是否正常；

（10）量 PCI 总线，通过测量它的对地阻值（正常为 480 欧左右）判断南桥与网络芯片之间的数据线和控制线有无开路或短路。

现象 7：不连网

（1）查网卡芯片的 3.3V SB 电压及转换 2.5V 的电路都正常，25.000MHz 晶振起振，网络 ID 号正常，RST、时钟信号正常；

（2）在测量网卡芯片的 1、2 脚对地阻值时，发现阻值偏大，查线路发现 68X 电阻值大，更换电阻后，连接网络测试通过，故障排除。

分析：网卡芯片的 1、2 脚和 5、6 脚与网络接口相连，用于发送与接收数据包的传输，阻值出现偏差时发送数据正常，接收数据包为 0，导致出现不连网的现象。

现象 8　主板不加电故障维修

主板不加电有可能是 CMOS 电路故障、电源故障、南桥故障或开机电路故障。

（1）检查主板是否有明显断线或烧坏的现象；

（2）检查 CMOS 跳线是否正确及电池有无 3V 电压，若没有则检查 CMOS 电路，并对 CMOS 放电清零；

（3）检查 32.768kHz 工作状态，若该晶体不起振会影响南桥内部的实时时钟电路不能工作，造成不上电故障；

（4）测量主板上 3.3VSB 电压及阻值，若值小或短路则需判断是网卡与 ID 号芯片是否不良，如若正常则需判断南桥是否不良；

（5）量开机（PS－ON）插针是否有高电平；

（6）检查电源插座的 3.3V、5V、12V、5VSB 各脚对地阻值，一般正常应测得 300～500 欧之间的数值，否则查相关负载电路；正常再查辅助电源接口对地阻值，若测得阻值小于 100 欧，说明 VCORE 电路有元件不良；

（7）待机电压正常再查开机电路、上电时序；

（8）I/O 工作条件都正常，有输入没输出，更换 I/O；

（9）南桥收到重置复位信号后没有休眠信号输出，代换南桥。

现象 9：不加电

（1）参照不加电的维修方法 1、2 项进行维修无异常；

（2）在查 32.768kHz 时晶振不起振，查 CMOS 跳线电压低，电池 3V 电压正常，维修 CMOS 电路，查出 ZC60 电容漏电，拉低了 CMOS 跳线的电压，引起 32.768kHz 时晶振不起振；

（3）CMOS 电路故障修复后，触发 PS－ON 插针主板仍不上电，查了 3.3VSB 电压正常；

（4）查电源座 14 脚对地阻值无值，查线路发现电源接口 14 脚与 I/O 的 76 脚连接的 PCB 断线，接线后，主板能正常上电。

现象 10：CPU 不工作（诊断卡跑 00、FF）故障维修

主板诊断卡显示 FF、00 说明 CPU 没有工作，这是维修中最常见的故障。CPU 不工作由多方面原因造成，维修时应先检查 CPU 有没有插好，CPU 是否损坏现象，然后从电压、时钟、复位、BIOS 故障和信号传输方面进行维修。

（1）检查主板是否有明显断线或烧坏的现象；

（2）更换 BIOS；

（3）CMOS 清零；

（4）查主板的 3.3V、5V、12V、5VSB 等电压和芯片组的 1.2V、1.5V、1.8V、2.5V 等工作电压是否工作正常；

（5）查 CPU 的 VCORE 电压是否正常；

（6）检查时钟芯片发送到各芯片的时钟信号是否正常；

（7）检查南桥、I/O、北桥、CPU 等芯片的复位信号是否正常；

（8）电压、时钟、复位三大开机条件正常，测量 CPU 到北桥的数据线、南北桥芯片之间的数据线、南桥与 I/O、BIOS 及 PCI 之间的数据线阻值是否正常。当 CPU 不工作，可测量 BIOS 引脚判定故障。

现象 11：CPU 不开机

（1）参照 CPU 不工作的维修方法 1～7 项进行维修无异常；

（2）量 PCI 总线发现 D21 值小，此线为网卡与南桥连接的数据线，按先简单后复杂的维修原则，先拆网卡芯片，量该线阻值恢复正常，判断为网卡芯片不良引起 CPU 不工作；

（3）装上网卡芯片后，主板测试 OK。

现象 12：内存不开机（诊断卡跑 d4）故障维修

（1）更换 BIOS；

（2）CMOS 清零；

（3）检查内存插槽引脚是否烧坏、针弯、短路；

（4）将内存分别插在各个内存槽上，看是否有其他插槽可以使用，若可以使用的插槽，则只检查不能使用的插槽的相关电路；

（5）检查北桥供电与基准电压是否正常；

（6）检查内存的主供电电压和基准电压、VTT 电压，及 3. 3V 供电正常否；

（7）检查系统时钟、系统数据总线阻值和电压是否正常，若不正常判断时钟芯片和南桥是否损坏；

（8）检查内存插槽的时钟频率正常否；

（9）测量内存与北桥之间的数据线是否正常。

现象 13：不读内存

按照内存不开机的维修步骤进行排查，在检查系统时钟和系统数据总线（DDR 内存 91、92 脚，DDR2 内存 119、120 脚）的电压时，发现系统数据总线电压低至 2. 5V（正常为 3. 3V），测量对地阻值正常，断开时钟芯片，此电压仍是 2. 5V，判断为由南桥不良引起，更换南桥后测量该电压为 3. 3V，内存测试通过。

分析：系统时钟和系统数据总线与时钟芯片、内存、南桥三者之间相连，当电压和对地阻值出现问题时，断开时钟芯片端去判断时钟与南桥两者之间的异常，修复故障。

项目七　典型故障案例分类

第一节　不上电的故障检修

不同的厂商设计的开机电路不尽相同。但基本电路原理相同，即经过主板开机键触发主板开机电路工作，开机电路将触发信号进行处理，最终向 ATX 电源第 14#发出低电平触发信号，将电源的第 14#的高电位拉低，触发电源工作，使电源各引脚输出相应的电压，为各支路供电。

主板开机电路的工作条件：①供电；②时钟信号；③复位信号；④触发脉冲。

开机电路有经过南桥的开机电路，有经过门电路的开机电路，有经过 I/O 芯片的开机电路，有经过特殊芯片的开机电路。虽触发方式不同，但最终目的只有一个：将 ATX14#的电压拉低，实现开机。

插入电源不触发：

（1）测 CPU 供电对地阻抗；

（2）CMOS 跳线跳错没有；

（3）POWER - ON 排针电压 >2. 5V 没有；

（4）32. 768KMz 起振没有；

（5）PS - ON 信号断线没有；

（6）I/O 南桥供电正常没有；

（7）I/O 信号有无进出；

（8）查 POWER - ON 排针到南桥门电路或 I/O 连线。

主板不触发故障一般可分为开机电路故障和非开机电路故障，判断的方法就是用镊子直接将电源插头的绿线与黑线短接，看电源是否能够正常启动，如能启动为开机电路故障，否则为非开机电路故障。

以 P5P800 - VM 为列，谈谈主板不上电的检修思路：①3V 电池供电电路正常；②5VSB供电电路正常；③3VSB 供电电路正常；④控制电路正常；⑤负载电路无短路现象。

在 3V 电池供电电路主要查 INTVRMEN 和 RTCRST#这两个信号是否为高电平，否则为 392K 电阻开路，或 100K 电阻开路，或实时时钟旁路电容击穿。另外晶体 Y 不良，南桥空焊或不良也可导致开机不上电。在部分机中无 RTCRST#实时时钟复位信号，而被 BATOK 信号所代替，如 P5S533 - TVM。如图 7 - 1 所示。

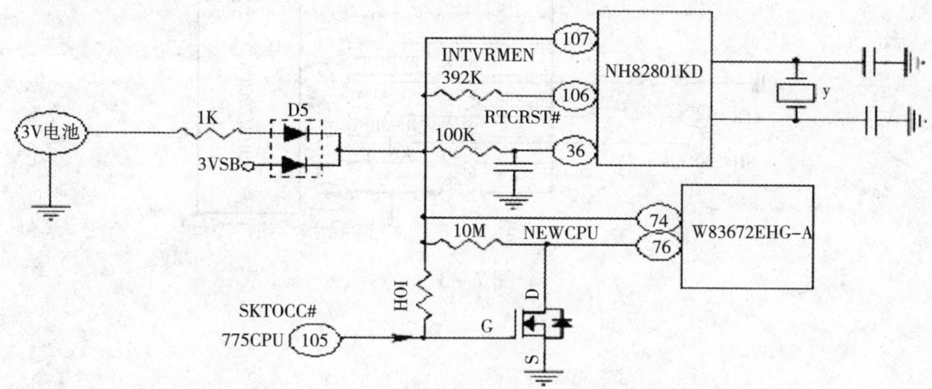

图 7 - 1　RTCRST#实时时钟复位信号图

+5VSB 电路比较简单，电压法、电阻法均可判断故障所在。键盘电路、USB 电路、南桥连锡短路，都可导致 +5VSB 供电不正常而出现不上电。如图 7 - 2 所示。

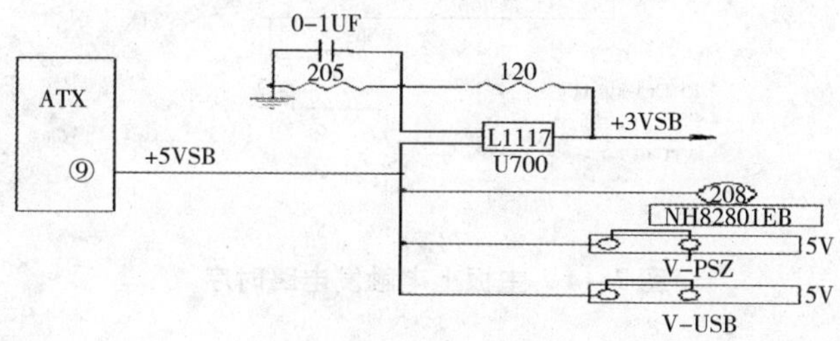

图 7 - 2　+5VSB 工作原理

图 7 - 3 为 + 3VSB 的工作原理图。当 + 3VSB 电压或阻抗不正常时，以 EEPROM、LAN、I/O、上拉排阻（8. 2K）、南桥损坏常见。在部分机中无 RSMRST#而被 AUXOK 信号所代替，如 P5S533 - TVM。AUXOK 信号和前面提到的 BATOK 信号，检修不上电的故障时，千万注意不要忽视检查这两个信号。如图 7 - 3 所示。

AUX（Auxiliary Input）：辅助输入接口。

图 7 - 4 为主板上电的触发电路时序图。从上到下的排列表示触发动作的先后顺序。易损元件：排阻、I/O、南桥。如图 7 - 4 所示。

负载电路短路主要查 VCORE 是否对地短路，若短路则保护电路动作导致 ATX 电源无输出。

维修经验：

（1）不上电，查 VAUXOK = 3. 3V 否，若没有查上拉电阻开路，P5S533 - TVM。

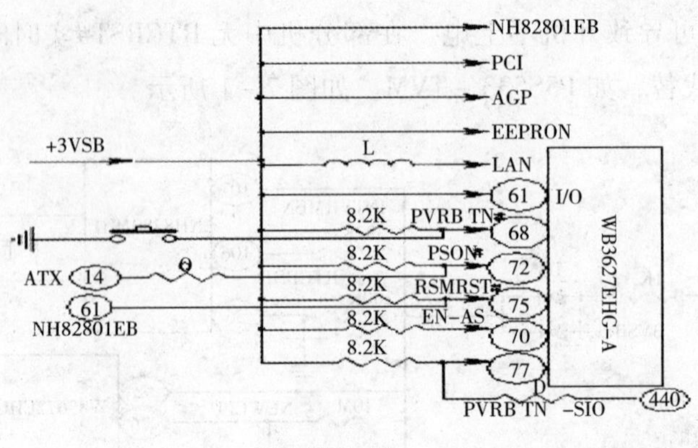

图 7－3

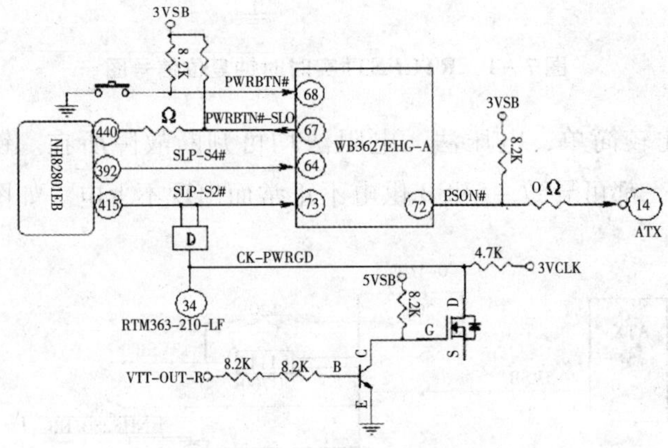

图 7－4　主板上电触发电路时序

（2）不上电，查 VRSMRST#没有 3. 3V，查 R304 阻值变小，卸掉 OK，P5GD1－MX。

（3）不上电查 SR16RTCRST#无 3. 3V 换 SC3OK，如图 7－5 所示。

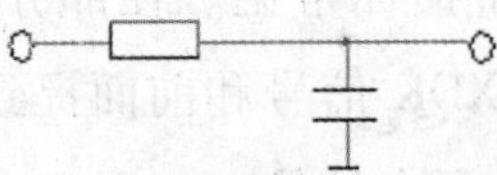

图 7－5　RTCRST#无 3. 3V 检测信号

（4）I/O　83627EHF 触发开机时 68#有变化，而 67#无变化，判 I/O 不良。

PD 不关机的故障检修：

触发开机键，向南桥或 I/O 内部触发电路输送一个触发脉冲，南桥或 I/O 内部触发电路被触发，南桥或 I/O 则输出一个低电平的 PSON 信号给 ATX14#。其实所谓输出低电平，实际是其内部有一个三极管，其基极受触发脉冲控制而进入开关状态。当插电时触发开机键，触发脉冲动作的结果使三极管 V 基极为高电平时，则 VC 变为 0V，也就是使 ATX14#电压变为 0V 低电平。ATX 电源开始工作，电源的其他针脚分别向主板输送相应电压，主板处于启动状态，即开机上电状态。上电后，时钟复位相继动作。结束复位后 CPU 开始工作，电脑的硬启动结束，进入软启动过程。首先开始读取 POST 自检程序，而自检程序存放在 BIOS 中，故 CPU 需通过前端总线的 A0 ~ A31 地址线发送寻址信号寻找自检程序。BIOS 收到寻址信号后，由数据线输出自检程序，经译码，转换，传至北桥，北桥再将数据转换为 64 位数据。经前端总线转发 CPU，CPU 接到数据后，开始运行程序，开始自检硬件设备，自检完成后启动计算机系统。整个启动过程完成，此时，再次触发开机键，触发电路动作的结果使内部的三极管 VB 变为低电平，VC 为高电平而处于截止状态。ATX 电源 14#的电压变为高电平，ATX 电源停止工作，主板处于停止工作状态，而在 Nforce4 单桥中有两个关键脚。CPU VDD - EN 和 HTT - EN，其中 EN 就是 Enable 的缩写，它的作用为使能端由桥内部电源管理模块控制其选通，以此达到软件关机的目的，即 PD 关机。如图 7 - 6 所示：CPU VDD - EN 控制 VCORE 芯片 11#。VCORE 正常后，由芯片 10#输出 PG 信号，输入桥后 1.2V 的控制电压产生使 MOS 管动作产生 1.2V 供电。

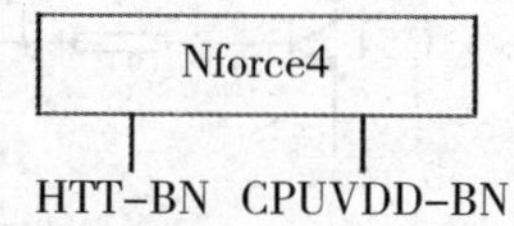

图 7 - 6 CPUVDD - EN 与 Nforce4 关系图

第二节 不关机的检修实例

现象 1：K8N PD 不关机

K8N PD 不关机的工作原理分析，PD 关机时，桥 250 从 BIOS 中读取 PD 关机信息，其结果使 354#和 2#无控制电压输出。其中 354#无控制导致 1.2V 无输出。2#无控制输出导致无 VCORE。初步撤去 CPU 的工作电压。VCORE 消失则 VCORE 芯片的 10#的 PG 信号也随之消失，则 Q54 的 Vb 变为低电平而处于截止状态，Q54 的 Vc 为高电平，控制 250 桥 320#，则桥的 321#SB - PWROK 也处于低电平，休眠信号 S3S5 也变为低电平，I/O 内部动作使 76#输出高电平，即 ATX14#变为高电平，ATX 电源停止输出，从而达到 PD 关机的目的。如图 7 - 7、图 7 - 8、图 7 - 9 所示。

测 ADP3166 的 11#电压在 PD 关机时，变为 0V 而 V10 无变化，换 ADP3166 OK。

现象 2：A8N - SL1 PD 不关机

单桥 PD 关机必须检查的几个故障点 1.2V - HT - EN. HT - VLD 如图 7 - 10 所示。

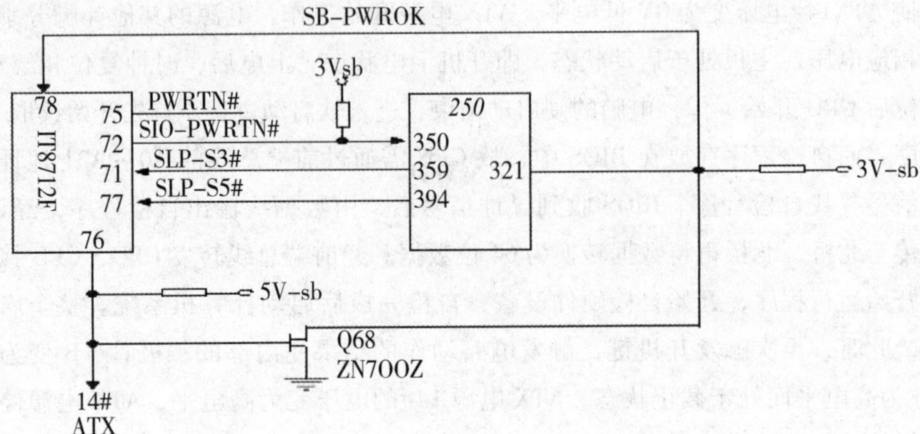

图 7－7 250 桥上电引脚工作原理

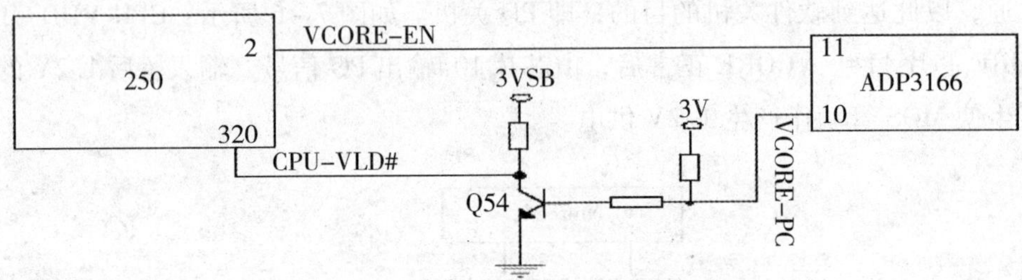

图 7－8 250 桥 VCORE 产生检测信号

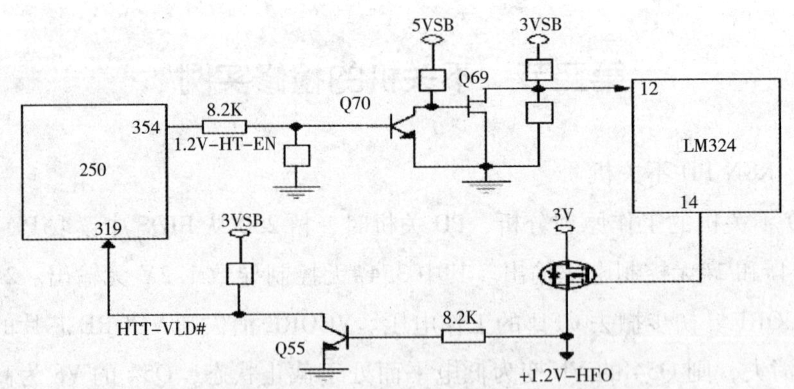

图 7－9 250 桥产生＋1.2V－HFO 信号工作原理

上电不开机测 Q1 VC＝0 正常应为 3V，换 Q1 RN42 无效换 NF4－SL1－A3 OK 另：测 NF4－SL1－A3 的 123#的阻抗偏小，摸 1394 芯片发烫，换 1394 芯片 PD 不关机 OK。

现象 3：K8N4－DMR1.00GPD 不关机

原理图同上例二，检查发现由 PQ37 移位所致。桥 V261 为低电平则 PD 能关机。

现象 4：K8N R10.1.PD 不关机

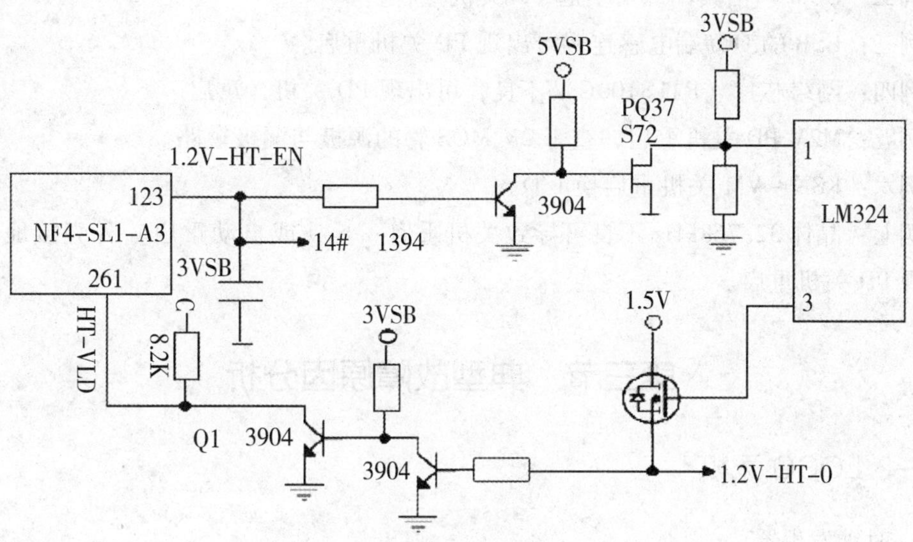

图 7－10　PD 关机关键测试点

250 的 320# CPU－VLD#为高电平则关机，为低电平则 PD 不关机，查 Q54 坏，Q54 的 VC 始终为低电平。

关于 PD 不关机的经验：

（1）BIOS 空烧或资料不全 PD 不关机；

（2）I/O 不良，可出现 PD 不关机；

（3）SB 不良，可出现 PD 不关机；

（4）时钟 IC 不良 PD 不关机。P4P800S－X。

M2N－E K8N4－E. SEPD 不关机的检测点均为“＋1. 2V－HT－EN”根据点图查后面与之相关的开关电路，很容易找到故障所在。少件，撞件，不良均可导致本故障。

现象 5：2N. R1. 02G. PD 不关机

查：测 VCORE 芯片 RT9245AV11＝0V，查 PCB“A”点断线所致。如图 7－11 所示。

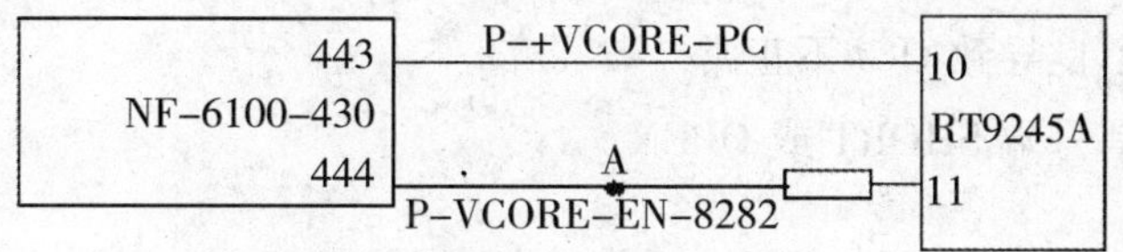

图 7－11　PD 不关机 PCB 断线测量点

以上均为常规 PD 关机电路的检修。

下略举数例非常规 PD 关机电路引起的 PD 关机重启现象以供借鉴。

例一：P5GL－X　PD 关机重启查：PU19 不良换 OK。

例二：COM 口治具不卸可引起 PD 关机重启。

例三：USB 的 OC#端电感连锡可出现 PD 关机重启。

例四：网络芯片（RTL8100C）不良，可出现 PD 关机，重启。

例五：M2V PD 关机重启，查 1.2V MOS 管的源极与漏极短路。

例六：K8N－VM 关机重启换 I/O。

例七：晶体 32.768kHz 不良可导致关机重启。＊（或自动重启）外壳接地不良也可出现 PD 关机重启。

第三节　典型故障原因分析

一、LOGO 死机

1. 时钟发生器
2. I/O 不良
3. SB 不良
4. NB 不良
5. 各基准电压偏低
6. 网络芯片不良
7. 声音芯片不良

所谓 LOGO 死机，就是在开机显示之后出现开机两面就是死机，按 POWERBUTON 无法关机，敲击键盘主机无任何反应。与 KB 失控的区别是 LOGO 死机无提示。

二、USB 不抓

1. 放电，清零 CMOS
2. BIOS
3. 电感 OPEN
4. 分压电阻不良导致 OC#不正常
5. 输入输出信号端 SHORT 或 OPEN
6. SB 不良
7. 时钟 IC 发出的 48M 不正常
8. 偏置电阻开路，USB1.0 或 USB2.0 不过

三、COM 口不过

1. PCB，OPEN

2. BIOS

3. 75232

4. I/O

5. 恢复出厂设置

6. ING 线路上的二极管坏

7. SB

四、D4 当机

1. K8N 换 32. 768kHz 晶体

2. B5PL2，换 BIOS

3. P5PL2，换 NB

4. 内存的基准电压不正常

5. BIOS OPEN 时钟 38#OPEN P4P800

6. 换内存槽

7. 换时钟 ICP4VP - MX

五、20 当机

1. CPU 座不良

2. M2N 机中 SL7 电感漏件，OPEN，桥无 +3V PLL - PE - SS 供电

3. SB

六、M2N 当 16

1. 清洗 AGP 槽或换 AGP

2. SL1 OPEN

3. 6100 -430 不良

4. BIOS 不良

5. AGP 输入耦合电容不良

6. 晶体不良

七、当 E9

1. BIOS

2. CPU 座

3. 内存基准供电偏低

八、C5 当机 M2N

1. 换 6100－430
2. SD 漏件，OPEN
3. ＋3V 电池给桥无供电

九、25 当机

1. M2N－E 换声音芯片
2. 网络不良
3. 缺 EEPROM

十、当“D0”，插 AGP 显卡当“D0”，不插 AGP 显卡跑卡显示 OK

机型 P5P800－VM。图 7－12 为本机工作原理图：正常时 Q3Vc＝11.5V，实际查 Q3Vc 变为 0V，换 Q3，OK。同理 Q4、Q2、8.2K 不良也可导致本故障。

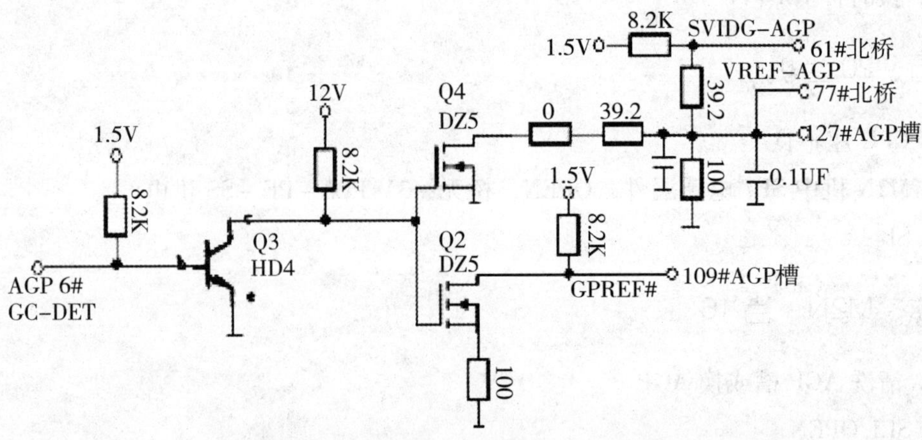

图 7－12　P5P800－VMAGD 工作原理

另外 AGP 插槽上的时钟脚对地短路，也会出现插 AGP 显卡当“D0”。换时钟芯片 OK。

第四节　烧 754CPU 原因分析

一、过压

Vcore 为 CPU 的核心电压，如果一旦升高很容易损坏 CPU，Vcore 升高的原因多种多样，如高端门 MOS 管击穿，Vcore 控制芯片第七脚反馈控制脚（FBRTN），外接 20 欧姆电阻变值或开路等。

二、过热

风扇不转或风扇散热不良，也是造成 CPU 损坏的重要原因，所谓风扇不转更确切点说应为风扇中途不转这种现象往往被人忽视。风扇散热不良有时需要加散热膏，但时间久了，散热膏则容易老坏，此时不但没有散热作用，反而加快 CPU 的温度升高，所以要常清洗风扇的底座，并加上新的散热膏，给 CPU 降温。

三、超频

主要查时钟 IC 发出的时钟频率和北桥供 CPU 的时钟频率是否正常。

四、操作不当

如果先插上电源插线，后上 CPU，这时如自动上电很容易损坏 CPU，望维修人员切记。正常动作应该是先上 CPU、跑卡、内存等，最后上 4Pin 供电和 20Ppin 供电再开机（前提是 CPU 的所有工作电压均正常）。卸的过程与前过程正好相反。

CPU 的所有工作电压包括：

1. 1.2V 不能升高，否则烧 CPU；
2. Vcore 不能升高；
3. 2.5V VDDA 正常；
4. CPU RST#正常；
5. VTT－DDR 正常；
6. 2.5V－DUAL 正常；
7. CPU PWROK#正常；
8. CPU CLK 正常；
9. 3USB 升高可引起 1.2V 升高；
10. 2.5V 与 Vcore Shont。

五、错件

K8V－X SE 中，桥用错了，则 1.2V 升高烧 CPU，如北桥为白色 K8T800 的桥若上了 K8T800 的黑桥则烧 CPU，切记。如白桥和黑桥 K8T800 要互换，必须对部分外围电路做相应变更，否则不匹配，会烧坏 CPU。

六、漏件

如K8N机种中，若下偏电阻RN16（1K）和上偏电阻RN19（1K）漏件，上加负载测试全部OK，上CPU则烧。

注意：(1) 478CPU在1.2VPG信号由1.2V升至3.3V时烧CPU；(2) 烧775CPU的主要原因是VCORE升高所致。

第五节　CPU座、南桥、北桥常见故障列表

CPU座、南桥、北桥常见故障列表

南桥		北桥		CPU座
IDE不抓	PD不关机	3V，1.5V对地	1.8V阻抗小	"50"当机
网络不过	无PCIRST	"00"	"2A"当机	"C1"当机
测声音死机	32.768不振	"C1"	"FF"短路	D5，d4当机
关机重启	桥塌（不上电）	PCI-E无显	"AF"当机	当"d0"
网络不抓	当"d1"	无CPURST	偏色	外观
声音不过	PCIRST拉低	VGA无显	"24"当机	Vid全高或全低　空焊
自动上电	"16"当机	"EF"	错料	"EE"当机
不进测程	掉电	A组当"EF"	AGP　无显	"20"当机
丢失资料	RSMBDATA拉高	上CPU全点	当"DE"	上CPU无Vcore
当"38"	看不到MAC不关机	VGA黑屏	当"C0"	"E9"当机
"Do"　复　位当"d1"	死机。C5当机	do smbdata对地	2.5V对地	第二根当d4（内存挂座子）
当"do"	上USB不抓	Vcore对地	当"50"掉电	Vcore拉低
南桥移位	"27"	"13"当机	A组当内存	775移位
不上电	EF　12M不起振	Vcore=1.1V	1.8V　对地	C3-01（775座）
100M不出	"50"重启	当"d4""d5"	上内存断电	不抓键盘（775）
3VSB对地	错料	2.5V对地	VGA花屏	Vcore=1.6V（775）
压OK	25M开路	AD对地	一组当　DE	挑CPU（775）
乱码	C0-01-02-07循环跑	北桥移位	循环当内存	当"00"

续 表

南桥		北桥		CPU 座
USB2.0 不跑	无 CPURST（单桥）	优化后当“88”	当“EE“	当“C0”
当“50” BIOS 不保存	不抓键盘	当“E4” D3 当机	桥浮高	CPU 温度高 （TRopen）
当“00” 进系统重启	2A－C1 循环跑	当“49”	当“39”	CPU　温度偏负 （TRshort）
当“13”	优化后当“50”	当“41”	00 掉电	“0B”“0D”当机
USB12 不过	当“C1”	00～2a 循环当机	当 E9	“FF”　全点
1.5V 对地	断电	当内存按 NB OK	内存当 FF	C3 当机

第六节　H61 主板维修

一、不上电的维修思路

首先把万能表调到二极管挡（也就是轰鸣器挡）红色圈内所示，如图 7－13 所示。

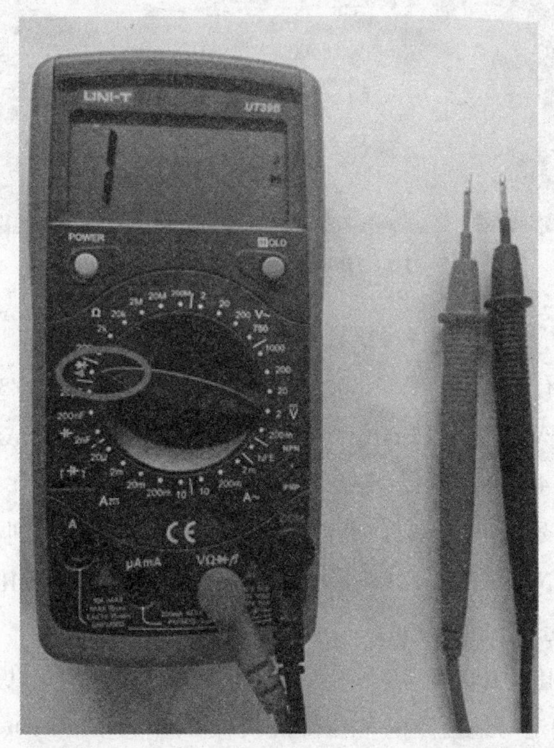

图 7－13　万用表测量 H61 主板对地阻值挡位

（1）黑表笔接地，红表笔接要量测的电压点的对阻值（ATX POWER 接口 +3.3V 240Ω，+5V 365Ω，+12V 500Ω，3VSB 73Ω，5VSB 290Ω，+1.5V 140Ω，SMBCLK 544Ω，SMBDATA 544Ω，VCORE 500Ω ，+1.05V 29Ω，0.75V 570Ω，32.768K 720Ω，+1.8V 322Ω）

图 7－14 H61 主板各电压关键测试点

（2）插上电源量测 PS－ON#绿线有无 5.15V 电压，PU10 5VSB 转 3VSB 是否正常，32.768K 晶振二个脚有没有 0.16V 和 0.3V 电压，BAT 电池电压 3V 是否正常，JCMOS 跳冒 1、2 脚有没有 3V，网络 LL1 电感有无 1.05V 电压，F－PANEL PWR_ SW 3.3V 是否正常。如图 7－14 和图 7－15 所示。

（3）PS_ ON#信号到 PR2 33Ω 电阻再连 SR12 33Ω 电阻后到 IO ITE8728F 76 脚之间是否相通，F－PANEL PWR_ SW 信号 R31 33Ω 电阻再连 SR13 33Ω 电阻后到 IO ITE8728F 75 脚之间是否相通。

（4）3VSB 对地阻值 100 以上，短路依次拆除网卡、部分主板 IO、固定输出 3.3V 的 1117、南桥。不确定对地短路的可在待机状态下触摸网卡、IO、南桥是否发烫。

（5）USB 数据线对地阻值 400～600 左右，短路南桥一定坏。

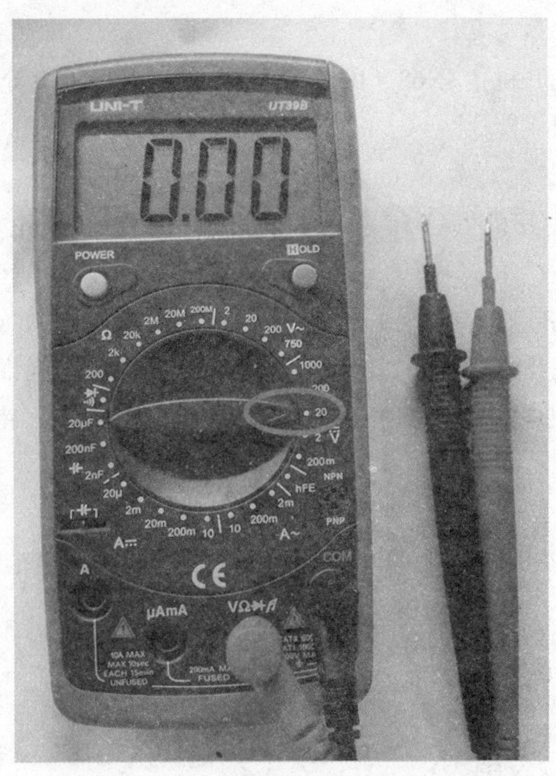

图 7－15　万用表测量 H61 主板电压挡位

（6）VCORE（CPU 供电）对地短路一般高于 30，如果短路一次拆除钽电容、电源管理芯片、下管、驱动芯片、滤波电容。

（7）内存、AGP 显卡、桥、总线供电对地阻值不为 0 就 OK。

（8）晶振 INTEL/AMD 0.1－0.5V　VIA 0.5－1V　SIS 0.5－1.6V　NV 1－1.6V。

（9）通常采用的触发方式：

INGTEL/AMD/NVIDIA：开关—IO—南桥—IO—绿线

VIA：开关—南桥—三极管—绿线

SIS：开关—南桥—绿线

INTEL 原装板：开关—南桥—IO，检测 CPU—绿线

IBM、DELL 主板：开关—南桥—IO—绿线

（10）常见 IO 触发脚位：

IO 脚位数 1—38、39—64、65—102、103—128

联阳：8702/8712/8716/8718/8720/8721/8726/8728 脚

待机供电 67、开关开机信号 75、IO 上电请求 72、南桥上电允许 71、IO 开启上电 76（GB 技嘉每脚加 31）8758 待机供电 2、31 开关开机信号 35、IO 上电请求 33、南桥上电允许 32、IO 开启上电 36。

华邦：83627 脚

待机供电 61 开关开机信号 68、IO 上电请求 67、南桥上电允许 73、IO 开启上电 72、最后 - A 为华硕专用。

精拓：71872 脚

待机供电 67 开关开机信号 75、IO 上电请求 72、南桥上电允许 71、IO 开启上电 76。

71862/71882/71883 脚

待机供电 68 开关开机信号 80、IO 上电请求 81、南桥上电允许 82、IO 开启上电 83 脚、71889 脚：待机供电 65 开关开机信号 76、IO 上电请求 77、南桥上电允许 78、IO 开启上电 79。

M71808A 脚位

5VSB：38 脚、3VSB：48 脚、RSMRST#：36 脚、开关开机信号 31、IO 上电请求 32、南桥上电允许 33、IO 开启上电 34。

不经 IO 开机主板

IT8705/W83697/W83687

二、不开机的维修思路

ATX 电源接口输出的各个电压是否正常（+3.3V +5V +12V），PL3 电感上 1.5V 内存供电是否正常，PU11 MOS 管上的 1.8V 是否正常，内存 118 和 238（SMBCLK SMBDATA）脚 3.3V 电压是否正常，内存 120 和 240 脚 0.75V 是否正常，PQ21 和 PQ22 MOS 管 1.5V 转 1.05V 电压是否正常，VL2 和 VL3 电感上 CPU VCORE 电压 1.2V 左右是否正常，USB 供电 5V 是否正常，网络 LL1 电感 1.05V 供电是否正常，JCMOS 跳冒有没有跳反。CPU PWRGD 信号和 CPU RESET 信号有没有？CPU 是否正常？

SB 到 CPU 之间的 FSB 总线（地址线 0 - 31，数据线 0 - 63）是否正常。

参考文献

[1] 张军．主板维修从入门到精通［M］．北京：科学出版社，2013.

[2] 天津市数码维修工程培训及考核认证中心．计算机主板维修从业技能全程通［M］．北京：人民邮电出版社，2010.